Os dispositivos de verificação na formação do analista

Os dispositivos de verificação na formação do analista

Organização
Escola Lacaniana de Psicanálise de Brasília, Rio de Janeiro e Vitória

cia. de Freud

Secretaria de Publicação
Abílio Ribeiro Alves
Christiany Maria Bassetti Cavalcante

Conselho Editorial
Abílio Ribeiro Alves
Christiany Maria Bassetti Cavalcante

Revisão
Vanessa Lopes Andrade

Capa
Carolina Ferman

Editoração Eletrônica
Abreu's System

CIP-BRASIL. CATALOGAÇÃO-NA-FONTE
SINDICATO NACIONAL DOS EDITORES DE LIVROS, RJ

F89

Os dispositivos de verificação na formação do analista / Organização Escola Lacaniana Psicanálise de Vitoria, Escola Lacaniana de Psicanálise do Rio de Janeiro; Escola Lacaniana de Psicanálise de Brasília. Editor José Nazar. – Rio de Janeiro: Companhia de Freud, 2013
297 p. : il. ; 23 cm.

ISBN 978-85-7724-113-2

1. Psicanálise. 2. Analista I. Escola Lacaniana de Psicanálise de Vitória.

09-0478 CDD: 150.195

CDU: 159.964.2

Trabalhos apresentados durante os eventos: 1- "Dispositivos da Psicanálise", em 14 e 15 de maio de 2011, no Rio de Janeiro; 2- "As formações do analista: dispositivos de verificação", em 19 e 20 de novembro de 2011, em Vitória; 3- "As Formações do Psicanalista", em 23 de novembro de 2012, em Brasília.

cia de Freud

Endereço para Correspondência
Rua Barão de Sertório, 48 - casa
Tel.: (21) 2273-9357 • (21) 2293-5863
Rio Comprido - Rio de Janeiro
E-mail: ciadefreud@gmail.com

SUMÁRIO

Apresentação

Quando recebi o convite para fazer o prefácio deste livro, meu primeiro movimento foi de hesitação. No entanto, não poderia recusá-lo, já que venho participando das discussões em torno da questão da formação dos psicanalistas, sobretudo no que tange os fins de análise e dos Passes, faz muitos anos.

Talvez o pudor em lançar-me na tarefa não se resumisse à complexidade do assunto, o qual tem gerado tantas controvérsias, nos meios lacanianos.

Penso que a experiência difícil vivida nos dispositivos dos quais fiz parte, como candidata ao Passe e membro de júris, produziu em mim muitos questionamentos, para os quais ainda não encontrei respostas satisfatórias. Portanto, o texto que lhes ofereço como apresentação para o livro é uma sincera reflexão sobre os acontecimentos que experimentei ao longo dos vinte e cinco anos de fundação da Escola de Psicanálise – RJ, bem como de minha convivência como membro na Escola Lacaniana de Psicanálise de Vitória e como participante ativa da Escola Lacaniana de Brasília. Nesses três lugares, dedico-me a trabalhar, junto aos meus pares, tudo o que experimentei com o vigor do discurso psicanalítico.

Desde a primeira experiência do Passe vivida na Escola, vimos construindo o lugar que acolha os discursos daqueles que querem o risco necessário de seus depoimentos sobre o que teriam sido suas passagens de psicanalisandos a psicanalistas. Todos os que até agora o fizeram têm já o mérito de terem tomado para si a responsabilidade de se lançarem, sem que suas decisões pudessem ser acolhidas em dispositivos de Passe constituídos com clareza sobre suas funções, uma vez que havíamos decidido, inicialmente, que queríamos nomeações e, depois, pelo fracasso de duas experiências consecutivas, optamos por suspender, temporariamente, essa possibilidade.

Muitas propostas foram pensadas até chegarmos à conclusão de que precisávamos deixar que as falas das experiências nos levassem ao lugar da verdade, tendo como guia a douta ignorância: ela se articula com o desejo do psicanalista, por uma face, e, por outra, com o saber do psicanalista.

As experiências vividas mostraram que precisamos construir um dispositivo do Passe, que não seja mera cópia do proposto por Lacan: algo que tenha a marca do que elaboramos durante esse longo percurso. Não há como pensar o autorizar-se a psicanalista sem ter clareza sobre o que foi a experiência de cada um.

O movimento de um pedido de Passe instrui sobre a transferência de trabalho na Escola, pois, se o psicanalista é aquele que deu um passo no escuro do autorizar-se, é porque ele se foi na luz emanada do que deixou cair de sua própria análise, bem como do que extrai no convívio com seus pares, apesar do mal-estar, como ensino e transmissão.

Ao fazer o pedido de Passe à sua Escola, o suposto passante também pede a seus pares que recebam seu discurso como um resto, o objeto que é um nada em sua fala, do que foi a finalização de um trabalho de transferência, do qual ele é o efeito. Resto que ainda queima em seus ouvidos e cuja única possibilidade de encontrar um destino digno está no retornar à fala, sob a forma de um discurso com consequências para a sua Escola, fazendo-a avançar.

A solidão do ato psicanalítico faz com que os psicanalistas queiram estar juntos para, solitários solidários, atestarem a impossibilidade de seus testemunhos responderem ao que é uma psicanálise. Porém, se Lacan propôs a Escola como lugar de liame para diferentes estilos, numa convivência tensa, mas produtiva, foi certamente por acreditar que era possível dar testemunho do irredutível do inconsciente num público escolhido, onde um campo novo de realizações se abriria aos laços de reconhecimento e amizade, livres da exigência dos ideais e das similitudes.

Assim, a proposta de um dispositivo do Passe em nossas Escolas obedece à lógica da necessidade de um dizer que produza trocas discursivas, girando a roda da vida para que um novo amor advenha na esteira de cada novo dizer, na sustentação da existência do discurso psicanalítico.

Em junho de 2013 foi realizado, no Rio de Janeiro, o evento dedicado a retornar às três Escolas os resultados dos trabalhos dos passadores e júris de acolhimento, de dois pedidos de Passe. Estes trabalhos mostraram que acolher a demanda de falar sobre a finalização de uma análise é importante, porque "acorda" a Escola de seu sono, provocado pelo cotidiano e o já instituído, quebrando os ideais e dando outra significação ao estar com os pares, num lugar onde o ensino e a transmissão da psicanálise possam ser interrogados.

Dessa vez, convidamos a Escola Freudiana de Buenos Aires a estar conosco, nos júris. Vimos como uma experiência translinguística pode dar bons frutos. Percebemos, também, que não existe modelo para um dispositivo do Passe, e que, portanto, o fundamental é propiciar àqueles que pensam terem terminado suas análises um lugar digno onde possam falar de suas experiências, sem a transferência em análise, mas com transferência de trabalho com a Escola e com a psicanálise. Se alguém terminou sua análise, há de ter o entusiasmo de seguir passando o que extraiu de sua experiência. Este é o pagamento simbólico à sua Escola e à psicanálise, pela transmissão que recebeu!

Essa publicação reúne os trabalhos apresentados em três eventos: no Rio, em Vitória e em Brasília. Ela visa a tornar público o que pensam os membros que compõem as Escolas Lacanianas de Psicanálise do Rio, Vitória e Brasília sobre o ensino e a transmissão em Psicanálise.

Não há ensino senão o que se sustenta da experiência do um a um com o real do inconsciente. No entanto, ao falar do que antes não se sabia, um dizer se afirma como uma verdade e um desejo se transmite, com o entusiasmo com que se recebe uma novidade.

Teresa Palazzo Nazar

PARTE I
A FORMAÇÃO DO ANALISTA

FORMAÇÃO DO ANALISTA: CONSIDERAÇÕES SOBRE O ENSINO E A TRANSMISSÃO DA PSICANÁLISE[1]

Renata Conde Vescovi2

Resumo:
Este artigo visa mostrar como a função lógica de equívoco do sujeito suposto saber opera na transferência produzindo a subversão do sujeito do inconsciente que se encontra indeterminado na cadeia discursiva, orientando-se pela certeza do objeto causa de desejo. Essa subversão coloca em questão a fé inabalável no sujeito suposto saber, desvelando um inconsciente que opera a partir de um furo no saber – tarefa que exige de um analisando inventar, a partir do objeto, uma nova posição no discurso e, assim, concluir uma análise. Abordarei, também, a importância – para o ensino e para a transmissão da psicanálise – de uma Escola operar segundo a lógica do equívoco do sujeito suposto saber.

Palavras-chave: Sujeito suposto saber. Equívoco. Invenção. Ensino. Transmissão.

As questões que me trazem para este encontro dizem respeito ao que pude apreender quando ocupei a secretaria do passe, refletindo sobre a passagem de analisando a analista – experiência a ser colhida em um dispositivo de passe – e sobre a transmissão dos efeitos do ato que autoriza e nomeia, no âmbito de uma Escola, um psicanalista.

1 Trabalho apresentado no Colóquio "Dispositivos da Psicanálise", em 14 e 15 de maio de 2011.

2 Psicanalista, membro da Escola Lacaniana de Psicanálise de Vitória. rcondevescovi@gmail.com.

Essa tarefa na Secretaria do Passe me levou a participar de um cartel sobre o Seminário de Lacan *O Ato Analítico*, resultando em um trabalho que permitiu lançar luz sobre a importância da função lógica do sujeito suposto saber operar como um dispositivo analítico essencial na constituição da tarefa analítica, sobretudo na passagem de analisando a analista.

O psicanalista é aquele que nasceu da experiência de um impossível de saber, uma vez que todo o campo de saber porta um furo que ele mesmo, o analista, produziu em posição de objeto. É o "si mesmo" que o autoriza em seu ato a tornar-se analista, quando ele subtrair-se, em posição de objeto do campo do Outro, fazendo incidir sobre este a barra da castração. Essa operação lógica se inscreve assim: A-a= S (Ⱥ)[3], onde:

A - representa o Campo do Outro;
a - é o objeto parcial que sustenta a fantasia e a ilusão de um Outro consistente. O objeto *a* cai como resto da operação analítica;
S (Ⱥ) - é a notação da falta de um significante no campo do Outro resultante da subtração do objeto *a* que escreve o furo no saber.

De que maneira o sujeito suposto saber participa desta subtração; operação de queda do objeto que sustentou o Outro e, com ele, a fantasia neurótica? Vale destacar que a queda do objeto que franqueia o tornar-se analista é o que visa ser recolhida na lógica do dispositivo do passe para transmitir o que um psicanalista em sua formação (análise pessoal + Escola) pode inventar em termos de um estilo em transmitir o real dessa experiência. De que maneira ele deixa passar com seus significantes o impossível de um saber, uma vez que a função do psicanalista se sustenta do paradoxo de transmitir, com seus traços, o real como impossível?

Em *O equívoco do sujeito suposto saber*, Lacan (2003d) nos diz que a função lógica do sujeito suposto saber é de sustentar o equívoco, que permite liberar, durante a tarefa analítica, um impossível de saber. Trata-se de um saber no real que insiste mais além de um Outro que é suposto saber decifrar o não sabido de um saber. O equívoco dessa função deve operar para que o analisando subverta a fé no sujeito suposto saber e a dúvida que consolida todo o ato de

3 Para maiores esclarecimentos sobre esta álgebra lacaniana, ver o Seminário *A Lógica do Fantasma*, aulas dos dias 10 e 24 de maio de 1967.

fé. Se duvido sobre a existência da verdade, existe sempre a expectativa dela revelar-se e responder ao impossível de saber.

Fé e dúvida alimentam a paixão pela ignorância, mantendo acesa a chama de um desejo de saber sem limites. Assim, o sujeito do inconsciente padece sempre dividido entre um significante e outro, produzindo sentidos que tendem ao infinito. Pela função equívoco, a paixão pela ignorância cede lugar à crença no inconsciente como furo, consolidando os limites de um saber articulado entre significantes.

O inconsciente como furo sustenta-se dos restos do objeto parcial que deu suporte à fantasia e à transferência com um determinado analista. Esses restos só podem ser recolhidos como pequenos pedaços do real, restos a serem cifrados e reutilizados, como artifício de escrita, para escrever uma nova posição do sujeito no discurso, que agora crê no inconsciente como um saber que se inventa.

Não é por acaso que Lacan nos fala em fé no sujeito suposto saber – para que a entrada em análise e a tarefa analítica se consolidem – e crença no inconsciente como furo, quando a fé no sujeito suposto saber é subvertida pelo ato analítico, promovendo, assim, a passagem de analisando a analista.

Podemos pensar que fé e crença são diferentes? Lacan cita Kierkegard, no Seminário *O Ato Analítico*, para falar sobre a fé no sujeito suposto saber, e Montaigne, no Seminário *A Lógica do Fantasma*, para falar em crença.

Kierkegard nos diz que "a fé é a expectativa por uma revelação divina" ao mesmo tempo em que pressupõe a dúvida de que uma revelação possa acontecer: "A dúvida é o que mantém os homens na indeterminação frente as suas incertezas" (KIERKEGARD apud LACAN, 1968, p. 253). É como se, diante do impossível de saber que lhe impõe o real da castração, o homem escolhesse manter-se distante dessa certeza através da dúvida. A fé, nos diz o filósofo, tem origem divina: "Na falta de uma certeza melhor, entra a fé" (idem, p. 32).

A crença, segundo Montaigne[4], "resulta do domínio da experiência e constitui-se de convicções não fundadas racionalmente que modulam a conduta humana. [...] Para constituir uma crença, é preciso ideias humanas, simplesmente ideias humanas que penso segundo eu mesmo e não segundo o que acredito a partir de Deus" (MONTAIGNE apud LACAN, 2008, p. 36, grifo nosso).

Segundo o filósofo, para crer é preciso separar-se da dúvida e da fé em um Outro – no caso, Deus. É uma posição solitária, ancorada na construção de

4 Sobre Montaigne, ver: *Revista de Filosofia*: Fé, Razão e Crença, www.scielo.br/scielo.php.script.com.br.

um saber, a partir de uma experiência mais livre dos ideais do Outro, como em um percurso de análise, no qual o inconsciente trabalha na construção de um saber que traz a face do real, onde só resta ao analisando reafirmar, cada vez mais, a crença no inconsciente enquanto furo, deixando orientar-se pelo não sabido de um saber que sempre surpreende.

É a experiência de um saber que se inventa, tributária da subversão do sujeito do inconsciente, indeterminado na cadeia significante, pela certeza de ser causado pelo objeto a.

Vale destacar que, nas Conferências sobre "O Saber do Psicanalista", Lacan (1972) distingue "saber em fracasso" (um saber como impossível de saber, migalhas de um saber, que convoca à invenção) de "fracasso no saber". Este último diz respeito à impotência no saber que perpetua o desejo de saber e consiste a fé no sujeito suposto saber.

O Equívoco do Sujeito Suposto Saber: um dispositivo analítico essencial à passagem de analisando a analista.

Em *O Engano do Sujeito Suposto Saber*, Lacan (2003b) restaura o estatuto ético do inconsciente freudiano inaugurado sob a dimensão do furo, do impossível de saber, que havia sido desviado, pelos pós-freudianos, dos caminhos traçados por Freud. O inconsciente havia sido reduzido à dimensão de um objeto conceitual a ser isolado, observado, capturado tal qual o objeto da ciência. No entanto, o que confere a crença no inconsciente como furo é tomá-lo na dimensão de resto pulsional; matéria-prima da "alíngua". O ato lacaniano restaura em um só gesto o campo freudiano e nomeia o que é próprio ao campo lacaniano: o objeto a. É este objeto desubstancializado que escreve a falta.

> O que é o inconsciente? A coisa ainda não foi compreendida [...]. Tentaram sua falsificação através de uma política das ciências humanas. [...] era uma falsificação querer tornar tranqüilizador o *unheimlich*, dado o pouquíssimo tranqüilizador que é o inconsciente por sua natureza.

> [...] tudo se presta a servir de modelo meta-psicológico, para dar conta do inconsciente: o *pattern* do comportamento humano, a tendência instintiva, ou até o traço filogenético em que se reconhece a reminiscência de Platão.

> [...] tudo isso para inflar o inconsciente de representações imaginárias... para suscitar a vontade de espiar dentro dele alguém.[5] (LACAN, 2003b, p. 329, grifo nosso).

Se o inconsciente perde sua dimensão de chiste, ele reduz-se a um proliferador de sentido. Restringe-se ao mero "blá-blá-blá" sublimatório, impedindo, assim, que as análises encontrem um ponto de conclusão. Só na surpresa do real é possível dar um basta à falácia do inconsciente que se produz em torno da fantasia neurótica.

Para sublimar em torno da fantasia neurótica não é preciso ir buscar uma psicanálise. O passo a mais que a psicanálise de Lacan permite é o trabalho de escrita de uma letra, a partir do gozo. Ele é o resíduo de um percurso analítico – a verdade de um sujeito – que pode perpetuar um percurso de análise condenado à eterna sublimação. É preciso fazer deste resto uma letra que arranque o sujeito do inconsciente de sua indeterminação na cadeia significante, garantindo-lhe a certeza de uma posição que é sempre determinada pela marca do objeto a.

Sabemos, desde Freud, que o "inconsciente é um saber sem sujeito" (LACAN, 1966/2008, p. 57). Os significantes representam o sujeito do inconsciente, mas não dizem quem ele é. Porque, em seu ato inaugural, que coincide com a entrada da criança no discurso, o sujeito do inconsciente é equivalente ao objeto a, que se encontra para sempre perdido.

No princípio, o sujeito se contabiliza no discurso como perda. Em cifras matemáticas, se representa como -1. Por isso falamos, criamos, inventamos, visando reencontrar o que supomos ter perdido. Esta operação de alienação à falta exige que a criança tome emprestado do Outro alguns atributos na tentativa de consistir seu ser. Então a lógica do inconsciente – diferentemente do que Descartes propôs para o sujeito da razão, que é suportada pelo "Penso, logo sou" – o sujeito que inaugura sua entrada no discurso se sustenta primeiro de um "Sou" a partir do Outro; porque no princípio não há ser que pensa. No princípio é a falta. É num só-depois ao ter experimentado a falta que ele pode interrogar-se sobre a inconsistência de seu ser, e assim aprender a pensar.

---

5 Chamo a atenção para a ideia lograda de que o inconsciente é manipulado pelo Outro que detém o saber sobre o sujeito.

Vale destacar que o pensar em questão não é o mesmo pensar que suporta a lógica da razão. É um pensar inconsciente, fruto das associações livres que colocam em funcionamento a cadeia significante; mostrando que o sujeito "existe onde não pensa."

Em sua segunda tópica, Freud (1980, p. 34) nos dá um traçado da topologia do inconsciente ao afirmar que o "eu não é senhor em sua morada". Ele nos deixa o indicativo de que o sujeito do inconsciente "ex-siste" ao discurso.

Lacan (1966/2008), relendo Freud, usando como ferramentas de leitura a lógica moderna e a linguística, afirma que o inconsciente são "pensamentos que se pensam por si mesmos" (p. 60), sustentando que o inconsciente é suportado por um saber sem sujeito, que existe como um saber no real. Este saber escapa à produção de sentido, que é efeito da articulação significante.

O fato do sujeito do inconsciente "ex-sistir" à linguagem convoca a necessidade lógica do sujeito suposto saber existir discursivamente como o Outro do saber, pronto para decifrar os enigmas da condição humana.

O sujeito suposto saber constitui-se em torno dos primeiros apelos, das primeiras suposições de saber que a criança formula quando se vê diante do enigma do desejo do Outro: "Afinal, o que o Outro quer de mim? O que ele sabe sobre mim mais além do que ele me diz?".

Somente no percurso de uma análise, pelo manejo da transferência, o sujeito suposto saber pode ganhar o valor lógico de sustentar o equívoco que se opera entre um saber que se pensa por si mesmo e a suposição de que existe um sujeito; um Outro suposto saber decifrar um saber enigmático.

O analista opera de modo a manter o equívoco que leva o analisando a reconhecer que uma análise é uma experiência singular de atos que se repetem determinados pelo saber no real. O movimento da repetição deixa impresso as marcas primordiais do gozo do Outro que se encontram na origem de um sujeito. Uma origem sem genealogia, sem relação de causa e efeito, porque o objeto está para sempre perdido, testemunhando que na origem do sujeito há um furo, um impossível a saber.

O homem sempre sonhou encontrar a causa primordial a respeito de sua origem. No entanto, na história da humanidade, o que existe, nos conta Walter Benjamin, é uma *ursprung* (GAGNBEIN, 2007), que, em alemão, significa: "origem sem começo". Uma origem que comporta um vazio. *Ur* significa (origem) e *sprung* é salto, lançar-se. Podemos afirmar, então, que na origem existe um vazio que nos impõe um lançar-se, na tentativa de alcançar as palavras que irão compor um sentido a nossa existência.

Benjamin também nos diz que a história da humanidade "não se reduz a um espaço neutro e homogêneo de uma acumulação linear de fatos cronológica e progressiva" (GAGNBEIN, 2007, p. 16).

A história da humanidade comporta um paradoxo estrutural, entre a *ursprung* (uma origem sem começo) e a gênese, que traz o sentido de uma historicização linear dos acontecimentos. Isso quer dizer que em toda narrativa histórica, mesmo em nossa ficção que narramos em um percurso de análise, nos deparamos com a *ursprung*, que nos exige reescrever e, assim, inventar outra versão a respeito de nossa existência.

Vale lembrar que o ato de lançar-se ao vazio é o que inaugura a repetição através do sintoma, na tentativa de alcançar o objeto perdido. É uma repetição que sempre remete ao mesmo ponto de sofrimento do sintoma, onde o sujeito se oferta como objeto de sacrifício ao Outro. O retorno a uma "origem sem começo" é o que convoca o analisando ao final de uma análise a dar este salto que o autoriza a analista – agora agenciado pelo saber inconsciente construído em seu percurso de análise.

Só no percurso de uma análise aprendemos que "repetir não é reencontrar a mesma coisa"[6] (LACAN, 1967/68, p. 144). É a repetição do sintoma que prepara, num só gesto, o encontro do sujeito com a castração no Outro, ao mesmo tempo em que, pela perda de gozo – impossível do saber ser reintegrado à cadeia discursiva pelo significante – dá à repetição a função de um reencontro, não com o objeto, mas com a marca de sua perda que inscreve a falta.

Essa marca se inscreve logicamente ao longo de uma análise por meio de um saber inconsciente que é inventado diante das brechas – impossível de saber – deixadas pelo Outro. Elas dizem respeito ao comparecimento no discurso das *ursprung*, das quais nos falou Benjamin, e que nos convoca à invenção.

Se um saber se inventa, ele pode ser a transformação do sofrimento do sintoma (gozo) em um artifício de escrita que servirá à escrita de um nome de analista ao final de uma análise. Isto confirma que operar com o sujeito suposto saber em sua função de equívoco é o que subverte o estatuto do inconsciente de pura falácia produtora de sentidos, que podem se deslocar ao infinito, para um inconsciente que porta a inscrição da marca de um real –

6 Aula do dia 18 de janeiro de 1967.

impossível de saber – que não se encontra inscrita na cadeia significante e que espera por invenção.

É o que nos diz Clarice Lispector (1999, p. 195) a respeito do ato inventivo e surpreendente que é a escrita: "Às vezes tenho a impressão de que escrevo por simples curiosidade intensa. É que ao escrever eu me dou as mais inesperadas surpresas. É na hora de escrever que muitas vezes fico consciente de coisas, das quais, sendo inconsciente, eu antes não sabia que sabia".

O ensino na formação do psicanalista

Hoje ocupo, na Escola Lacaniana de Psicanálise de Vitória, o lugar Secretaria de Ensino. E me pergunto: como operar o Ensino em uma Escola sem perder de vista o estatuto ético do inconsciente, que transmite um saber-invenção que traz a face de um real que surpreende?

Sabemos que um saber que se transmite em ato não se reduz ao ensino. Portanto a lógica do equívoco do sujeito suposto saber deve balizar o funcionamento de uma Escola visando "liberar este saber no real"[7] (LACAN, 1967/68 p. 86) para disseminar entre os analistas um saber invenção, pois "de um lado o sujeito suposto saber é falácia, de outro ele é puro nada. É o equívoco de sua função que deixa liberar o nada que é o sujeito suposto saber" (idem, p. 95)

Então, qual é o lugar do Ensino em uma Escola de psicanálise?

Em seu texto *Alocução sobre o Ensino*, Lacan (2003c) faz duas afirmações que jogam com a função lógica do equívoco do sujeito suposto saber. São chaves essenciais para pensarmos o ensino e a transmissão da psicanálise: "[...] pode ser que o ensino seja feito para estabelecer uma barreira ao saber" e "[...] o que me salva do ensino é o ato, e o que atesta o ato é que nunca tive dia seguinte para o meu abrigo... permanecendo surdo à sua contribuição" (p. 303).

Lacan parece nos dizer que a formação do psicanalista vigora por meio de um saber que se transmite em ato, no mais além dos enunciados. Ela acontece quando é possível apreender, com cada um dos pares, um saber que ele próprio nos passou sem saber que sabia, produzindo em cada analista o desejo de saber e de construir, com seus significantes, sua própria teoria sobre o in-

7 Lição 6: aula do dia 17 de janeiro de 1968.

consciente. Se o saber em ato não opera, o ensino se engessa em dogmas, em conceitos que até ensinam, mas não conseguem provocar no outro o despertar de um trabalho do inconsciente em sua vertente de invenção.

Uma secretaria de ensino em uma Escola também serve para lembrar a cada analista que existem conceitos fundamentais na teoria de Freud e Lacan que devem operar como significantes mestres. Portanto, não devem ser negligenciados, violados pelas elucubrações fantasmáticas dos analistas em formação. Assim, ensino e saber funcionam numa nodulação onde um não existe sem o outro. O ensino é o vetor onde o saber singular de cada analista deve florescer e disseminar-se em transmissão.

O ensino precisa saber lidar com um paradoxo essencial à psicanálise: o de transmitir o impossível. Como transmitir a experiência do inconsciente que opera com um sujeito dividido, que "ex-siste" ao ato, e com um objeto – objeto a – que não se especulariza em uma superfície?

O estatuto ético do inconsciente de furo no saber subverte o espaço euclidiano, que é dominado por uma realidade estável, onde o sujeito do inconsciente é reduzido a um objeto conceitual passível a observação. É o espaço dominado pelo *more geométrico* – conjunto de normas e regras que sustentou a arte desde o renascimento (dentre elas a perspectiva) e que organizam a superfície euclidiana, a tela da fantasia, além de manter a noção lograda de que existe o universo do discurso. Com isso o sujeito e o saber deixam de ser suposto para consistir em um sujeito do saber.

A transmissão e o ensino em psicanálise subvertem o espaço euclidiano. Ao se fazer representar na linguagem, o sujeito do inconsciente experimenta uma perda que não se reintegra à rede discursiva. São os restos do objeto que insistem como não saber. É a transmissão deste impossível de saber que interessa à psicanálise.

A subversão do sujeito por Lygia Clarck

Para falar sobre o paradoxo da transmissão de um saber intransmissível – saber que, ao emergir, traz a surpresa de um real –, vou me valer de Lygia Clarck. Em 1963, a artista produziu uma obra a qual nomeou de *Caminhando*. É uma instalação para ser experimentada em ato, em que se pretende subverter a posição passiva de simples expectador de uma obra de arte para nos fazer experimentar em ato o lugar de um sujeito, como ela mesma define, "descentralizado em seu eu"[8].

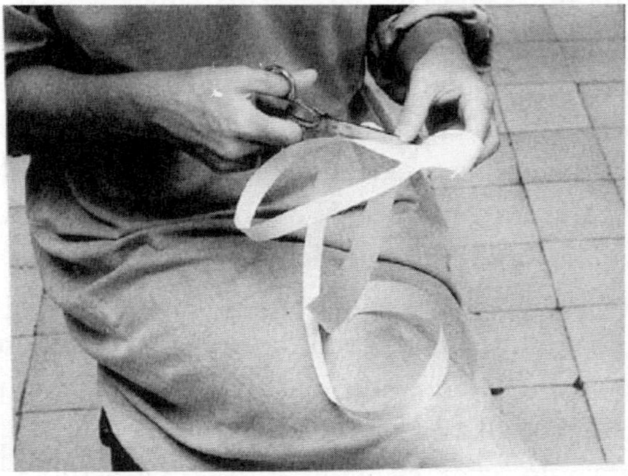

Caminhando é a figura topológica da banda de mobius que é recortada longitudinalmente. É também a expressão da topologia do inconsciente, que, ao se fazer representar através de uma superfície não orientável (no que diz respeito ao dentro e fora), encontra sua indeterminação. É somente no ato de corte que o sujeito do inconsciente, que está indeterminado na faixa de mobius, é subvertido pela certeza de uma perda.

Caminhando é correlativo ao que Lacan nos diz sobre o ato analítico:

> Aproximo-me de uma aporia para sustentar esta subversão a partir da qual articulo este ano o ato analítico, ato que fundo numa estrutura paradoxal, já que nela o objeto é ativo e o sujeito é subvertido. [...] Trata-se de algo que se diz sem que o sujeito se represente nisso que diz nem tão pouco saiba o que faz [...][9]. (LACAN, 1967/68, p. 149).

Lygia nos diz que, em *Caminhando*, o sujeito é "um itinerário interior fora de mim". O que não é nada diferente do que Freud nomeou a respeito da topologia do sujeito do inconsciente ao afirmar que "O Eu não é senhor em

8 Ver ensaio sobre o espaço e o sujeito. *Lygia Clarck e a Psicanálise*, Blog *Deseranja*, http/www.scielo.br.
9 Aula de 21 de fevereiro de 1968.

sua morada", e do que Lacan, ao reler Freud, afirma que o inconsciente "são pensamentos que se pensam por si mesmos" e o sujeito que pensa está para sempre fora da cadeia de significantes.

Se o ensino em uma Escola não leva em conta que a formação do analista sustenta-se de sua prática singular de invenção da psicanálise, a partir desse ponto de desalojamento do sujeito, onde o saber é não saber, de que nos falou Lygia Clarck, o discurso analítico reduz-se a pura liturgia, e as escolas de psicanálise, a uma congregação de notáveis produtores de teorias renomadas sobre o inconsciente, e que, no entanto, são inócuas, sem o valor de transmitir a peste que é o inconsciente de Freud e de Lacan.

Autorizar-se analista é autorizar-se de si mesmo a crer no inconsciente

Um psicanalista só se autoriza ao ato de se prestar a ocupar para alguém a função sujeito suposto saber se ele crê no inconsciente em seu estatuto de furo no saber. É autorizar-se a não cessar de inventar, a partir das bordas marcadas pela falta do objeto que inaugura o inconsciente como um saber no real.

Essa é uma experiência tributária do que ele aprendeu em sua própria análise: que o sujeito suposto saber é um truque para liberar este saber que escapa ao ordenamento significante. Sobretudo é tributária da interpretação do analista que opera fazendo o inconsciente "transliterar"[10] este saber no real. Esta operação da linguagem, a transliteração, cifra o gozo, que se manifesta pelas marcas intraduzíveis dos restos do objeto parcial, através da homofonia produzida pelo equívoco significante, que transforma o gozo do sintoma em letra. Letra que irá escrever o nome de um analista.

A interpretação analítica é o que permite dar voz ao gozo do objeto que estava ali, como letra morta. Ela decanta o gozo do sentido fixado no sintoma para fazer "escoar a alíngua: aquilo que o sentido não atinge facilmente"[11] (LACAN, 1974, p. 78).

Vou trazer um recorte clínico na tentativa de transmitir uma experiência que testemunha o encontro com um saber foracluído à cadeia significante e

10 Ver Allouch, Jean. *Letra a Letra*: transcrever, traduzir, transliterar. Rio de Janeiro: Companhia de Freud, 1994.

11 LACAN, *Les non dupes errent*, aula do dia 8 de janeiro de 1974.

pode se inscrever logicamente como cifra se o analista se autoriza ao ato de crer no inconsciente, testemunhando, assim, o comparecimento de um inconsciente que se inventa pelo artifício de linguagem.

M. procura um analista porque mais uma vez sua relação afetiva está para acabar. Ela sabe que faz tudo para perder seus relacionamentos afetivos. M. também mantém com as mulheres uma relação paranoica de que elas estão lhe arrancando os homens.

Ainda nas primeiras entrevistas, ela relata, tomada de muita angústia, que havia passado a noite anterior a sua ida ao meu consultório acordada, arrancando literalmente os cabelos. M. me mostra com muita vergonha o buraco que produziu na altura da franja por acreditar ter escutado ao telefone, enquanto falava com o namorado, a voz de outra mulher.

Insisto para que ela me fale o porquê de arrancar os cabelos. Ela me conta que este é um hábito que tem desde sua entrada na adolescência, quando tinha horror ao próprio cabelo. Era feio e muito armado, como o cabelo do pai. Com isso era obrigada a ir para a escola todos os dias com um arco bem largo para esconder a tal franja.

M. ia para a escola com uma amiga vizinha, que, todos os dias, arrancava-lhe o arco da cabeça. Era uma menina menor que ela, portanto não justificava que ela deixasse a outra lhe arrancar o arco do cabelo. Ela conta que isso a deixava em desespero, fazendo-a gritar: “Devolve meu arquinho, devolve meu arquinho, devolve, Marquinho!”

Pontuo: “Devolve, Marquinho!” É o que se escuta para além do dito, interrompendo estranhamente o fluxo das associações significantes.

M. diz ao analista: “Você está louca! Só mesmo você para escutar isto!”.

Confesso que chego a duvidar dessa escuta, colocando em vacilação minha crença no inconsciente-invenção. Mesmo havendo uma transferência analítica constituída, tratava-se de um percurso de análise que esboçava seus primeiros passos.

Como é possível, logo no início da constituição do sujeito suposto saber e da efetiva entrada em análise, o inconsciente dar o testemunho de um saber no real que beira ao ocultismo, ao “horror de saber”[12] (LACAN, 2003a, p. 311) que se experimenta nos finais de uma análise?

---

12 Lacan nomeia horror de saber este ponto de passagem de analisando a analista em que o sujeito por estar fora do ato experimenta uma perda radical onde é impossível saber sobre o ato.

Quem sabe aí para além do pouco que já se sabe a respeito da história desse sujeito? É preciso suportar a espera de algo advir confirmando ou não esse ato de invenção do inconsciente!

A cada chegada dela à sessão de análise, eu lhe perguntava pelo "Marquinho". As associações corriam por outros caminhos, outras queixas surgiam. Até que um dia ela me disse que tinha acontecido uma coisa que ela julgava sobrenatural: "Meu pai resolveu me contar, do nada, que iria se chamar Marco fulano de tal!". E continua: "Meu pai nunca havia falado antes sobre isto com ninguém!".

Ela, então, me conta que seu avô, ao registrar o nome de seu pai em cartório, resolveu tirar o Marco do nome dele (Retirar o marco de um nome! O que isto pode dizer no mais além de um dito?), com receio de que ele herdasse a esquizofrenia de seu bisavô, que também se chamava Marco.

Este recorte clínico testemunha que o inconsciente se translitera e se inventa como um artifício de escrita, cifrando um saber no real que ressoou através de uma homofonia produzida pelo equívoco significante. É um saber fazer do inconsciente cujo resultado não é sabido nem pelo analista nem pelo analisando.

O saber inventado atesta a posição de gozo desse sujeito na relação com o Outro: a de se fazer arrancar os homens pelas mãos de outra mulher. O inconsciente compareceu aí como pura letra que se inscreve logicamente, marcando os primeiros pontos de repetição de um gozo estranho: o de se fazer buracos, arrancando os cabelos, e assim tentar arrancar, repetidas vezes, o marco do nome de um pai.

Ao mesmo tempo, o inconsciente revela o traçado de um ato que, ao se repetir, levará o sujeito a autorizar-se de si mesmo a inventar outra posição no discurso. Mais livre do gozo parasitário do sintoma. Mais desembaraçado da fé que sustenta a esperança depositada no Outro suposto saber decifrar o saber no real.

O analista, ao escutar/interpretar, confirma ter vivido em sua análise esta experiência semelhante com o não sabido, e ter podido inventar com *Isso*[13], autorizando-se ao ato de sustentar para outros o truque que se desvela quando ele suporta operar a função lógica de equívoco do sujeito suposto saber.

---

13 O inconsciente freudiano também é nomeado *Isso*.

Referências bibliográficas

ALLOUCH, Jean. *Letra a letra*: transcrever, traduzir, transliterar. Rio de Janeiro: Companhia de Freud, 1994.

FREUD, Sigmund. *O Ego e o Id*. Rio de Janeiro: Imago, 1980. (Obras completas, v. 19). Originalmente publicado em 1914.

GAGNBEIN, Jeanne Marie. *História e narração em W. Benjamin*. São Paulo: Perspectiva, 2007.

LACAN, Jacques. *A lógica do fantasma*. Publicação não comercial para os membros do Centro de Estudos Freudianos do Recife, outubro de 2008.

______. Nota Italiana. In_____: *Outros escritos*. Rio de Janeiro: Jorge Zahar, 2003a.

_____. O engano do sujeito suposto saber. In_____: *Outros escritos*. Rio de Janeiro: Jorge Zahar, 2003b.

_____. Alocução sobre o Ensino. In_____: *Outros escritos*. Rio de Janeiro: Jorge Zahar, 2003c.

_____. O equívoco do sujeito suposto saber. In_____: *Outros escritos*. Rio de Janeiro: Jorge Zahar, 2003d.

_____. *O saber do psicanalista*. Conferência do dia 3 de fevereiro de 1972. Texto inédito.

_____. *O Seminário, livro 21, Les non dupes-errent*. Aula do dia 8 de janeiro de 1974. Texto inédito.

_____. *O seminário, livro 15, O ato analítico*. Seminário inédito. Aula de 15 de maio de 1968.

LISPECTOR, Clarice. *A descoberta do mundo*. (Crônicas). Rio de Janeiro: Rocco, 1999.

HÁ PSICANALISTA SEM ESCOLA? AUTORIZAÇÃO E NOMINAÇÃO[1]

Ana Paula da Costa Gomes[2]

Resumo:
Este artigo tem por objetivo estabelecer as relações da psicanálise em intensão e extensão na formação do psicanalista.

Palavras-chave: Formação do psicanalista. Autorização. Nominação.

> Aceitar o indizível, mas, ainda assim, insistir em nomeá-lo. Admitir a existência de uma grande escuridão, mas, mesmo assim, lutar para iluminá-la.
>
> José Castello, *Prosa e verso.*

"Antes de mais nada, um princípio: o psicanalista só se autoriza de si mesmo" (LACAN, 2003, p. 248). Começo este trabalho trazendo esta citação de Lacan, um de seus aforismas mais enigmáticos, que acossa cada analista a responder da sua maneira o que vem a ser a autorização.

O fato é que tal provocação lacaniana, apresentada na *Proposição de 9 de outubro de 1967 sobre o analista na Escola* (LACAN, 2003, p. 248), vem acompanhada da seguinte frase: "Esse princípio está inscrito nos textos originais da Escola e decide sua posição"; e de mais estes três parágrafos:

---

1 Texto apresentado no Colóquio "Dispositivos na Psicanálise", realizado no Rio de Janeiro, nos dias 14 e 15 de maio de 2011.

2 Mestre em Teoria Psicanalítica (UFRJ), A.M.E. da Escola Lacaniana de Psicanálise do Rio de Janeiro.

> Isso não impede que a Escola garanta que um analista depende de sua formação.
>
> Ela pode fazê-lo, por sua própria iniciativa.
>
> E o analista pode querer essa garantia, o que, por conseguinte, só faz ir mais além: tornar-se responsável pelo progresso da Escola, tornar-se psicanalista da própria experiência (LACAN, 2003, p. 248).

É importante contextualizar esta afirmação, pois percebemos o lugar que Lacan indica sobre a Escola e sobre a Garantia na questão do autorizar-se. É possível uma autorização sem Escola e sem a garantia que o analista pode querer?

Passo, então, a falar, na tentativa de elaboração, do que é este lugar da Garantia numa Escola, e sua relação com as nominações.

Há quase dois anos faço parte da Comissão de Garantia da ELP-RJ ao lado de minha colega Ana Benjó. Logo que passamos a ocupar tal lugar, algumas saídas de membros ocorreram, e uma questão que se colocou foi como anunciá-las, no um a um, como escrever os nomes destes membros no momento de saída. No um a um de cada caso, uma das saídas não foi anunciada, o que gerou um mal-estar numa assembleia, quando a Garantia foi pertinentemente questionada por tal fato. Faço este relato, pois, no só-depois, modalidade temporal cara à Psicanálise, hoje é possível escutar – ou pelo menos interrogar – se questionar a Garantia não teria sido um apelo à Escola enquanto Outro, quando a Escola é justamente o um a um, da inscrição do nome próprio de cada membro.

Ao nascer, o *infans* recebe um nome que porta as marcas do desejo do Outro sobre ele. Ao ser nomeado, o *infans* porta a possibilidade de inscrição no social, é o caráter simbólico do nome, que carrega uma série de expectativas e idealizações numa visada imaginária. E porta também um real, o qual nem o sujeito a advir nem o Outro que o nomeia têm conhecimento do que está em jogo nesta nomeação. Qual, então, seria a relação entre esta nomeação que o sujeito recebe na sua origem e as nominações que ocorrem numa Escola?

Importante ressaltar a diferença semântica entre nomear e nominar. Segundo Houaiss, *nominar* é "escolher um nome para, conferir a (algo ou alguém) a designação de, chamar, nomear". *Nominação* é "a figura retórica que consiste em dar uma denominação a algo que não tenha nome". Por outro lado, o verbo *nomear*, dentre as várias acepções que suporta, significa: designar pelo nome; dar nome a, chamar, nominar; dar início a algo que não existia, criar, instituir, designar; fazer a nomeação de alguém para algum posto, cargo; constituir. Podemos concluir que *nomear* contém *nominar*. Já o substantivo *nomeação* refere-se ao ato ou efeito de nomear, designação de alguém para uma função.

Se *nomear* contém *nominar*, proponho, então, para este trabalho, uma distinção entre nomeação e nominação. O primeiro dirá da ação que dá um nome próprio ao sujeito quando nasce, da qual ele é completamente passivo, como objeto do desejo do Outro. O segundo, a nominação, destino às categorias da escola, especificamente de A.M.E. e de A.E., que, embora também portem algo do real, dependerão da posição do analista nos tempos de sua formação.

Estas duas categorias encontram-se também designadas no texto da *Proposição* quando, logo no início, Lacan faz uma distinção entre a hierarquia e o *gradus*, que entendemos como o apontamento de que o que está em jogo nessas nominações não diz respeito unicamente ao que é dado pelo Outro, mas o que cada analista deve sustentar e constituir.

A categoria de A.M.E diz do "analista membro da Escola, constituído simplesmente pelo fato de a Escola o reconhecer como psicanalista que comprovou sua capacidade" (LACAN, 2003, p. 249). Como a Garantia pode reconhecer esta comprovação da capacidade? Através das enunciações do analista sobre a sua clínica nos lugares da Escola: grupos de leitura, sessões clínicas, trabalhos que deem provas da articulação teórico-clínica que sustenta uma psicanálise. Assim, embora esta nominação parta do Outro, ela depende daquilo que um psicanalista sustenta e de como ele transmite o real desta experiência. Percebemos que há, nesta nominação, efeitos tanto para quem é nominado como para a Escola como um todo. Para quem é nominado, há um real em jogo, tanto naquilo que ele transmite, como no enigma de querer precisar o que aí está sendo nominado. Há uma inscrição simbólica que nomina o reconhecimento de provas dadas do referido analista. E há os efeitos imaginários, que tanto podem fazer o agora A.M.E se questionar sobre o que este Outro, Escola, quer de mim, quanto fazê-lo sentir-se mais autorizado em suas enunciações. Lacan complementará mais tarde seu aforisma que o analista se autoriza de si mesmo e de alguns outros. A categoria de A.E., ou analista da Escola, está relacionada à demanda que um analista faz do dispositivo do passe, o passante, que dará testemunho do seu final de análise. Esta nominação pode ser dada ou não após o trabalho do dispositivo do passe, mas o que queremos é tratar da diferença de posição nesta nominação e da relação desta com a nomeação do nome próprio. Tanto a categoria de A.M.E quanto de A.E. dizem da sustentação do desejo do analista em sua formação, mas, enquanto a primeira é outorgada, reconhecida pelo Outro, sem que o analista a demande, no que concerne à categoria do A.E., trata-se de uma demanda de dar testemunho do que foi o seu percurso de análise e o desfecho desta travessia, indicando que, se o desenlace da transferência analítica de uma psicanálise em intensão se deu, este postulante a A.E relança sua transferência de trabalho na extensão, fazendo avançar os pontos cruciais da psicanálise.

O final de análise e o passe não coincidem, pois, como diz Lacan (2003), embora toda análise seja didática, visto que o término desta é, com efeito, a passagem do psicanalisante a psicanalista, não são todos que, ao chegarem a este fim, se oferecem neste lugar de rebotalho.

Do que se trata, então, no final de análise? No que se refere ao nome, é poder sustentar o real do desejo do Outro, como o impossível de se saber sobre o lugar que foi designado ao sujeito. Poder fazer desta falta do Outro, que nos nomeou, a margem de liberdade e criação, servindo-se desta inscrição simbólica para ir além. Prescindir do pai, na condição de servir-se dele.

Recorto um excerto do filme canadense *Incêndios,* que porta em sua trama trágica o mote das cartas que precisam chegar ao seu destinatário. A primeira carta apresentada no filme é da protagonista dirigida aos seus filhos gêmeos após a sua morte. Ela começa dizendo "A infância é uma faca enterrada na garganta que dificilmente se retira", para, em seguida, dizer como quer ser enterrada: sem caixão, nua, de costas para o mundo e sem lápide. É preciso que as cartas, letra, cheguem ao destinatário para que ela possa escrever o seu nome na lápide. Só após o encontro dos seus filhos com o real da verdade de sua história é que ela poderá ter seu nome próprio escrito na lápide.

É preciso o tempo de travessia de fantasia para que a posição infantil, de objeto no desejo do Outro, seja cernida e que a faca enterrada na garganta deixe o sujeito apropriar-se da sua voz, fazendo, da falta do Outro, causa de desejo.

O desejo do analista, face real do desejo do Outro, "é um desejo de obter a diferença absoluta, aquela que intervém quando, confrontado com o significante primordial, o sujeito vem, pela primeira vez, à posição de se assujeitar a ele" (LACAN, 1973, p. 260). Ou seja, o sujeito inclui o real da perda em seu nome, podendo fazer disso causa.

É a partir deste testemunho, desta passagem pela castração, no dispositivo do passe por conta e risco do analista que aí chegou, que uma nominação de A.E. pode se dar, nominação que inclui o real da nomeação do nome próprio do analista em questão.

É preciso consentir na perda do ser para que o nome se inscreva, e é preciso desistir do conhecimento da origem, para poder se apropriar do nome. Nome próprio que carrega, em seu seio, a inscrição significante e o objeto que fomos para o desejo do Outro. É preciso consentir na posição de objeto, simbolizar esta perda, que é sem palavras, para fazer dela causa. Fazer do nome que se recebeu algo próprio. Autoral, autorizar-se de si mesmo.

Inscrever o nome próprio numa Escola é poder apropriar-se do real que está em jogo nesta nomeação, autorizar-se a partir da castração, fazendo da perda inaugural causa de desejo. Desejo do analista.

Desistir da origem é colocar em questão a existência do Outro, que, em última instância, não existe, pois o que temos deste Outro é a palavra que nos foi dada, e a questão é o que faremos deste tesouro dos significantes que nos foi dado. Dada a constatação da inexistência do Outro, o sujeito pode ter uma relação de mais sintonia com o desejo, menos afetado pelas paixões do ser, onde a paixão da ignorância não vela mais a castração de que, na origem, o que temos é a palavra, que, se o ódio do Outro não mata, o amor também não salva. E que cada um funda, sem garantia, assim como Lacan, tão sozinho quanto sempre esteve em sua relação com a causa psicanalítica, a sua Escola.

> É só com grande esforço que sustentamos uma posição no mundo. Que sustentamos um nome. Estamos, todos, confinados nas cavernas escuras do singular. Mesmo no mundo das cópias e das reproduções em série, a existência humana se desenrola na primeira pessoa. O plural é só um recurso a que nos apegamos para escapar da solidão (CASTELLO, 2011).

Referências bibliográficas

CASTELLO, José. “Prosa e verso”. *O Globo*, Rio de Janeiro, 30 de abril de 2011.

INCÊNDIOS (*Incendies*). Direção: Denis Villeneuve. Canadá, 2010.

LACAN, J. Proposição de 9 de outubro sobre o analista na Escola (1967). In_____: *Outros Escritos*, Rio de Janeiro: Jorge Zahar, 2003.

_____. *O Seminário, Livro 11, Os quatro conceitos fundamentais da Psicanálise* (1964). Rio de Janeiro: Jorge Zahar, 1973.

SOBRE A FORMAÇÃO DO ANALISTA[1]

Dr. José Mário Simil Cordeiro[2]

Resumo:
Partindo da experiência de sua análise pessoal e focalizando aspectos históricos em que seu percurso se deu, o autor aborda o tema da formação do analista a partir da lógica das cisões experimentadas pelo movimento psicanalítico internacional, desde a fundação, por Freud, da "Associação Psicanalítica Internacional", em 1910, até a atualidade. Recorrendo à datação da regulamentação institucional da formação do analista, passando pelo ensino de Freud sobre o que deve saber um analista para o exercício de sua prática, são discutidos os impasses que a psicanálise viveu e vive para dar conta da difícil questão da nomeação do analista, principalmente partindo do complexo estatuto da análise didática, passando pela polêmica introduzida em 1927 pela discussão da análise leiga (não-médica) e confluindo para o encaminhamento dado por Lacan em sua *Proposição de 9 de outubro de 1967* e no Seminário *O ato psicanalítico*, com a proposição dos dispositivos para avaliação da experiência privada da análise e a eventual nomeação dos analistas da uma Escola.

Palavras-chave: Psicanálise leiga. Psicanálise didática. Formação do analista. Formações do inconsciente. Dispositivos da Escola. Nomeação de analista.

---

1 Trabalho apresentado no "Colóquio: Dispositivos na Psicanálise", organizado pela Escola Lacaniana de Psicanálise do Rio de Janeiro, nos dias 14 e 15 de maio de 2011.

2 Psicanalista-Membro da Escola Lacaniana de Psicanálise-Brasília. e-mail: jmscordeiro@terra.com.br.

O tema que pretendo abordar tem a ver com a formação do analista. Primeiramente, é pertinente agradecer à Escola Lacaniana de Psicanálise - Rio de Janeiro pela iniciativa de convocar todos aqueles que estão comprometidos com a questão para apresentar sua contribuição. A contingência de eu atualmente dirigir a Escola de Brasília é apenas mais um componente de uma equação cuja complexidade todos conhecem, não sendo, por isso, surpreendente se o que trago refletir uma dimensão de privacidade num processo que implica necessariamente minha cota de subjetividade. Parto, portanto, da inserção que ocupo atualmente na minha análise pessoal, para testemunhar o que dela posso trazer como reflexão sobre seus efeitos na comunidade de que faço parte. Se disso algo advier como saber compartilhado, estarei apenas cumprindo meu dever de fazer circular não só o que conquistei, mas também o que resta ainda de não realizado. Penso, com isso, poder transmitir uma versão que bem pode estar próxima da verdade quanto eu gostaria.

Lacan nos ensinou que uma Escola se constrói a partir do desejo de cada um. A dificuldade, portanto, começa aí nessa singularidade cuja transmissão sempre foi uma questão para a psicanálise, desde seus primórdios. Se no nível privado eu algum dia decidisse propor dizer meu percurso analítico para alguns outros, estaria com certeza seguindo os passos daqueles que apostam na transmissão da psicanálise através do dispositivo do passe. Enquanto isso não se dá, atenho-me à finalidade de recortar alguns pontos históricos, cuja importância se medirá por sua utilidade de contextualizar como temos experimentado o desafio de nossa formação enquanto analistas e como vamos conduzir os que se apresentam a partir de agora.

No princípio, então, esteve a transferência. No ano de 1987, em Brasília, um grupo de estudos, com membros ligados à Universidade, o Centro de Estudos Freudianos-CEF, pesquisava as obras de Freud e Lacan, praticava a psicanálise, mas não tinha em seu estatuto qualquer menção à formalização de dispositivos que dessem conta da formação de analistas. Eu, particularmente, não participava desse grupo, mas conhecia um de seus mentores, com quem trabalhava na Universidade dirigindo uma equipe multidisciplinar que estudava estratégias de atendimento a toxicômanos. Como já tinha passado por uma experiência de 10 anos de tentativa de análise, experiência cujo desenlace me custou um longo desvio por trilhas vicinais, eu mantinha com a psicanálise uma distância calculada, nutrida pelo *amódio*, distância que me permitia gozar de um ressentimento silencioso e, ao mesmo tempo, tal qual Ulysses amarrado ao mastro do navio, ouvir desse silêncio o eco de um canto que me fazia enigma. Talvez em função de uma transferência sobrepujada pelo ódio, minha experiência inicial tenha provocado esse desvio, o que não impedia que eu estranhasse como um sujeito que ensinava psicanálise na Universidade, liderava um grupo de estudos e recebia pessoas em análise em seu consultório privado não trouxesse para um projeto que interrogava uma clínica para toxicômanos toda a riqueza que a psicanálise ainda tinha secretamente para mim. Por razões pessoais que eu não compreendia, ele conseguia fazer essa separação entre psicanálise, de um lado, e, de outro, um discurso empírico fundamentado em teorias improvisadas sobre a natureza da toxicomania.

Por esses vieses que só o desejo propicia, a sala onde eu trabalhava era anexa à do CEF, de onde provinham os rumores e a tagarelice analítica. Certo dia, como por acaso, assisto à fala de uma analista do Rio de Janeiro, convidado pelo diretor do CEF e por alguns espíritos inquietos e ávidos por escutar o que Lacan propunha como ensino e prática da doutrina de Freud. Brasília, nessa época, além da Sociedade vinculada à IPA, que repudiava Lacan, ouvia falar dele através de uma instituição também originada do Rio de Janeiro, o Colégio Freudiano de Brasília, cujo trabalho, entretanto, não tinha conseguido impor mudanças no contexto analítico local. O analista agora cogitado, Dr. José Nazar, estava sendo convidado a passar a vir a Brasília para conduzir análises e ministrar seminários. Lembro-me exatamente da advertência que ele fez na forma de uma pergunta: "Vocês têm uma ideia das consequências que poderão advir da minha prática em Brasília?". Parece que nem todos tinham. O fato é que as análises começaram para muitos dos que ali estavam e, em pouco tempo, junto com elas, meus dissabores encontraram a via régia por onde até hoje venho podendo recortar seus contornos. Primeiramente, numa tímida sala nos fundos do CEF, depois em hotéis, em consultórios de praticantes, inclusive no meu, transcorria o desfile das sessões, alguns sujeitos já começando a perceber que algo de novo no *front* analítico se dava. Mais de duas décadas depois, lançando um olhar sobre esse tempo inicial, posso concluir que, tendo havido análise como tem havido, era inevitável que as consequências antecipadas pelo analista se instalassem. O grupo de estudos se desfez como tal, a virulência do discurso analítico foi se impondo, outros sujeitos foram se aproximando e, em pouco tempo, fundava-se solenemente, com a presença inclusive de um discípulo francês de Lacan, a Escola Lacaniana de Psicanálise. O entusiasmo desses primeiros tempos, entretanto, ainda não era, obviamente, aquele que Lacan propõe como derivado do desejo no final de análise. Pelo contrário, como se tratava de singularidades que se propunham trabalhar suas questões na privacidade da experiência analítica, dessa experiência somente seus atores principais, analista e analisante, podiam dar conta. Nesse sentido, Freud, desde cedo, já apontava o paradoxo com que a psicanálise se depara ao, reivindicando um estatuto de ciência, não dispor dos instrumentos de demonstração da experiência de que se utilizam outras ciências. Só podemos falar da experiência analítica, diz ele, ou experimentando-a em nós mesmos ou "por ouvir dizer", e essa especificidade estaria na raiz de todos os problemas levantados pela questão de sua transmissão. Não sabemos, portanto, o que se passava na privacidade dessas análises. De suas consequências, entretanto, podemos tirar algumas conclusões.

Com o exemplo de Lacan, vamos aprender que os mal-entendidos das cisões deveriam ser o efeito quase necessário do entrelaçamento entre o saber e a experiência. Eu digo "deveriam", porque nem sempre as cisões acompanham a lógica que as condiciona. As análises, por exemplo, como qualquer experiência humana sujeita à contingência, se podem libertar o sujeito do seu gozo, fazendo-o bem dizer do seu sintoma, podem se prestar também a contaminações, seja induzidas por erros, pela cristalização de resistências, pela vitória do ódio sobre o amor ou pela prevalência da pulsão de morte. Minha convicção é de que, em Brasília essa lógica do entrelaçamento entre saber e experiência tenha prevalecido. O fato é que as consequências dessa experiência foi uma grande cisão e aquilo que de início apontava para o novo levou a Escola a se dispersar em outras direções, restando um pequeno grupo cuja fidelidade à transferência insistia. Há mais de uma década esse pequeno grupo, depois de passar por uma segunda turbulência, vem trabalhando na direção apontada pelo conceito lacaniano de Escola, oferecendo dispositivos previstos em sua concepção original, principalmente cartéis, sessões clínicas, além de grupos de estudos teóricos, eventos dirigidos ao público e apresentação de trabalhos em eventos nacionais. Com a chegada de novos membros, resultado inevitável do trabalho efetuado até agora, as questões originais que sempre estiveram aí – O que é ser um psicanalista? Quais os fundamentos de sua formação? – retornam com toda sua virulência. Como o tempo é limitado, pretendo trazer para este fórum apenas algumas questões sobre o dispositivo da análise, seja ele abordado a partir de suas origens – um dispositivo terapêutico – seja ele abordado na lógica lacaniana de uma psicanálise "em intensão".

A datação da regulamentação institucional da formação do analista remonta aos tempos das primeiras cisões a que a doutrina freudiana se expôs. Ao mesmo tempo em que se via instado a responder teoricamente aos desvios de Yung e Adler, Freud abordava a questão da formação propondo que todo candidato a analista se submeta à análise de seus complexos subjetivos. Com a autoridade que lhe dava seu ato inaugural de um psicanalisar, ele impunha que é no dobrar-se à regra da psicanálise que o analista se forma, tanto em sua cura quanto em sua relação com a teoria e com a prática. Mesmo cauteloso ao não ousar ensinar uma técnica ainda incompleta e uma teoria em devir e avesso à regulamentação rígida das regras de formação, num artigo de 1912, Freud recomendava exigir que todo analista "contasse todos os seus pensamentos a um analista qualificado, sem a isto ser forçado pela doença" (FREUD, 1969, p. 154). Estava implícita nessas recomendações a clivagem da psicanálise entre terapêutica e didática, tema que vai ocupar muito tempo dos seus discípulos mais próximos e que estará irremediavelmente intrincada com a questão da análise leiga, que surgirá depois. Freud era um pesquisador e, como tal, sempre esteve aberto às modificações técnicas e teóricas que a experiência e a observação impunham. Nesse sentido, já num artigo de 1905, *Sobre a Psicoterapia*, ele sinaliza um para-além da terapêutica, ao propor a abertura da psicanálise para um desejo de saber que constituiria seu fundamento principal. O essencial dos artigos técnicos que ele escreve nos anos 1910/1915 vai focalizar não só o que deve saber o analista para o exercício de sua prática, como também qual deve ser sua posição em relação a esse saber e aos objetos da libido. Mas foi em 1926 que ocorreu o episódio que desencadeou a mais importante crise institucional envolvendo a discussão do tema da qualificação do psicanalista. Nesse ano, um importante membro não-médico da Sociedade Psicanalítica de Viena é processado com base numa antiga lei austríaca contra o charlatanismo. Esse episódio levou Freud a escrever o texto *A questão da análise leiga* (1969), que não teve o efeito apenas de defender seu discípulo, mas o levou a se posicionar claramente ante o que vinha sendo discutido nesses anos na comunidade analítica.

Além da questão manifesta do privilégio da prática da análise restrita aos médicos, por ser ela uma terapêutica, Freud esclarece principalmente dois aspectos do estatuto da psicanálise: Qual é sua finalidade? Como e onde se pode aprender o que é necessário para praticar uma análise? E num diálogo que se desenvolve, à maneira socrática, com um interlocutor imparcial, ele vai concluir, dentre outras coisas, que qualquer um que tenha passado pelos dispositivos de formação (análise pessoal, conhecimento teórico, aprendizado técnico e supervisão) não é mais leigo, fazendo questão de ressaltar o sentido de leigo como não-médico. Ao tirar da seara médica a exclusividade da prática analítica, ele abre outra frente de discussão ao afirmar que a psicanálise vai muito além da terapêutica, sendo uma teoria do inconsciente mental; diz com todas as letras que um dispositivo de formação de analistas ainda tem de ser criado; indaga se os médicos querem tomar conta da psicanálise para preservá-la ou destruí-la e reafirma seu temor de que o *furor curandis* da terapêutica destrua a ciência. Para ele, enfim, a psicanálise é diferente da psicoterapia por ter por objetivo a análise mais completa e mais profunda da subjetividade. E deixando entender que ele desejava uma escola para formação de analistas que prescindisse da unilateralidade das escolas medidas, conclui: "Na psicanálise tem existido desde o início um laço inseparável entre cura e pesquisa. O conhecimento trouxe êxito terapêutico. Era impossível tratar um paciente sem aprender algo de novo. A psicanálise assegura a conjunção cura/pesquisa. Essa perspectiva de ganho científico tem sido a feição mais orgulhosa e feliz do trabalho analítico" (Freud, 1969, p. 262). Sabemos que seus discípulos recusaram suas conclusões, a mesma recusa e constrangimento que os discípulos de Lacan experimentaram muito tempo depois, quando ele afirma que em psicanálise a cura vem por acréscimo.

A posição de Freud quanto à questão da análise leiga e aos desdobramentos dela advindos envolvendo os fundamentos da formação do analista não será seguida, então, pela maioria dos seus discípulos. A dedução feita por ele da finalidade da psicanálise e da formação por ela exigida a partir de um saber não acabado e em construção é mal digerida por boa parte dos que o cercavam. Assim, a criação, em 1920, em Berlim, de um modelo de formação centrado no equívoco da clivagem entre o terapêutico e o didático e a apuração de seus resultados dez anos depois inauguram uma tradição hierárquica que permanecerá cristalizada dentro da instituição. Mesmo tendo sido escalado para o Instituto um analista não-médico para conduzir ali as primeiras análises didáticas, prevalecerá aí a lógica de uma Abraham, por exemplo, que, considerando a psicanálise uma terapêutica, reivindicará para ela o monopólio médico. Annie Thardit, em seu livro *As formações do analista* (2011) informa que Moustapha Safouan interpretará, em 1962, o movimento de regulamentação do Instituto de Berlim em 1923/1925 como um *acting out* dos alunos de Freud e a preocupação que tinham de integrar a psicanálise à medicina como "um álibi de uma delinquência fraterna". Essa mesma autora vai descrever a clivagem composta, de um lado, por aqueles analistas comprometidos com um modelo hierárquico que integrou o caráter iniciático de formação baseado na sucessão apostólica do antigo comitê secreto dos idos de 1910, caráter denunciado por Balint em 1947 como composto de um saber esotérico, exposições dogmáticas, técnicas autoritárias, submissão e identificação dos candidatos com o iniciador; e, de outro lado, analistas liberais como Ferenczi, Sachs, Balint, Bernfeld, que concebiam a regulamentação da análise didática como uma demanda da instituição. Está implícita na posição desses analistas a seguinte questão: "É possível, sem desviacionismo, decidir o momento em que o analisante 'está pronto'? Questão importante por sua atualidade, em que a discussão da autorização se desloca de uma concepção do "forma-se", que evoca o ato divino do "Fiat lux", para um "formar-se", mais próxima da lógica da intensão proposta por Lacan em 1967. Quero me ater à leitura que a autora faz de um retorno feito por Lacan, também na área de formação, a um Freud além do seu tempo, que ampliou os horizontes da psicanálise para um mais além da causalidade médica ou psicológica. Assim, em 1949, quando ele foi encarregado de escrever o Regulamento e a doutrina da Comissão de Ensino da Sociedade Psicanalítica de Paris, seu texto trazia a ideia de submeter a dimensão regulamentar da formação à relação da ortodoxia freudiana com uma "técnica pura"; técnica que, segundo ele, "respeita todo o registro da personalidade ao não eludir nenhuma de suas antinomias" (LACAN apud THARDITS, 2011, p. 75). No que tange às qualificações técnicas do candidato a analista, ele propõe que "nenhum grau de habilitação técnica será proibido aos psicanalistas não-médicos" (idem). É a primeira vez que uma instituição psicanalítica inclui em seu Estatuto uma posição clara com relação à análise leiga e é também o germe de uma subversão que vai encontrar sua efetividade quase 20 anos depois, com a Proposição de 9 outubro de 1967. Lacan, então, se insere numa tradição que retoma as ideias originais de Freud quanto ao estatuto da psicanálise como ciência do inconsciente e sua elaboração desloca-o radicalmente em relação ao paradigma tecnológico que orienta o modo de formação da IPA. Dessa Proposição tão estudada por todos, quero destacar dois aspectos para provocar nosso debate. O primeiro, é o princípio inscrito por Lacan propondo que "o analista só se autoriza dele mesmo" (acrescido posteriormente de um "por alguns outros"), princípio cuja compreensão, aplicação e manejo não podem ser considerados fora do contexto em que foi proposto. Esse "dele mesmo", traduzido do original francês "soi même", conota a dimensão lógica da experiência analítica como "intensão", isto é, como tendo a propriedade nela mesma de produzir a passagem analisante/analista; o segundo aspecto é a metáfora da dobradiça para formular a nodulação dessa dimensão singular e privada com o campo da extensão, entendido aqui como o lugar dos dispositivos da Escola apropriados para fazer viger a transferência de trabalho. Essas duas dimensões instauram, de um lado, a via régia pela qual toda formação se dá, o psicanalista podendo (ou não) advir como produto particular dessa "cultura" das formações do inconsciente que é uma experiência analítica. Nesse sentido, a verdadeira função didática de uma análise estaria articulada pelo que ela transmite a todo analisante, pelo saber que ela permite construir e pela formação do analista que ela torna possível. Esta é a dimensão da intensão. Do outro lado, está a dimensão da extensão, lugar dos dispositivos que recolhem o resultado dessa experiência privada, tornando-a pública, forjando também, com isso, o laço social entre os analistas com o discurso analítico. É o lugar onde, também, "por alguns outros", a qualificação e a nomeação podem se dar.

Concluo minha apresentação com uma pergunta para discussão. Na *Proposição de 9 de outubro de 1967*, Lacan (2003) é explícito ao propor que a raiz da experiência do campo da psicanálise que se dará em sua extensão, isto é, através dos dispositivos da Escola, está na própria experiência analítica tomada como intensão, isto é, na experiência da cura. No Seminário *O ato psicanalítico* (inédito), ele demonstra os fundamentos lógicos que levam uma análise até o que ele chamou de "travessia do Rubicão", até o seu final digamos, a passagem analisante/analista que aí ocorre sendo da ordem de um ato. Até então estamos no campo da intensão. O dispositivo do passe é proposto no campo da extensão como lugar de verificação dessa experiência, resultando numa nomeação que ele designou de AE, analista da Escola. Ocorre que na mesma proposição ele fala dos AME, analistas-membros da Escola, cuja nomeação ele não só concebeu como demanda, como a efetuou em sua Escola. Se o "autorizar-se dele mesmo" pode ser verificado por alguns outros no dispositivo do passe, levando ou não à nomeação do AE, retomo e atualizo a questão levantada pelos analistas liberais que seguiram

Freud, reconhecendo o campo da intensão como necessário, embora não suficiente, para formação do analista: "É possível, sem desviacionismo, decidir o momento em que o analisante 'está pronto' [...] para ser nomeado AME?". E acrescento: "Se é possível, quem ou qual dispositivo da Escola fará essa nomeação?". Esta é a questão que circula atualmente na Escola de Brasília.

Referências bibliográficas

FREUD, Sigmund. *A questão da análise leiga*. Rio de Janeiro: Imago, 1969. (Obras completas, v. 20). Originalmente publicado em 1926.

_____. *Sobre a Psicoterapia*. Rio de Janeiro: Imago, 1969. (Obras completas, v. 7) Originalmente publicado em 1905.

LACAN, Jacques. *Outros Escritos*. Rio de Janeiro: Jorge Zahar, 2003.

_____. *O Seminário*, livro 15, *O ato psicanalítico*. 1968. (inédito).

THARDITS, Annie. *As Formações do psicanalista*. Rio de Janeiro: Companhia de Freud, 2011.

A FORMAÇÃO DO PSICANALISTA E A ESCOLA[1]

Wadson Damasceno[2]

Resumo:
O objetivo deste artigo é articular a questão da formação do psicanalista e o papel da Escola nesta formação. Se o postulado lacaniano é o de que o psicanalista só se autoriza por si mesmo, qual é responsabilidade da Escola na formação de psicanalistas? Segundo Freud, um psicanalista poderá nascer de uma psicanálise pessoal. Contudo isso não se dará sem o enodamento de uma garantia que insere outros analistas, seus pares.

Palavras-chave: Formação. Psicanálise. Escola. Autorizar-se.

Ao propor falar de como se torna um psicanalista, escolhi um caminho para falar da formação do psicanalista de forma geral. Trata-se de um tema controverso e que sempre ocupou a reflexão dos psicanalistas, sobretudo na atualidade, quando vemos surgir uma oferta crescente de enganosos cursos de formação psicanalítica. Quem deve se encarregar da formação? Qual é o papel da Escola na formação de analistas?

Sabemos que o discurso analítico está marcado pela castração, isto é, marcado pela incidência de um corte que se coloca no meio do caminho da

1 Trabalho apresentado no III Encontro Interescolas: As Formações do Psicanalista, no dia 23 de novembro de 2012, em Brasília.

2 Psicanalista, membro da ELP-Brasília, mestre em Psicologia Clínica e Cultura pela UnB.

relação do homem com a sua verdade. Ao romper com a racionalidade e com a lógica cartesiana, o pensamento analítico oferece outra forma de legitimar o conhecimento. A Escola prioriza a formação do analista como uma formação do inconsciente.

A formação do psicanalista, portanto, baseia-se, fundamentalmente, no conhecimento de seu inconsciente, atualizado na transferência, no estudo teórico e na supervisão.

> A rotina de uma escola de psicanálise deverá confirmar, também, como um cutelo, a leitura de deciframento imposta pelas leis do inconsciente. O fato de o psicanalista ser o resultado da efetuação de uma psicanálise não exclui, em absoluto, o necessário das instituições analíticas. (ALVES; SAAD, 2009, p.77).

Necessário por quê? Se a Escola concebe a formação do psicanalista como permanente, esta mesma Escola deve criar condições para que o psicanalista aconteça como uma formação.

A Escola Lacaniana de Psicanálise de Brasília se constituiu e se mantém a partir de pedidos de formalização da formação; pedidos estes quase sempre acompanhados de uma expectativa de que, com a institucionalização, algo próximo do modelo de ensino formal pudesse ser oferecido. Acabamos por perceber, no entanto, que não podemos nos furtar a "responder" a tais demandas. Vemo-nos compelidos a fazer frente a esses pedidos, embora não possamos jamais perder de vista que a formação do psicanalista não tem nada a ver com a reprodução de um modelo. Há uma grande diferença entre ensinar psicanálise e formar psicanalistas. O ensino pode se dar em uma universidade, mas ela não forma psicanalistas.

Freud, em seu texto *Sobre o ensino da psicanálise nas universidades* (1919), afirma que o psicanalista pode prescindir completamente da universidade sem qualquer prejuízo para si mesmo, já indicando que a formação do psicanalista exige a sustentação tripla.

A formação de um psicanalista, portanto, é algo bem mais complexo que um curso de estrutura universitária, e, por isso mesmo, constituir e oferecer um espaço de formação torna-se um projeto bastante audacioso, sobretudo quando pensamos nas questões de garantia e nomeação. A questão da formação dos psicanalistas está atrelada a um ponto essencial da transmissão da psicanálise: o final da análise e a experiência do passe. Mas não trataremos destes temas neste trabalho.

Com a entrada do ensino de Lacan no panorama psicanalítico, por meio de sua proposta de um retorno a Freud, as questões referentes à formação do psicanalista tomam um novo impulso. Seguindo os passos de Freud, que evitou vincular a transmissão da psicanálise ao aprendizado do manejo técnico, Lacan convoca os psicanalistas a darem continuidade à pesquisa iniciada por Freud; uma pesquisa que se dá no nível da experiência, daquilo que se passa na situação analítica. Somente assim a teoria ganha um sentido, e não o contrário, como ocorre normalmente em outros campos.

Na *Proposição de 09 de outubro de 1967 sobre o psicanalista da Escola*, Lacan subverte mais ainda a questão da formação em psicanálise, ao afirmar que "o psicanalista só se autoriza de si mesmo" (p. 248). Mas o que isso quer efetivamente dizer? Quer dizer que a formação do psicanalista, a partir de Lacan, está inscrita no campo do desejo. O psicanalista toma para si a responsabilidade de sua formação.

> Esse princípio está inscrito nos textos originais da Escola e decide sua posição. [...] Isso não impede que a Escola garanta que um analista depende de sua formação. [...] Ela pode fazê-lo, por sua própria iniciativa. [...] E o analista pode querer essa garantia, o que, por conseguinte, só faz ir mais além: tornar-se responsável pelo progresso da Escola, tornar-se psicanalista da própria experiência (LACAN, 1967/2003, p. 248).

Esse enunciado não é uma prescrição, mas pura constatação: de fato, não há análise possível se o analista não for o único responsável por suas palavras e pela condução de uma análise. Esta posição de Lacan desvincula a formação do psicanalista de qualquer controle ou normatização institucional, pois autorizar-se psicanalista reside na capacidade do sujeito de usar seu próprio inconsciente como um instrumento.

Autorizar-se, portanto, não tem a ver com um processo intelectual. Tornar-se psicanalista não é uma escolha profissional, mas é uma virada que se realiza no interior de um processo analítico, que pode ser verificado por um dispositivo ou um procedimento institucional.

Lacan, em *Nota Italiana* (1973, p. 312), afirma: "Somente o analista, ou seja, não qualquer um, autoriza-se apenas de si mesmo". Isto é, para autorizar-se é necessário que haja um analista. Só há analista se houver desejo de saber. Para Lacan, o surgimento de um psicanalista está intrinsecamente ligado ao despertar desse desejo de saber. Ao considerar o inconsciente como um saber, Lacan aborda a questão do inconsciente de modo novo. O campo psicanalítico se marca pelo aparecimento desse novo. É o saber no real. Um saber que, segundo Lacan, é preciso inventá-lo. Lacan afirma que, embora esse saber seja de responsabilidade do cientista, o analista deve levá-lo em conta, uma vez que o real é "aquilo que se destaca de nossa experiência do saber" (p. 312). Só existe analista se esse desejo de saber lhe advier. O desejo de saber diz respeito à produção, à invenção do saber. É uma posição contrária à neurótica paixão da ignorância – o horror de saber.

Trata-se de um saber muito particular, associado à verdade, que se produz com a perda de gozo. Como sabemos, não existe verdade que se possa dizer toda. A verdade serve apenas para criar o lugar onde se denuncia esse saber: "Mas esse saber não é pouco. Pois o que se trata é de que, acessando o real, ele o determina, tanto quanto o saber da ciência" (LACAN, 1973/2003, p. 315). Dessa forma, a psicanálise dever ser colocada em questão com cada analisando. Para poder situar-se na posição analítica recomendada por Freud, de lidar com cada novo caso como se ele fosse o primeiro, o analista deve desejar saber, pois o saber neste caso será algo a ser extraído da singularidade da análise de cada um de seus analisandos.

Mas esse desejo de saber, de onde ele vem? Como ele surge? Se Lacan, na *Proposição*, afirma que, no começo da psicanálise, está a transferência, não seria legítimo perguntar se tudo não passa por ela, pela transferência? Pois o que importa é o psicanalista em sua relação com o saber do sujeito suposto. O desejo de saber está mais ligado ao desejo do analista que ao desejo de se tornar psicanalista.

Para Alain Didier-Weill (2010), o tornar-se psicanalista só se efetiva se o psicanalista for requisitado a reinventar o que ele já sabe, isto é, o que já foi inventado por Freud. Ele esclarece que reinventar quer dizer tornar transmissível aquilo que o dito de Freud permanece incessantemente transmissível em alguma coisa de inédito.

Lacan, com a *Proposição*, certamente não quis repetir o que ele considerou um erro dos institutos de formação: ensinar um saber fechado, concluído. A ideia lacaniana de transferência de trabalho e de cartel provém justamente deste ponto: que o ensino teórico se submeta a um trabalho contínuo, e que inclua seus pontos inconclusos. O ensino da psicanálise deve se pautar pela perspectiva de sempre retomar o real inerente à experiência clínica.

Para finalizar, cito Jorge:

> Em sua escola, Lacan eliminou a obrigatoriedade e devolveu ao psicanalista em formação a responsabilidade pela escolha desse momento. De fato, obrigar o psicanalista em formação a um rígido protocolo a ser seguido implica evitar que ele se depare com dificuldades com a legitimidade que a experiência requer, isto é, com a *implicação subjetiva* (JORGE, 2010, p. 97).

Esta implicação subjetiva equivale ao autorizar-se por si mesmo. E a implicação da Escola na formação do psicanalista sustenta o complemento da formulação de Lacan: e por alguns outros. Autorizar-se sozinho a ocupar o lugar do psicanalista não é acreditar ser o único a estar só. Pelo contrário, é compartilhar a solidão comum do ato analítico, autorizar-se com alguns outros.

Referências bibliográficas

ALVES, A.; SAAD, L. A psicanálise é leiga. In: *Ofício do Psicanalista*: Formação vs. Regulamentação. São Paulo: Casa do Psicólogo, 2009.

DIDIER-WEILL, A. A questão da formação do psicanalista para Lacan. In: *Lacan e a formação psicanalítica*. Rio de Janeiro: Contra Capa, 2010.

FREUD, S. *Sobre o ensino da psicanálise nas universidades* (1919). (Obras Completas, v. 17). Rio de Janeiro: Imago, 1986.

JORGE, M. A. C. Lacan e a estrutura da formação psicanalítica. In: DIDIER-WEILL, A. *Lacan e a formação psicanalítica*. Rio de Janeiro: Contra Capa, 2010.

LACAN, J. Proposição de 9 de outubro de 1967 sobre o psicanalista da Escola. In: *Outros Escritos*. Rio de Janeiro: Zahar, 2003.

______. Nota Italiana (1973). In: *Outros Escritos*. Rio de Janeiro: Zahar, 2003.

Lacan nunca falou de formação analítica. Lacan falou de formações do inconsciente[1]

Adeane Fleury[2]

Resumo:

Reinventar a psicanálise, uma saída diante do impossível de sua transmissão. A falta de tradição de analistas e o não luto de si tornam a posição do analista tanto mais insustentável. A análise incita a viver sem história no singular, portanto não faz heróis (Allouch). "Eu nunca falei de formação analítica. Eu falei de formações do inconsciente" (Lacan) significa que a psicanálise em intensão esteja a serviço da psicanálise em extensão, fazendo avançar a psicanálise. Attal relê em Lacan "um modo diferente de acolher o testemunho" no passe, onde ocorre a passagem a analista e a não-analista, duas heterogeneidades tomadas juntas. Não se trata de classificar ou aprovar psicanalistas, pois não há modelo prévio de uma formação analítica, mas de reinventar a psicanálise a partir das formações do inconsciente testemunhadas pelo passante e possibilitando o encontro com o real em todos envolvidos no passe e na Escola.

Palavras-chave: Formação do Analista. Passe. Não-analista. Luto de si. Formações do inconsciente.

---

1 Trabalho apresentado no Fórum "O final de análise e o dispositivo do passe", III Encontro Interescolas, As Formações do Psicanalista, nos dias 23 e 24 de novembro de 2012, em Brasília/DF. Realização: Escola Lacaniana de Psicanálise de Brasília.

2 Psicanalista membro da ELP-Brasília, Doutora em Psicopatologia e Epistemologia Clínica Comparativa, Université Paris VIII, França, 1999. fleurya@operandi.com.br.

O analista é produzido, não é formado!

José Attal.

Este encontro que hoje realizamos é a sequência de dois outros anteriores promovidos pelas Escolas Lacanianas de Psicanálise do Rio de Janeiro e de Vitória, respectivamente. Juntos representam nosso compromisso com a transmissão da Psicanálise, que Freud e Lacan, ao se depararem com seu impossível, nos deixam como saída possível: reinventar a Psicanálise. Para Attal (2012) "reinventar" significa dar fôlego, dar vida à invenção, torná-la contemporânea. Tarefa que, por vezes, nos esquecemos, ao passar nosso tempo ainda tentando entendê-la, entendê-los, Freud e Lacan, em suas concepções psicanalíticas e articulações clínicas.

Reinventar a psicanálise poderia ser tomado como uma realidade para a qual tentamos dar um saber e uma forma, como diz José Attal (2012a, p.151) citando Heisenberg: "A realidade estando em constante flutuação, tudo que podemos fazer é operar recortes graças ao nosso pensamento, extraindo dele processos, fenômenos, leis". Nesse contexto, está claro que não pode haver completude, nem um "retrato exato da realidade". Portanto, o impossível da transmissão nos convoca ao trabalho, visto que nada está fechado e concluído a esse respeito.

Trabalho difícil, como nos confirma Lacan: "É algo muito difícil, a psicanálise. Antes de mais nada, é muito difícil ser psicanalista, porque temos que nos colocar numa posição absolutamente insustentável. Freud já havia dito. A posição do psicanalista é insustentável" (LACAN, 1974, p. 8). Além disso, Lacan considerava que, por não haver uma tradição de analistas, por ser a função analítica totalmente nova, a posição do analista ficava mais insustentável, e que, então, "teríamos que descobri-la". (LACAN, 1974, p. 9).

O difícil é que a análise ocupa-se do que não vai bem, ocupa-se do real, do que há de imundo no mundo, é disso que se ocupam os analistas: "O real sendo o que não anda, e estando [os analistas] obrigados a suportá-lo... é necessário que estejam terrivelmente encouraçados [blindados, armados] contra a angústia" (LACAN, 1974, p. 12).

Dirijo, neste ponto inicial, uma primeira questão à mesa que compõe este fórum, do qual tenho a honra e a ousadia de participar, tendo em vista nossa diferença de *gradus*, por reconhecer o avanço no percurso analítico de vocês duas: Teresa Nazar e Ruth Barros. Pergunto: nos dias de hoje, o que ainda torna tão insustentável a posição do analista? Qual contribuição, desde Lacan, tem sido eficaz para minimizar esse impossível de analisar?

Não sei se vocês concordam, pois falo de um lugar teórico ainda, visto não ter participado de nenhum procedimento do passe, porém, a partir dos textos que visitei sobre o tema, gostaria de propor para nosso debate a questão do narcisismo do psicanalista, que o leva, por exemplo, a considerar seu passe como um grande relato ou uma história muito singular e especial. A não realização do luto de si torna tão mais insustentável a posição do analista, e não contribui para a reinvenção da psicanálise. Se ele tem tanto apreço por sua história pessoal, é por estar ainda às voltas com um pedido de reconhecimento, de um título, ou com a seu trabalho de consistir o Outro.

Allouch (2012, p. 25) diz em seu livro mais recente, *Prisioneiros do Grande Outro*:

> Deus só estará efetivamente morto e, o caminho que Lacan, com mil precauções, indica em direção ao ateísmo só será efetivamente percorrido, quando nos mostrarmos capazes, a qualquer nível que seja, de viver sem que esta vida seja tomada como uma grande obra narrativa, como uma história especial (religiosa, política, histórica, filosófica, cultural, pessoal etc.). Allouch acredita que isso é, não somente pensável, como possível. Pois é também o que realiza o analisante em final de percurso analítico: ei-lo desinteressado de qualquer vaidade, de qualquer preocupação de se constituir como uma história especial, pois, simplesmente, isso não o interessa mais, não importa mais.

Lembra-nos Allouch (2012) que a análise não faz do analisante um herói, ao contrário, o incita a viver sem história no singular, e que o analista é alguém que se apoia na discrição. E responde "não" à pergunta se ele saiu de sua análise com uma história. Não que a história não tenha nenhum interesse. Somente que as versões locais da sua história, o percurso de sua análise, terminaram por reduzi-las a "inúteis balões de ar"[3].

Para ele, isso não é somente pensável como possível, pois considera que a clínica seja o luto, e que a "clínica analítica deve se ater ao diverso, abandonar o universal, sem mais nada a dizer" (ALLOUCH, 2012, p.35).

---

3 *Balon de bedruche*: balão inflável, também pode significar um homem sem consistência.

Como também considera Juan Ventoso:

> Se o relato de uma análise não é um delírio, nem o anúncio de uma nova fé, é, fundamentalmente, porque o evento, o que chamamos de encontro com o real, não se torna matéria-prima para construir a figura do todo poderoso, senão é, quem sabe, a única via que permite sustentar uma ética atéia (MAZZUCA, 2011, p. 8).

Sempre me impressionou, nos textos de Lacan, seu grande interesse e empenho na transmissão da Psicanálise. Sua quase inquietude, sua busca incessante para encontrar uma forma que servisse à transmissão daquilo do que se ocupa a Psicanálise, seja através da matemática e sua teoria dos conjuntos, da lógica ou da topologia. Lacan disse, durante uma entrevista:

> Se me esforço por algo, é para dizer coisas que se ajustem a minha experiência de analista, isto é, algo limitado, dado que nenhuma experiência do analista pode pretender apoiar-se sobre várias pessoas no intuito de generalizar. Eu tento determinar com o que um analista pode sustentar-se a si mesmo, o que a função do analista implica como aparato mental rigoroso. [...] Porque, quando se é analista, constantemente sentimos a sensação de patinar, de deslizar pela escada apoiados sobre o traseiro, o que reconhecemos ser muito pouco digno da função do analista. Há que permanecer rigorosos e só intervir de maneira moderada (LACAN, 1974, p. 24-25).

Dirijo, nesse ponto, uma nova pergunta à mesa: como nós, analistas, tomamos esse interesse de Lacan pela transmissão da psicanálise? Ouso ainda questionar: será que o tomamos de forma narcísica, nos incluindo como pessoas, nesse interesse pela psicanálise?

Quando Lacan (1973a, p. 254) enuncia: "Eu nunca falei de formação analítica. Eu falei de formações do inconsciente. Não há formação analítica, mas da análise se tira uma experiência, da qual é muito equivocado qualificá-la de didática". O que queria ele dizer com isso?

Parece dizer que não há formação do psicanalista, pois não há um modelo, por ser algo que se produz, tanto como o inconsciente é produzido. Lacan considerava fortemente "não haver formação psicanalítica, mas que da análise retira-se uma experiência" (LACAN, 1973a, p. 254). Quer dizer, a psicanálise em intensão a serviço da psicanálise em extensão: "É precisamente no intuito de isolar aquilo que é do discurso analítico, que eu fiz esta proposição" (LACAN, 1973a, p. 250).

Lacan buscava encontrar um jeito de ver avançar a psicanálise, de ver a expansão do ato analítico, não estando interessado no detalhe da vida pessoal do sujeito que se tornou analista, ou no contexto que o levou a isso. Não importa o que ele testemunha no dispositivo do passe, sobre suas mazelas pessoais, seus sucessos e fracassos, mas interessa, como expõe Jose Attal (2012), ver o efeito que o testemunho possa produzir no passante, no passador e no júri, ou seja, em todos envolvidos, o efeito que coloca todos a trabalhar, importando, sim, o estrago que isso pode causar. Simplesmente porque

> Os estragos, cada um sabe, aos quais estamos submetidos, nós da espécie humana, os estragos são o que de melhor nos pode acontecer. Eu estou aqui com os estragos sobre minhas costas; E isso não é inútil, já que, como alguém me fazia observar, se há alguém que passa seu tempo a passar o passe, esse alguém sou eu (LACAN, 1973a, p. 256).

E porque é de uma abertura que se trata, que dê espaço ao novo que possa advir da experiência do passe para todos, e não a recorrência a um modelo pré-determinado, a um formato de psicanalista que o passante deve corresponder. Como nos adverte Colette Soler sobre o espanto do júri ao não encontrar o que esperava do testemunho: "se quisermos questionar o inconsciente real, será preciso procurá-lo em outro lugar que não do lado da fantasia e de sua travessia" (SOLER, 2012, p. 183).

Minha hipótese é a de que no passe não há lugar para o narcisismo, nem para o psicanalista, somente para os não-analistas. Espera-se que o analista tenha feito o luto de si, tenha se liberado de seu narcisismo. E que se tenha claro, como Lacan (1973a) diz, que "O passe não é a análise". Logo, não há analistas aí, tampouco suas intervenções, como as interpretações, as escansões, as pontuações etc. Do que podemos concluir que o analista que pediu o passe não estará em avaliação, pois não é um candidato a ser aprovado como psicanalista.

Com efeito, essas considerações deveriam liberar o psicanalista que se oferece ao passe de ter orgulho de sua vida ou do material de sua análise. Um psicanalista que quer contribuir para a reinvenção da psicanálise deve falar com a possibilidade de causar nos seus pares uma reflexão, como diz Lacan, causar um evento, um encontro com o real.

José Attal (2012), em seu recente livro, nos traz as revisões que Lacan faz sobre o passe, em seu Seminário *Os não-tolos erram* (*Les non-dupes errent*, 1973-1974) e sobre a reformulação de alguns elementos de sua doutrina, que tem por consequência "um modo bem diferente de recolher o testemunho" (LACAN, 1973a, p. 255).

Nomeada por José Attal como "terceira proposição de outubro de 1967", esta pronunciada em 3 de novembro de 1973, ou seja, seis anos depois, se organiza em torno do fato de que "o passe nada tem a ver com a análise" (LACAN, 1973a, p. 253).

Ele ressalta três reformulações fundamentais na proposição de outubro de 1967:

1. O saber inconsciente sustentado no significante muda de estatuto para o signo e o analista é aquele que sabe distinguir o signo do signo do sentido do sentido. Lacan utiliza o binário signo e sentido e não mais significante e significado, dizendo: "é no signo e não no sentido que os psicanalistas encontram um sólido apoio para sua prática" (LACAN apud SOLER, 2012, p. 171). O significante se torna signo da divisão do sujeito, da disjunção entre o sujeito e o saber inconsciente.
2. O tempo lógico não é mais pertinente: o passe não é um momento de concluir "conclusivo", ele se conclui de forma atravessada.
3. Muda também a formulação de que "o analista só se autoriza a partir de si mesmo... eu acrescentaria... e a partir de alguns outros" (LACAN, 1973, p.162-163), quando Lacan estabelece uma homologia com o ser sexuado, que também se autoriza a partir do outro. Porém não em uma sequência, primeiro o sujeito depois o outro, mas, ao mesmo tempo, essas heterogeneidades tomadas juntas.

Então, o que Attal relê em Lacan (1973a) sobre o "modo bem diferente de acolhimento do testemunho" no passe, implica abandonar a cadeia significante e o primado do simbólico; esquecer o tempo lógico e seu momento de concluir sucedendo ao instante de ver e ao tempo de compreender; e fazer o luto de um modelo, já que a produção do psicanalista é sem modelo. Isto é, o passe tomado como um diagrama, que permite apreender as heterogeneidades juntas ao mesmo tempo. De modo que o passante, o passador e o júri são três heterogeneidades, três eventos diferentes acontecendo ao mesmo tempo no dispositivo do passe. Logo, algo que se reinventa a cada momento, para cada pessoa. Nada ofertado para si, mas à psicanálise.

Se o passe não é a análise, o que há aí é um não-analista. O que diz Lacan concernindo ao não-analista? Esclarece Attal: "por certo, não se tratava daquele que não é analista ou que usurpa do título e se apresenta como analista a despeito de uma certa rede". Nem que "ele esteja sozinho para decidi-lo" (LACAN, 1973, p.163) "O não-analista não implica o não-analisado, e não é também o não-praticante que está em causa [...] digamos que eu coloco um não-analista em esperança [...]" (ATTAL, 2012, p. 18-19).

O não-analista faz análise e, também, pratica a psicanálise. É alguém que é analisado e que é analista. Resume Attal (2012, p. 44-45): "o não-analista é o analista e a esperança reside no fato de que o passante nomeado analista seja um não-analista. A esperança é esta aqui: que o analista seja um não-analista".

Assim, "o passe é a passagem a analista e a não-analista, duas heterogeneidades tomadas juntas" (ATTAL, 2012, p. 45). Então:

> Se, em intensão, há, evidentemente, um psicanalista, por definição ocorre o contrário, em extensão, para o mesmo bom rapaz. Só há psicanalista graças ao analisante, ou seja, em intensão. Ao psicanalista em intensão, corresponde estritamente o não-analista em extensão. (ATTAL, 2012, p. 46-47)

Cabe, então, agora outra pergunta: será que está claro para o analista que se oferece ao passe que ali estará como um não-analista? Assim como em uma Escola, onde não somos colegas, pois não estamos ali como analistas, mas como analisantes, ou como não-analistas. Estaria claro aí também? O que penso ser de suma importância para tentarmos reduzir, se não é possível eliminar, as interpretações entre os participantes de uma escola.

Diz Allouch (2005, p.10) sobre a incompatibilidade entre o herói e o psicanalista:

> Se há uma ajuda que o psicanalista pode ter pelo seu pertencimento a uma escola, a uma escola, e não a um grupo associativo, a uma escola [...] que é um combate, é, precisamente, levar este combate desprovido de qualquer posição heróica.

A Escola não é uma análise. Assim como "o passe não tem nada a ver com a análise" (LACAN, 1973a, p. 253). E ainda: "[...] no júri não há psicanalista, há, em vez disso, sabem eles, não-analistas, que vão nomear ou não um outro não-analista" (ATTAL, 2012, p. 48). Trata-se de um dispositivo entre não-analistas e não entre analistas. Portanto, algo que traga à luz as formações do inconsciente.

Pois, no passe, como diz Marcelo Mazzuca (2011, p. 16-17): "[...] não se trata de legitimar a ilusão de um sujeito definitivamente *analisado,* se é que entendemos por isso, *curado para sempre de seu sintoma, de sua divisão e de sua angústia*".

Se o passe nada tem a ver com a análise, ele é outra coisa do que a direção da cura ou um interesse sobre o que foi a análise do passante (o analista que dá seu testemunho no passe). Por exemplo, diz Lacan (1973a, p. 254) que, se aquele que se oferece ao passe tem, durante seu testemunho, um "relâmpago de verdade" sobre uma certa parte de sombra em sua análise pessoal, isso é uma coisa que concerne somente a ele, passante, não concerne aos passadores nem ao júri. Fica claro, então, que o passe não é um dispositivo de avaliação do analista, de classificação, não é da ordem do discurso do mestre nem da docência. Lacan desejou:

> [...] evitar o retorno aos velhos usos, a essa espécie de caráter magistral, que se isola do fato de que alguém esteja aí como um candidato... e que os passadores não estejam aí em seus grandes cavalos para escutá-lo, e que não se coloquem aí como analistas: não é absolutamente o que nós esperamos deles. O que esperamos deles é um testemunho, uma transmissão de uma experiência que não se dirige a um velho da velha, a um mais velho (LACAN, 1973a, p. 255-256).

Deixar o não-analista em esperança e considerar que o passe não é uma análise são dois pontos que nos conduzem ao "modo bem diferente de acolher o testemunho". Trata-se de que seja o objeto do testemunho que me apreenda, antes mesmo que eu o apreenda. E de que, de modo algum, os passadores se coloquem no dispositivo do passe como um analista: "Não é absolutamente o que esperamos deles" (LACAN, 1973a, p. 256).

Attal cita Emmanuel Housset sobre o objeto do testemunho que nos confirma esse modo bem diferente de acolhê-lo: "[...] a singularidade do objeto do testemunho faz com que ao testemunhar eu não revelo diretamente uma verdade a um outro, mas eu somente lhe dou a possibilidade de se encontrar na experiência desta verdade" (HOUSSET, "l'objet du témoignage", apud ATTAL, 2012, p.92-93).

Portanto,

> Não é de si que se testemunha, mas por si. [...] O testemunho não é o prolongamento de um evento único e anterior, ao qual somente o passador teria assistido, mas ao contrário, é um estado colocado em jogo pelos três termos heterogêneos (passante, passadores e júri) organizados diagramaticamente e constituindo assim ou não um evento – de escola também – que tem por nome, um passe (ATTAL, 2012, p. 93).

Pergunto, ainda: essa revisão do passe, no que nos faz avançar? Seria mesmo possível menos narcisismos, mais "qualquer-um" ("n'importe qui", como diz Jean Allouch), mais passes, mais tradição de psicanalistas, outra psicanálise, a psicanalise reinventada? Não perdendo de vista que, ali onde esperávamos advir o saber, só será possível começar a saber, "Como fazer saber que nenhum lugar é suscetível de acolher o saber?" (ALLOUCH, 2011, p. 3).

"Eu nunca falei de formação analítica. Eu falei de formações do inconsciente" (LACAN, 1973, p. 254). Não se trata de classificar, aprovar psicanalistas, mas fazer avançar a psicanálise a partir das formações do inconsciente testemunhadas pelo passante e que promova eventos em todos os envolvidos no passe e na Escola.

Referências bibliográficas

ALLOUCH, J. Histoire de vivre sans histoire. Colloque ELP, Juin/2005. In: *Jeanallouch.com.* 2005

______. Une ouverture éclair sur Jacques Lacan, sur *le Portrait silencieux de Jacques Lacan* de Claude Jaeglé. Paris: Puf, 2010. In: *Jeanallouch.com.* 2011.

______. *Les prisonniers du Grand Autre.* Paris: Epel, 2012.

ATTAL, J. *La passe à plus d'un titre: la troisième proposition d'octobre de Jacques Lacan.* Paris: Cahiers de L'unebévue, 2012.

_____. Le point de retournement de Lacan: creation/dissolution. *L´unebevue revue de psychanalyse*, Paris, n. 29, p. 145-178, jan/2012a.

LACAN, J. *Les non-dupes errent*, Séminaire 1973-1974, Éditions de L´Association Lacanienne Internationale, Publication hors commerce, Paris, ago/2010.

_____. Intervention de Lacan au congrès de l´École Freudienne de Paris, La Grande Motte, 3/11/1973. In: Annexe II, Les non-dupes errent, Séminaire 1973a-1974, Éditions de L´Association Lacanienne Internationale, Publication hors commerce, Paris, p. 249-256, ago/2010.

_____. Entrevista coletiva com Dr. Lacan, 29/10/1974, Centre Culturel Français. In: *DIZER*, Rio de Janeiro, 2974, n. 12, p. 7-25.

MAZZUCA, M. *Ecos del passe*. Buenos Aires: Letra Viva, 2011.

SOLER, C. *O inconsciente, o que é isso?* São Paulo: Annablume, 2012.

Amor: do engodo à dignidade[1]

Cristina Maria Chequer Soares Gomes[2]

Resumo:
Toda atividade humana produz vínculos sociais, estamos sempre identificados a algum grupo. Mesmo um analista em sua condição de estar só é amparado pelo discurso analítico, que remete cada um a produzir, na experiência, sua singularidade. Há duas vertentes na formação do analista: o só do ato e o juntos, que fundam o grupo analítico, condição necessária para o trabalho, mas que introduz uma grande dificuldade: a relação com o semelhante, fonte do maior mal-estar localizado por Freud. Além das identificações, há também o elemento pulsional e os afetos enigmático de alíngua sempre presentes no grupo, produzindo o desacordo. A formação do analista está sempre marcada por estes restos não abordados pelo significante. Que destino dar ao impossível do real? Como ele se faz presente na função analítica? Quais os desvios que este real produz? A intriga e amor estão sempre presentes no interior do grupo analítico, para encobrir o real.

Palavras-chave: Só. Alíngua. Intriga. Amor.

---

1 Trabalho apresentado no Fórum "O final de análise e o dispositivo do passe", III Encontro Interescolas, As Formações do Psicanalista, nos dias 23 e 24 de novembro de 2012, em Brasília/DF. Realização: Escola Lacaniana de Psicanálise de Brasília.

2 Psicanalista Membro da ELP-Vitória. cristinamsgomes@hotmail.com

Em qualquer campo da atividade humana, produzimos os chamados "vínculos sociais", e quem não se identifica a um grupo serve para ser internado, disse Lacan. Estabelecemos laços toda vez que saímos do estado de solidão. Até mesmo sós – estado do analista em função – somos "amparados" por um discurso, e sabemos que todo discurso faz liame.

Ele é um embrião, um artifício mínimo em que participam os elementos que compõem o campo da linguagem: significante, objeto e sujeito; ele orienta o modo de utilizar este campo. Funciona como as partituras da música; é preciso seguir sua ordenação para sua emissão; ele localiza de que lugar canta o sujeito. Na matemática, está referenciado ao conceito de grupo, especialmente ao grupo de Klein, formado por símbolos, no qual dois elementos jogam entre si para formar uma nova estrutura. A experiência analítica é uma experiência de discurso, que sustenta tanto o analista em sua função no ato psicanalítico como o analisando em sua tarefa.

O ato psicanalítico evoca o estar só: "só como sempre estive em minha relação com a psicanálise" (LACAN, 1972). Ou seja, o "ser só" em relação à causa freudiana, indica que cada experiência com a psicanálise produz S1 (esse um), produto do discurso analítico, que traz a singularidade de cada um no que diz respeito ao gozo. O analista é sempre um novo, que surge no acontecimento do ato.

Estar só é diferente de ser "único", este que se diz o mais habitado pela experiência a "escutar" pelos direitos adquiridos; "ser único" é o capuz, a cobertura ao "só", encobre a solidão do ofício. Assim como o novo, não é simplesmente o novato que está cronologicamente há pouco tempo na experiência; o novo é a surpresa que emerge na mudança de sentido.

Estar só no ato psicanalítico é condição em que opera um psicanalista, mas há também uma "solidão" que se renuncia ao fundar uma escola ou um grupo analítico, "esse ato, no local público, onde tem lugar meu discurso" (LACAN, 1975, inédito). Duas vertentes presentes na formação do analista: o só do ato e o juntos, que fundam o "grupo analítico". Sabemos que o analista se autoriza dele mesmo e de alguns outros. Então precisamos nos juntar para o trabalho: das elaborações, das pesquisas, das publicações, sobretudo dos trabalhos nos cartéis. Para isso é preciso lidar com o mais severo e difícil mal-estar localizado por Freud: a relação com o semelhante. Suportar o semelhante, o rival, aquele que tenta roubar o seu lugar é uma tensão que se produz no grupo. Às vezes temos ilusão ou idealizamos que uma análise permite uma profilaxia destes efeitos. Mas a lógica do grupo é potente, busca o todo, a universalidade construída pela exceção que confirma a regra fálica; toda vez que o novo desponta num grupo, a revolta-rivalidade se faz presente.

Escola é a proposta de Lacan para operar com outras leis estes efeitos de grupo. E, com isso, produzir um novo modo de vínculo entre os analistas, levando em conta os conceitos fundamentais da psicanálise. A transferência de trabalho operando este encontro e o cartel e passe como suportes.

As experiências nas Escolas revelam que estes elos simbólicos são insuficientes para suportar o real. Além das identificações, há também o elemento pulsional em jogo no grupo. Os significantes fazem pactos e acordos, mas ao objeto a resta sempre o desacordo: "resta algo de misterioso na reunião de sujeitos que supostamente querem a mesma coisa" (MILLER, 1995) Além do mais, às vezes o próprio hábito dos nossos encontros semanais produz algo familiar, localizando nos pares os vínculos que trazemos de nossa história, dos afetos ainda e para sempre enigmáticos da alíngua, que nos coloca em desacordo e nos reenvia ao só, condição não tão fácil de suportar.

Não devemos subestimar o real, ele insiste e não cessa de não se escrever, impossível de ser abordado completamente por "este um" produto do discurso analítico. Por isso Freud disse que há sempre uma parte interminável numa análise, um resto não abordado e que sempre ficará por ser dito. A formação do analista está marcada por este ponto, ou melhor, por esta ponta do impossível que permanece. Que destino dar ao impossível? E também: como ele se faz presente principalmente na função analista?

Mesmo o passe, este procedimento proposto por Lacan ao término de uma análise, é falho e tem os seus limites. Ele é uma experiência proposta apenas "àqueles que são bastante devotados para se exporem somente aos fins de informação sobre um ponto muito delicado... por que alguém que faz uma psicanálise queira ser psicanalista?" (LACAN, 1975, inédito). Esta é a importância e o alcance do que se propõe esta experiência, não mais que isto, por isto: falho e limitado!

A resposta que a experiência analítica pode oferecer "este um" não resolve definitivamente o vazio do real. "Há o um e nada mais, mas é o um muito particular, aquele que separa o um dos dois, e que é um abismo" (LACAN, 1995). É neste abismo que uma parte da verdade pode se escrever. O real insiste: não existe o psicanalista, não é possível constituir com ele um conjunto fechado finito. Um psicanalista é produto de um discurso que está sempre posto à prova, por suportar a presença do real, deste buraco no saber que funda o inconsciente; com o real temos sempre que nos haver e podemos responder a ele de várias maneiras: rechaço, cobertura ou trabalho e elaboração.

Dentre as manifestações do real que comparece como cobertura ou proteção no grupo analítico, destaco duas: a intriga e o amor/ódio.

A intriga é um enredo, oculto, uma maquinação secreta para obter vantagem ou prejudicar alguém. Traz o caráter espetaculoso teatral, cria uma situação complexa, pois é uma série de combinações secretas, mais ou menos refletidas com a finalidade de fazer triunfar algo. Lacan define a intriga como o "lado sem Fé" da histérica. Tem a finalidade de chamar o Outro para a cena e ao mesmo tempo denunciá-lo pelo intermédio de uma encenação. A lógica deste modo de operar está relacionada ao campo das identificações, especialmente aquela que se refere ao desejo do Outro, chamada por Freud de "identificação histérica".

A histérica, pela sua versatilidade, está sempre à procura dos laços onde podem se manifestar os sinais do desejo do Outro. Este desejo, por diversas vezes, torna-se insuportável, e a saída nem sempre é a discursiva ou sintomática – o que poderia levar a uma produção de saber, ou seja, uma elaboração, em que o sujeito se vale mais do simbólico. Mas ele pode tomar um outro caminho e a partir, dos vestígios deste desejo podem produzir também um "agirem" que é uma das maneiras de resposta ao enigma que o Outro porta. Sem dúvida a emergência da intriga indica uma certa suspensão da fantasia, um tempo sem suporte. O *acting* expressa sua dimensão no jogo teatral, em que a presença do público faz parte da cena. Repete em atos aquilo que se passa fora do campo simbólico.

O roteiro do *acting* ou da intriga requer sempre o Outro; é um pedido à interpretação. O ato sem Fé da histérica traz à cena, ao palco os restos de análise. Ela coloca em cena a dimensão inacabada do real; ele não cessa de não se escrever. "É na medida em que o sujeito permanece mesmo depois de uma análise sujeito a afetos imprevisíveis e enigmáticos, poderia até mesmo dizer discordantes, que a incidência da alíngua revela-se" (SOLLER, 2012). Além do que alerta Lacan, no RSI: "que a análise tem bons efeitos que só duram um tempo" (LACAN, 1975, inédito).

A intriga por trazer a presença do desejo do Outro, poderá ser interpretado e perder a satisfação ou o gozo obtido na cena. O enigma capturado na rede pode impulsionar o trabalho e recolher as migalhas do saber no real.

E o amor/ódio? Ou amódio?

Na psicanálise há diversas maneiras de falar o amor: o narcísico, o cortês, o cristão, o da transferência. Há também várias metáforas: véu, dom, muro, letra.

Haverá amor que não seja narcísico?

O objeto de amor é sempre uma projeção, uma outra maneira de se apresentar a primeira experiência de satisfação; ele traz sempre as marcas do objeto primeiro, que serviu de fonte e suporte da identificação. Ele alimenta o narcisismo ao se oferecer sempre travestido de uma imagem com a função de enganar: o objeto amoroso é essencialmente engana-dor. É a identificação como uma operação específica na relação com o Outro, que permite ao investimento libidinal dirigir-se a uma imagem que se destaca do campo do Outro, esta imagem retirada deste campo será uma garantia de se sentir amada e será solicitada toda vez que o perigo da angústia assombrar o sujeito. Visa reparar a divisão, fazer um, cola, pelo movimento de reciprocidade.

Articular o amor apenas por esta via é uma redução, porque ele traz em si outras possibilidades. Este mecanismo de enga-dor é precário, ele fracassa: "o excesso de amor ofende o amor" (ALLOUCH, 2010). A lógica do amor, por sua estrutura, por ser suplência e não completude, pode desvelar a impossibilidade e o furo que esta cola visa apagar; os excessos do amor, como bem disse Alloouch, desvelam o engodo dele próprio, ofende o amor!

No Seminário XX, Lacan dá ao amor uma nova dimensão: "o amor é impossível e a relação sexual se abisma no não-senso" (LACAN, 1995); ele seria, então, uma tentativa de resposta do sujeito, pois, diante da impossibilidade da relação, o amor convoca o confronto com o real, com o gozo que é de cada um e que não se pode compartilhar. Disse ainda que amor é o encontro inconsciente entre dois saberes, por isso sua presença revela os efeitos do inconsciente. Ele tem um duplo valor: é a presença que leva tanto ao saber como, ao mesmo tempo, resiste à interpretação. A experiência analítica só é possível por esta via, ele é condição prévia de uma análise. É pelo amor transferencial que o discurso analítico poderá ser montado e pôr o analisando na tarefa analítica.

O amor/ódio – ou o amódio – feito de enamoração é o relevo que a psicanálise introduz, para nele inscrever uma experiência, que é referenciada ao saber. Amor e saber estão articulados; aquele que habita o campo da ignorância é também desprovido do ódio, referência a Empédocles sobre Deus: por não conhecer o ódio é o mais ignorante dos seres, se não conhece o ódio não conhece tão pouco o amor, e, se não conhece, ele sabe menos, a ignorância está ligada ao não-amor. O amor faz falar, faz poesia, faz letra, faz até cantar. O discurso analítico revela o que o amor pode fazer de sério: letra, carta de amor. É pela disjunção radical entre s1 e s2, pelo abismo produzido aí que uma letra se escreve. Assim como a aranha, nos dizia Lacan: "esse trabalho de texto que sai do ventre da aranha, sua teia, faz ver na superfície desenhar-se o traço desses escritos, onde percebe os limites... o real acendendo ao simbólico, este semi-dizer que se verifica por não ir até a confissão que seria o pior" (LACAN, 1995).

O amor é efeito da inexistência da relação sexual, mas a paixão do amor não conhece suas regras, ela é pautada pela ignorância. A experiência analítica é uma experiência em torno do amor dirigido ao saber; saber das regras e do fracasso que comporta este campo. Saber aprendido, apreciado e que possa ter um uso ligado ao "germinar": fazer acontecer, gerar, produzir. Um saber que possa dar bons frutos é o que se espera desta experiência.

(Há uma diferença do Lacan no seminário do ato analítico, onde propõe riscar do mapa o sujeito suposto saber, e o Lacan do seminário 20 em diante, a respeito do tema amor?)

"Falar de amor, com efeito, não se faz outra coisa no discurso analítico" (LACAN, 1995). Ele está ligado ao saber, ele se dirige ao saber. Nesta citação, Lacan está se referindo ao discurso analítico, aquele que sustenta o fazer analítico. Isto me faz formular a seguinte pergunta: é possível sair do campo do amor num final de análise? Uma análise conduzida até seu final livra o sujeito do engodo do amor?

Do engodo sim, pois o saber que se inventa livra o sujeito da ignorância de sua chama, do seu fogo e também de umidade libidinosa. Mas na "Nota italiana" ele nos propõe um "amor mais digno". O que seria este amor?

Um amor que possa suportar a redução do ser, porque a paixão visa fazer um, visa também o ser, o Deus.

Amamos com a mesma substancia úmida que é aquela na qual nós somos reservatório, que se chama libido, e é enquanto ela está aqui que talvez ela possa estar aí, afogando, molhando o objeto em questão.

O amor é uma realidade, é preciso levá-lo a uma outra possibilidade: de revelar a presença e os efeitos do inconsciente.

No Seminário RSI diz que "quando se ganha alguma coisa em algum lugar, é sempre às expensas de outra coisa. Em outras palavras, se o discurso analítico funciona, perdemos alguma coisa noutra parte" (LACAN, 1975, inédito).

Qual a perda que este discurso introduz? Ou ainda... quais as implicações e consequências do funcionamento deste discurso? As dificuldades que vivemos no âmbito da Escola: a formação de grupo, o reinado do amor/ódio, a intriga, o narcisismo das pequenas diferenças, não seria uma tentativa de reparar ou de ganhar por ter perdido na análise?

Esta ferida aberta pelo discurso analítico muitas vezes pode produzir uma vontade de recuperação. Vontade de gozo! Como lidar com estes efeitos no interior do grupo analítico? É mais complexo que no divã. A indicação que nos dá Lacan para este impasse é o desenvolvimento da função *mais* num grupo. Se esta função for suprimida, não haverá mais série.

O amor é o índice entre dois inconscientes, entre dois saberes. Este mistério ou esta realidade não é de fato elaborado pelo significante, ele é insuficiente para resolver estes impasses; por isto o amor é encenado, a fala que ele produz é precária porque ele se articula ao irredutível do inconsciente; alíngua ao nome dado ao real: o inconsciente é saber sem sujeito e elucubração de saber sobre alíngua. "A alíngua é feita de uns fora da cadeia, mas articulados ao gozo. A tal ponto que os efeitos da alíngua desafiam qualquer programação, qualquer cálculo... o sujeito permanece, mesmo depois de uma análise, sujeito a afetos imprevisíveis e enigmáticos de alíngua" (LACAN, 1995).

Se no privado/público de análise – os *actings*, o amor e todas as paixões, se ali estiver um analista, isso pode ser escutado e ter um destino. Numa Escola, são questões difíceis de serem abordadas. O destino destes afetos enigmáticos e irredutíveis pode ser o trabalho, mas o grupo é potente e muitas vezes uma reparação das perdas vividas numa análise é recuperada no âmbito do grupo.

Referências bibliográficas

ALLOUCH, Jean. *Amor Lacan*. Rio de Janeiro: Companhia de Freud, 2010.

______. *O Seminário, livro 22, RSI*. Texto não estabelecido. Aula de 11 de fevereiro de 1975.

______. *O Seminário, livro 20, Mais, Ainda* (1972-1975). Rio de Janeiro: Jorge Zahar, 1995.

MILLER, Jacques-Alain. *Affectio Societatis*. São Paulo: Correio, maio de 1995.

SOLER, Colete. *O inconsciente*: o que é isto? Rio de Janeiro: Companhia de Freud, 2012.

O LAÇO SOCIAL ENTRE ANALISTAS[1]

Ruth Ferreira Bastos[2]

Resumo:
O presente trabalho aborda a preocupação de Lacan com a transmissão da psicanálise. Ele nos fala do passador: este que se lança na tarefa de tomar os significantes de Freud e Lacan para passar adiante. Insiste que isso deve ser feito com rigor, sem desvios e distorções e, sempre que possível, com ultrapassagens de sentido e invenção de um significante novo. A Escola teria a função de resguardar do isolamento os analistas que se reúnem para colher, uns dos outros, os restos trabalhados de cada um, para verificar o seu uso e deles fazer uso próprio.

Palavras-chave: Chiste. Significante novo. Neologismo dicionarizável. Neologismo de limitada serventia.

Entre tantos temas interessantes que me provocaram nas primeiras chamadas para este evento, pensei em abordar o *Laço Social entre Analistas* para homenagear a ideia deste colóquio, que envolve as Escolas Lacanianas de Psicanálise do Rio, de Brasília e de Vitória, na tentativa de cada uma sair da sua pequena paróquia, do convívio com os mais próximos, para este encontro com *alguns outros* que, na origem, pertencem ainda a uma mesma "família".

---

1 Trabalho apresentado no Colóquio *Dispositivos na Psicanálise*, no Rio de Janeiro, em 14 de maio de 2011.

2 Analista Membro da Escola Lacaniana de Psicanálise de Vitória.

O que querem os analistas? Por que um evento onde temos a oportunidade de discutir o dia-a-dia da Escola, a matéria-prima com que lidamos na nossa formação, não imprime um movimento vigoroso, um interesse verdadeiro nessa direção? Os aqui presentes podem contestar meu questionamento, já que vieram. Mas peço que aguardem a leitura que me cabe dos acontecimentos e os argumentos que revelam a dificuldade em questão.

Tomo de Lacan um caminho para iniciar esta conversa sobre a necessidade de insistência no campo do laço entre os analistas: "Os analistas em condições normais não se comunicam entre si. Quero dizer que, se o sentido é para se caracterizar numa ordem que é comunicável, certamente não será codificável nos moldes da comunicação científica [...]" (LACAN, 2006, p. 37).

Leitora de Lacan, dei à citação uma forma que me pareceu mais legível. Ele indica, aí, que o sentido, em sua referência radical, é o *nonsense*, o *pas de sens* presente no chiste – termo que, é sempre bom lembrar, joga com a ambiguidade da palavra *pas:* "negação", e *pas:* "passo", "ultrapassagem". Trata-se, no chiste, sempre de equivocação, ou seja, negação e ultrapassagem do sentido dado. Por isso, segue Lacan: "[...] nada prepara o psicanalista para discutir efetivamente sua experiência com seu vizinho. Eis a dificuldade, não digo absolutamente intransponível, dado que estou tentando traçar suas vias" (LACAN, 2006, p. 37).

Então Lacan nos fala da dificuldade do psicanalista para comunicar seus achados na teoria a seus pares, sempre que se trata não da repetição do mesmo, mas de alguma ultrapassagem de sentido. Esclarece que não considera esta tarefa intransponível, ou não estaria nesta insistência ao longo dos anos de seus seminários e escritos.

De certa forma, mantemos a mesma insistência neste colóquio, nos seminários e outros espaços de fala da Escola. Propondo leituras para o texto de Freud e Lacan, damos espaço para alguma ultrapassagem de sentido, que possa afetar alguns sempre que algo de próprio passe à categoria do que é comum, do que pode ser comunicável, partilhável.

Não é à toa que tantas vezes experimentamos certo mal-estar depois de falar num evento ou mesmo na Escola. A sensação de não ter conseguido nos fazer entender, de não ter encontrado *le mot juste*. Aquilo que tinha nos iluminado por um instante num encaminhamento parece não chegar ao outro, por alguma razão se perde, como o clarão que nos encanta no despertar de um sonho e ao longo do dia se vai completamente.

Que razões seriam essas? Voltarei a esse ponto.

Sigo um pouco mais o encaminhamento de Lacan. O impasse, o drama na comunicação entre os analistas, diz ele, é suprido por toda sorte de artifícios e "[...] de tempos em tempos, surgem as palavras mestras. Não frequentemente. Melanie Klein introduziu certo número delas [...]" e depois Lacan (LACAN, 2006, p. 38). No encaminhamento do seminário, ele adianta que "[...] outros procurarão as palavras mestras numa outra ponta da cadeia [...]". Que ponta seria essa? Eu me pergunto. A ponta onde uma obra daria a alguém a atribuição de um nome, ratificado por outros, na medida em que outros dela fazem uso? "Ou farão o uso das palavras como o que se chama a falsa moeda". E indica o início dos seminários fechados, onde terá a oportunidade de *passar a palavra* para *verificar* – nesse momento ele não usa este termo, mas poderia ser suposto ali – quem são os "que trabalham dando continuidade ao seu caminho e quem faz um uso imperceptivelmente inclinado dos termos que, no curso dos anos, desenvolveu" (LACAN, 2006, p. 38).

Chama, então, a nossa atenção para a importância de checar os possíveis desvios por onde podemos incorrer e para isso indica que devemos nos servir dos pares na sua função de rivais.

Dou um salto no ensino de Lacan. Vou ao Seminário 24, no qual ele parece retornar ao chiste e a essas questões da transmissão. Aqui ele não se refere às palavras mestras, mas introduz, em seu lugar, o significante novo e os neologismos: "O sonho constitui um equívoco (*bévue*) tal como o ato falho e o chiste. [...] O interesse do chiste para o inconsciente está ligado à aquisição de Alíngua" (LACAN, 1976, p. 2). E dá um exemplo: *Unbewusst,* em alemão, e o inconsciente em francês e português, equivocam com a inconsciência. O inconsciente não tem nada a ver com a inconsciência, então por que não traduzi-lo por *l'une-bévue*? Um equívoco.

Lacan relaciona, assim, a equivocação presente no chiste à possibilidade de invenção de um significante novo: "É inclusive nisso que consiste o chiste: servir-se de uma palavra para outro uso que aquele para o qual estava feita. Nós a retorcemos um pouco, e é nesta torção que reside seu efeito operatório" (LACAN, 1977, p. 68). Uma palavra feita para certo uso, por uma torção, encontra um uso novo. E deve alcançar outros, ser compartilhada por alguns outros, que dela farão boa serventia.

Com isso Lacan desmistifica a questão do significante novo; ao mesmo tempo introduz algumas condições para que esse neologismo entre na língua e seja assunto comum, comunicável, para que a psicanálise se transmita em vez de se tornar *um autismo a dois*.

Para entender melhor o que seria um autismo a dois recorro à Conferência de Genebra, em que Lacan fala do autismo e nos ensina que "se não podemos escutá-los e dar seu alcance ao que dizem, isso não impede que eles sejam personagens verbosos; eles parecem não te escutar, mas escutam muitas coisas e se escutam a si mesmos" (LACAN, 1988, p. 134). E ainda:

> Há uma coisa que permite forçar este autismo – isto é, que alíngua é um assunto comum. É aí justamente onde sou capaz de fazer-me entender por todo o mundo aqui. É isso a garantia – isso pelo qual coloquei na ordem do dia na Escola Freudiana a transmissão da psicanálise – a garantia de que não se encare a psicanálise irredutivelmente como um autismo a dois (LACAN, 1977, p. 53).

Estaria Lacan preocupado, nesse momento do seu ensino, com aqueles que falam e não podemos escutar, ou que parecem só escutar a si mesmos? Qual a importância disso para a transmissão? Como vivenciamos esta questão em nossas Escolas?

Trabalhando um texto do Roland Barthes, *A morte do autor*, me detive na história da autoria: "Nas sociedades primitivas não há nunca uma pessoa encarregada da narrativa como autor, mas um mediador, [...] de que podemos a rigor admirar a 'prestação', o domínio do código narrativo, mas nunca o 'gênio'" (BARTHES, 2004, p. 2). E me perguntei: quem é esse na tribo ou no grupo social que se presta ao lugar de passador dos traços? Quem é esse que domina o código narrativo, mas não é autor do texto? Aquele que toma para si a função de passar a mensagem?

Destacar a função da mediação, desse que se presta a passar com a sua voz uma mensagem que vem de outro, permitiu-me rever a função da fala de um analista na Escola, na transmissão da Psicanálise, quando um é capaz de encarnar a voz para dizer e cunhar no outro seu dito. É preciso, por um lado, um dizer que toque o outro deixando aí uma marca; num outro que, no mesmo golpe, se oferta transferencialmente, se deixa levar pelo dizer, se torna passador da marca. É preciso que, a partir do dito de um, algo seja cunhado no outro; e que isso faça série, se transmita como herança nas gerações seguintes.

É na literatura que encontro um bom exemplo para isso. Os autores africanos de Angola e Moçambique, além do nosso poeta do Pantanal, tornaram-se os mais conhecidos produtores de neologismos da língua portuguesa, todos da *Academia Guimarães Rosa.*

José Eduardo Agualusa me ajudou a esclarecer essas questões propostas por Lacan. Num romance ele nos fala dos *neologismos de limitada serventia,* que surgem todos os dias na nossa língua e não são dicionarizáveis: "São palavras recém-nascidas com a taxa de mortalidade elevada. Muitas padecem de graves defeitos congênitos. São frágeis, mal respiram, não resistem ao duro processo de seleção natural" (AGUALUSA, 2010, p. 17). O neologista, no curioso ofício de caçar, colecionar e classificar palavras novas, é como o prospector de ouro: dele é exigido um exercício de paciência: "Há prospectores, dobrados pelo peso da idade, que nunca tiveram a sorte de ver um grão de ouro a brilhar na peneira" (AGUALUSA, 2010, p. 16).

E Lacan parece confirmar: se o neologismo criado não ressoa no outro, quando a minha voz não é capaz de cunhar no outro o meu dito, a transmissão da Psicanálise não se efetiva. São palavras que padecem de defeitos congênitos; frágeis, mal respiram, não resistem ao duro processo de seleção natural.

Se vocês perceberam, passei a discutir a questão que tinha deixado em aberto. Tinha perguntado: que razões seriam essas que permitem o comparecimento de alguma ultrapassagem de sentido capaz de afetar alguns? Quando um significante novo, um neologismo é dicionarizável?

Por um lado, respondi, sempre que algo de próprio passe à categoria do que é comum, do que pode ser comunicável, partilhável. Sempre que, nos diz Agualusa, "as palavras soam tão familiares, que não parecem neologismos [...]. As pessoas ouvem-nas, repetem-nas, e ficam convencidas de que sempre as utilizaram" (AGUALUSA, 2010, p. 23). Um exemplo disso são "as cartas que não chegam ao seu destino"; expressão que, na Escola de Vitória, depois da apresentação de um trabalho, tornou-se um modo comum de se referir a uma interrupção na transmissão.

Por outro lado, acrescentei: é preciso, por um lado, um dizer que toque o outro deixando aí uma marca; num outro que, no mesmo golpe, se oferte transferencialmente, se deixe levar pelo dizer, se torne passador da marca. É preciso que, a partir do dito de um, algo seja cunhado no outro, e que isso faça série, se transmita como herança nas gerações seguintes. Muitas vezes estamos atentos apenas ao nosso próprio umbigo – ou a uma via própria de desenvolvimento da teoria – e o que o outro diz não nos surpreende: analistas comprometidos com a sua formação, que surpreendentemente não estão afeitos ao espanto; ao contrário, tomados pelo dogma e preceitos religiosos.

Refletindo sobre a Escola, no aproveitamento de materiais do meu seminário deste ano e da fala recolhida de outros, que ressoaram em mim, pude dizer: no agrupamento de analistas, a pior cola não é aquela da paróquia, já que os pares devem fatalmente se juntar para o trabalho, e a transmissão da psicanálise exige transferência e uma língua comum. A pior cola seria aquela referente ao apego a um sentido único, prévio, que nos deixa inibidos olhando numa única direção, pois sem mudar de ponto de observação, sem considerar o mundo sob uma outra ótica, outra lógica, outros meios de conhecimento, somos condenados à paralisia, à falta de movimento que impede o fazer Escola, fazer d'escola.

Quando me candidatei ao lugar de direção da Escola de Vitória, disse que Fazer-Escola é Fazer-Lixeira. No instante em que escrevo, e que esta questão invade o espaço do meu trabalho, me dou conta de que insisto nessa ideia de que estamos aqui para colher, uns dos outros, os restos trabalhados de cada um, para verificar o seu uso e deles fazer uso próprio. O texto que escrevi na época era suficiente para aqueles que tinham acompanhado o meu seminário e manejavam os elementos do código para traduzir a minha formulação. "Fazer-Escola é Fazer-Lixeira" era uma afirmação produzida a partir dos meus estudos sobre a publicação.

Porque este material não teve a circulação devida, eu não o fiz publicar, não veio a público, vira e mexe, tenho a tentação de retomar algo, o impulso de ofertar a outros aquilo que julgo "um alimento de uma leitura alheia, de um metabolismo mental" (CALVINO, 2000, p. 100). É que essa produção, resíduo da *poubelle familiar*, ficou retida apenas na memória de alguns, quando, na verdade, devia passar à *poubelle coletiva*, para que *alguns outros* verificassem o seu uso e os possíveis desvios. Só assim nos livramos, de fato, de "ser soterrados e sufocados pela sujeira e, resguardados do isolamento e da possibilidade de uma atitude delirante, quando um não se expõe ao crivo do outro, nem à possibilidade de ver ressoar no outro o próprio dito" (BASTOS, 2008, p. 4).

A interrupção da minha fala no evento e um fragmento de sonho, na noite seguinte, me fez abandonar o final do trabalho para colocar, no lugar da retomada do texto citado, alguns questionamentos. Além disso, pude concluir algo sobre o nosso funcionamento que deixarei registrado aqui.

Que ponto insuportável traz o tema do lixo, a ponto de precisar ser recusado? O lixo é o resto que cai, resíduo da constituição subjetiva, possibilidade que se abre na queda do objeto visada no fim de análise. O lixo: o que resta se distingue da escória: "O resto é sempre, no destino humano, fecundo" (LACAN, 1979, p. 129). Então, estaria eu dando a este resto uma imagem própria que dificulta a outros tomarem para si o que ali lhes cabe? Ou estariam os pares em dificuldade de reconhecer aí algum alimento para a transmissão? Afinal, o significante *poubelle* pertence a Lacan e também é dele a afirmação: "Eis, portanto, alguns de nós, reunidos na mesma lata de lixo, graças ao que é esse ofício. [...] Pessoalmente, por ter habitado em três sociedades psicanalíticas durante uns trinta anos, até hoje, em três períodos, de quinze, dez e cinco anos, entendo um pouco o que é coabitar com o lixo (doméstico) enviado, dirigido" (LACAN, 2008, p. 11).

A suposição de uma recusa ao tema me exige trabalhar o mecanismo da *Verleugnung*, do desmentido, *no seu lugar autêntico e no seu pleno peso*, como nos indica Lacan, em 19 de junho de 1968, no *Ato Analítico.*

Certamente preciso questionar a possibilidade de bem dizer, mas também podemos pensar que, em parte, esta recusa diz respeito ao horror que causa no outro o que é "da ordem do destacamento do véu que encobre aquilo que mantinha de pé um certo cenário" (LACAN, 1995, p. 159). O ato de passagem ao analista implica algo da ordem de uma "verleugnung confessada" (NASSIF, 2001, p. 177) e isso não é sem consequências.

Ao final da apresentação do trabalho, uma indicação sobre o funcionamento dos nossos eventos. Qual a função do debatedor? Tomo mais uma indicação de Lacan: "A ressonância eu a presumo, pois eu digo para obtê-la. O amor é a ressonância em vocês do meu dizer" (LACAN, 1973, p. 41). Na análise em intensão, cabe ao analista intervir a partir do que lhe diz o analisando. Na extensão, Lacan passa a palavra para verificar em que medida seu dizer é transmissível, para indicar os desvios e *inclinações* dos termos que desenvolveu. Extraio, então, deste trabalho uma possível definição para o debatedor de uma Escola Lacaniana: aquele que se presta a oferecer sua escuta para colher de alguns outros os restos trabalhados, verificando o seu uso e indicando, com isso, o que passou à categoria do que é comum, do que pode ser comunicável, partilhável. O debatedor pode ainda indicar, no trabalho escutado, o que lhe parecem *neologismos de limitada serventia*, numa solicitação, insistência em bem dizer.

Referências bibliográficas

AGUALUSA, José Eduardo. *Milagrário Pessoal.* Rio de Janeiro: Língua Geral, 2010.

BARTHES, Roland. *O Rumor da Língua.* São Paulo: Martins Fontes, 2004.

BASTOS, Ruth. *A* poubellication *de Lacan iluminada pela* poubelle *de Italo Calvino*. Inédito, 2008.

CALVINO, Italo. *La Poubelle agréée; O Caminho de San Giovanni.* São Paulo: Companhia das Letras, 2000.

LACAN, Jacques. *Conferencia en Ginebra sobre o sintoma; Intervenciones y textos 2.* Tradução livre. Buenos Aires: Manancial, 1988.

_____. *O Seminário, livro 11, Os quatro conceitos fundamentais da psicanálise.* Rio de Janeiro: Jorge Zahar, 1979.

_____. *O Seminário, livro 12, Problemas cruciais para a Psicanálise.* Inédito. Centro de Estudos Freudianos de Recife, 2006.

_____. *O Seminário, livro 15, O ato psicanalítico.* Publicação da Escola de Estudos Psicanalíticos de Recife, 2001.

_____. *O Seminário, livro 16, De um Outro ao outro.* Rio de Janeiro: Jorge Zahar, 2008.

_____. *O Seminário, livro 21, Les non-dupes errent.* Inédito (aula de 18 de dezembro de 1973).

_____. *O Seminário, livro 24, L'insu que sait de l'une bevue s'aile a mourre.* Inédito. Tradução livre (aula de 16 de novembro de 1976).

_____. *O Seminário, livro 4, A relação de objeto.* Rio de Janeiro: Jorge Zahar, 1995.

Apontamento sobre o desejo do analista[1]

Rosangela Jones Fernandes Saraiva[2]

Resumo:
Este artigo propõe pensar a respeito do destino da insistência do psicanalista no percurso de uma análise e sobre a transformação que se dá do lado do psicanalisando por efeito dessa insistência.

Palavras-chave: Transferência. Desejo do analista. Insistência.

Privilegio um significante de Luciano Porto[3], no qual ele dizia: "Somos insistencialistas. Insistimos naquilo que acreditamos". E aproximando esse significante da psicanálise, o que move um analista? O que o faz insistir? Qual posição cabe ao psicanalista na direção da cura?

Ao falar das formações do psicanalista, isto é, formações do inconsciente, é preciso falar de transferência e, consequentemente, do desejo do psicanalista.

Em 1964, num colóquio em Roma, Lacan, no artigo *Do trieb de Freud e do desejo do psicanalista*, dizia que o que opera numa psicanálise é o desejo do psicanalista. Desejo este que é o fundamento do dispositivo analítico, e confirma, em 1967, na *Proposição de 9 de outubro*, "que no começo da psicanálise

1 Texto apresentado no "III Encontro Interescolas: A formação do psicanalista", organizado pela Escola Lacaniana de Psicanálise de Brasília, em setembro de 2012.

2 Psicanalista, membro da Escola Lacaniana de Psicanálise de Brasília.

3 Integrante do grupo de circo-teatro de Brasília, em entrevista à Revista Brasil, em 21 de maio de 2012.

está a transferência" (LACAN, 2003, p. 252). É a transferência que permite que o analisando se enderece ao psicanalista querendo saber sobre o que nele faz enigma, quer dizer, sintoma.

Alain Didier-Weill, no texto *Os dois ódios* (1994), nos apresenta o sujeito como uma suposição, uma hipótese feita pelo grande outro, ao passo que o grande outro reconhecido de volta pelo sujeito não é suposto, ele é posto como uma tese, uma crença.

Essa relação suposição/crença/decepção é o que vai estruturar o modo de relação do sujeito com o outro. E o mal-estar decorrente dessa relação vai colocar o sujeito em busca de novas respostas, quer seja na religião, na psiquiatria, na psicologia, na psicanálise etc.

Se o sujeito vai em direção a uma psicanálise, ele vai se deparar com um impasse; o que ele busca não é o que ele encontra. Querendo se livrar de um sofrimento, ele encontra o vazio de sentido, a angústia, o que fracassa, a repetição, que às vezes se torna tão insuportável que o sujeito pode desistir de continuar na sua insistência.

A insistência, do lado do psicanalisando, comparece como demanda, de reconhecimento, de amor, de mudança, movimento que põe em marcha uma psicanálise. Já do lado do psicanalista está a aposta no surgimento de um novo sujeito. O que sustenta essa aposta é o desejo do psicanalista. Quando esse desejo não está em seu lugar, cai-se na armadilha de responder à demanda do psicanalisando, a qual busca persuadir o psicanalista de que ele tem aquilo que lhe falta. Ao persuadir o outro que tem o que nos pode completar, garantimos continuar desconhecendo precisamente aquilo que nos falta.

Na direção da cura e os princípios de seu poder, Lacan vai dizer que o psicanalista paga de três modos: com suas palavras, usando a tática da interpretação; com sua pessoa, que é a estratégia onde se faz possível sua ação, quer dizer a transferência, que trata de como o analista agencia a suposição de saber que lhe é atribuída pelo psicanalisando. E, por último, paga com seu ser, quer dizer, com sua falta a ser, seu desejo. E é aí que o psicanalista é menos livre em sua política.

No decorrer do processo analítico, o analisando vai se deparar com a não resposta do analista as suas demandas. Se o analista, por haver adquirido um saber suficiente em sua própria análise, souber não sabido do inconsciente, puder suportar o lugar de não-todo, o psicanalisando terá a chance de construir sua própria resposta e suportar a angústia da repetição da falha, que o assola. Essa repetição ao mesmo tempo convoca o sujeito a escrever seu nome próprio.

O trabalho de elaboração do tornar-se analista de seu próprio sintoma é um trabalho hercúleo de avanços e retrocessos: é porque o analista insiste que o analisando não desista.

Voltando a Alain Didier-Weill, o analista, na sua insistência, não pode presentificar a função do não-todo de maneira mortífera, e para isso contará com a angústia como índice, como balizador, e não como afeto a ser eliminado, para que o sujeito possa caminhar até o ponto de sujeição primária ao significante que o subjugou e colocar-se em posição de fazer aí uma escolha em relação ao desejo que o determinou.

Para concluir, quero dizer que a posição do psicanalista em sua insistência é que o analisando fale, sem colocar sentido nessa fala, permitindo que, ao fim, um sujeito possa advir e ele mesmo assumir a sua insistência.

Referências bibliográficas

DIDIER-WEILL, Alain. *Os dois ódios*: Inconsciente Freudiano e Transmissão da Psicanálise. Rio de Janeiro: Jorge Zahar, 1994.

LACAN, Jaques. Do "Trieb" de Freud e do desejo do psicanalista. In: *Escritos*. Rio de Janeiro: Jorge Zahar, 1998, p. 865-868.

______. Proposição de 9 de outubro de 1967 sobre o psicanalista da Escola. In: *Outros Escritos*. Rio de Janeiro: Jorge Zahar, 2003, p. 248-264.

______. A direção do tratamento e os princípios de seu poder. In: *Escritos*. Rio de Janeiro: Jorge Zahar, 1998, p. 591-652.

SEM TÍTULO: CEM TÍTULOS[1]

Onezir Borges[2]

Resumo:
Com o objetivo de pensar a direção da cura, a partir do discurso do analista, desejo e gozo são percorridos. Para tanto, o *objeto a* estará sendo agenciado como *semblante*, pelo analista, e a angústia, presentificada em cada caso, servirá como bússola para o trabalho analítico.

Palavras-chave: Desejo. Angústia. Gozo.

> [...] não compreendo, compreender nem sei se hei de ser, sendo nada, o que serei?
>
> Fernando Pessoa.

Se a Filosofia montou e remontou sistemas de pensamentos sobre o ser, buscando uma verdade absoluta que abarcasse todo o Bem, no entanto se defrontou com um objeto que se revelou inapreensível nesta busca obstinada.

Lacan afirmará que, neste campo, onde não será possível o encontro com essa verdade absoluta, é que se constituirá a topologia do discurso analítico. Consequentemente estamos diante do ser desejante em busca daquilo que é faltoso.

---

1 Trabalho apresentado na Escola Lacaniana de Psicanálise de Brasília, no dia 23 de novembro de 2012.

2 Psicanalista, Membro da Escola Lacaniana de Psicanálise do Rio de Janeiro. onezirborges@oi.com.br

É interessante ressaltar que, se antes a palavra era de Deus, o verbo era atributo divino e, sendo soberano, assegurava o mistério da verdade sobre o saber. Era a garantia do pai. No entanto, uma desarticulação de ambos os termos (Saber e Verdade) nos apresentará Descartes com seu cogito: *cogito ergo sum* ("penso, logo, sou"), e assim faz nascer a ciência moderna. É o sujeito que pensa, que fala e que se extasia, mas esquece que o Real prosseguirá resistindo à sua captura, apontando na ciência o sujeito "foracluído" e que, no lugar da verdade à acumulação de saber, caberá apenas tocá-la. O que escapa da captura desse cogito manifesta-se como real.

À psicanálise coube a reabertura entre o saber e a verdade, apontando que nem tudo é simbólico e que, também, nem tudo é somente real, depreciando a cadeia da lei simbólica.

Será a respeito de um inconsciente estruturado como uma linguagem que Lacan construirá a articulação do desejo, questionando este ser desejante em busca daquilo que é faltoso.

Surge, neste tempo do trabalho, uma questão: se Lacan recorta em quatro os conceitos fundamentais da psicanálise – transferência, inconsciente, repetição e pulsão, por que deixa de fora o desejo na composição de tais conceitos?

Se posso dizer que um discurso é uma resposta a uma questão circunscrita por determinados princípios, a partir dessa topologia dos discursos, os quatro conceitos propostos por Lacan nos darão a engrenagem conceitual, a questão do "desejo inconsciente" e, por extensão, a psicanálise por excelência.

O que Freud intitulou "tratamento de ensaio" Lacan designou "entrevistas preliminares". Preliminares a quê? O que aponta a estrutura neste tempo e sua relação com a entrada em análise? "Preliminares" nos remete a um tempo anterior a algo, aquém de um limiar inaugural, em que os propósitos que estariam em vigor, segundo Freud, dizem respeito às seguintes questões: do diagnóstico, do estabelecimento da transferência e da estratégia na direção da cura.

Parece fácil, linear, sem intercorrência, como se todos aqueles que procuram um analista impusessem um mesmo ritmo, uma mesma canção e/ou "caução". Todavia tomar cada caso como se fosse o primeiro é a conduta freudiana, trabalho prévio à análise propriamente dita, concebida como uma descontinuidade, representando um corte em relação ao que era anterior e preliminar. Atravessar o preliminar para entrar nos discursos: essa é a direção a ser tomada.

O sujeito é definido a partir de sua determinação pelo significante, o que é correlata à formulação de Lacan de que "o inconsciente é estruturado como uma linguagem" (LACAN, 1988, p. 25). Mas, se tudo é estrutura, nem tudo é linguagem e, assim sendo, a estrutura não é apenas definida pela linguagem, mas também a partir do *objeto a*, real, exterior à linguagem e que está fora do significante.

O humano, enquanto falante e diante da universalidade que o constitui pela inserção simbólica, está condenado a falar para representar a coisa faltosa, endereçando a um Outro a demanda de reconstituir essa falta.

Na tentativa de dizer sobre a Coisa faltante, um sujeito se fará representar na cadeia significante, que só toma sentido na relação com esse Outro, cuja busca será uma forma a mais de dizer do que falta. Movimento discursivo, constituído de uma estrutura singular, dada por um modo desejante, no qual S1 desejado por S2 desejante nos leva a dizer que o primeiro só existe a partir do segundo, produzindo entre esses um sujeito dividido, deixando como resto aquilo que escapa à linguagem como perda.

O desejo é uma questão para a qual defendo como resposta o inconsciente e a castração e, como mencionou Freud, remete a uma concepção tópica: trata-se de um Outro lugar. Lugar Outro fundado pela lei da interdição do incesto. Estrutura que tem como base, nesse complexo, o falo, como representante da falta constitutiva do humano. A esse sujeito do inconsciente está dada a condição da criação, de forjar sempre um objeto que represente a falta radical da disparidade entre a pulsão e seu objeto.

Posso sugerir como "destino" essa perseguição incessante do sujeito em busca desse objeto, em que a satisfação desejada e a satisfação obtida estarão sempre destinadas a uma conta de chegada sempre faltosa? E como abordar a questão dos discursos sem recorrer à noção de *mais valia* a partir de Marx e chegar à abordagem do objeto *mais-de-gozar* com Lacan?

Marx cita a noção de "troca", ou melhor, "valor de troca", que só seria encontrado nas horas de trabalho empregadas na produção de um objeto. O dinheiro será apenas a expressão da quantidade de trabalho contido na mercadoria. Assim, o trabalho do operário – menciona Marx – torna-se uma mercadoria entre outras, como a matéria-prima, maquinários etc. Isso em consequência do tempo que o operário gasta para produzir o objeto e, assim sendo, a *mais valia* se dará não no mercado, mas na produção. *Mais valia* não é igual a lucro, é um conceito abstrato, que não pode ser reduzido ao lucro.

Lacan propõe: "[...] o que Marx denuncia na *mais valia* é a espoliação do gozo" (LACAN, 1992, p.76).

Segundo Marx, o capital significa usar dinheiro para obter mais dinheiro e, para tal, o empresário terá que renunciar ao gozo imediato do lucro a fim de obter o *a mais* de gozo proporcionado por maiores lucros futuros. Processo de uma finalidade infinita sem ponto de basta, iniciado a partir de um imperativo de renúncia de gozo reinvestido no sistema. Gozo subtraído para, finalmente, mais renúncia. Acúmulo de gozo, mas sem que ninguém possa dele, na íntegra, se apossar, e esse *a mais* de gozo fazendo o sistema girar.

Assim sendo, nomeia-se *mais-gozar* esse gozo obtido precisamente no próprio ato de renunciar ao gozo, ou seja, esse gozo subtraído será parcialmente restituído com um *a mais* de satisfação. "De fato, é apenas nesse desperdiçamento que o gozo se apresenta, adquire um status. Eis porque o introduzi de início com o termo 'Melarlust', *mais-de-gozar*. É justamente por ser apreendido na dimensão da perda... há um *mais-de-gozar* a recuperar" (LACAN, 1992, p. 48). Para tanto, nessa recuperação, eu não poderia pensar na forma voraz como o humano tenta acreditar sanar com a aquisição, sempre renovada, de produtos lançados no mercado? Objetos de desejos, *mais-de-gozar*, que se presentificam em discursos àqueles que se prestam a escutá-los em demandas dirigidas a um Outro?

Volto à estrutura dos discursos: um agente que, embasado numa verdade, agirá sobre alguém, para obter uma produção. Lugares que serão habitados por elementos extraídos da linguagem: $\not{S}$; S_1;S_2 e *objeto a*.

Quanto ao objeto nos discursos, há o produzido pelo Mestre, o causador da Histérica, o abjetificado pelo Universitário e o agente, que deverá trabalhar na função de *Semblant*, de faz-de-conta.

No primeiro momento que alguém procura um analista, o faz para aplacar o seu sintoma, pois se trata da falta de um simbólico "adequado" que diga de maneira apaziguante o "impossível" do real: insuportável! Enquanto este simbólico não chega, o sintoma ganha tempo, representa o sujeito, estabelece um "compromisso", para que o sujeito, embora sofrendo, consiga assim mesmo levar sua vida. Mas este "compromisso" custa caro e seu preço é a angústia. Manifestação clínica frente à vertente imaginária do *objeto a*: estrutural e estruturante.

O sujeito em análise aprende a escutar o que ele mesmo diz e, assim, chegar a reconhecer e aceitar que, por haver uma falta real em seu imaginário, ele está capturado, desde o nascimento até sua morte, a uma produção simbólica, ou seja, condenado ao significante. Ora, o efeito da marca significante sobre o ser de fala é o desejo. Realizar o desejo e cair na real, "cair-se" na real, por uma via simbólica, operando-se sobre o imaginário. É preciso que o analisando ultrapasse o horror de saber-se sem o Outro, quando o fantasma já não serve de tela para velar o real da inconsistência desse Outro.

E o analista, onde esteve até esse momento? Como operou o seu percurso em direção a uma estratégia que é uma a uma?

Lacan, em todo o seu percurso, teve a topologia como sua companheira: fiel escudeira! Também, não é com a estrutura e com o real que analista e analisando terão que se defrontar?

No esquema ótico, Lacan apresenta uma analogia do lugar e da função do analista quando coloca o espelho plano como grande Outro (A). Colocado nesse lugar de (A) por alguém que busca por uma análise, o futuro analisante apresentará demandas dirigidas a esse Sujeito Suposto Saber como (A). Uma inversão deverá ocorrer e é vital cautela, pois ao analisando é que caberá a condição de Sujeito Suposto Saber ao seu inconsciente. Torção necessária que nos cabe operar.

Neste momento, sem aceitação à proposta discursiva do futuro analisante, é fundamental um "convite" para um novo discurso proposto por aquele que seja capaz de sustentar o lugar, a função, o tipo especial de desejo e ética que caracterizam essa função: eis a histericização do discurso. O sintoma é transformado em questão, o enigma surgirá como a própria divisão do sujeito e o analista será incluído neste sintoma, completando-o.

Cito Lacan (1992, p. 31): "O que o analista institui como experiência analítica pode-se dizer simplesmente – é a histericização do discurso. Em outras palavras, é a introdução estrutural mediante condições artificiais do discurso da histérica, aquele que está aqui com H maiúsculo":

$$\text{D.A.} \qquad \frac{a}{S_2} \rightarrow \frac{\$}{S_1} \qquad\qquad \text{D.H.} \qquad \frac{\$}{a} \rightarrow \frac{S_1}{S_2}$$

Retomo o discurso analítico. Sua verdade é o saber sob a barra (a/S2). Seu agente e sua verdade são da ordem do não todo, e é por isso que ele causa ruptura, pois aponta para o real, posicionando o sujeito diante do seu enigma.

Lacan faz valer o lugar do analista ao discurso do analista, lugar que aponta para a estrutura. Resta-lhe fazer *semblant*, fazer vazio e fazer comparecer a raiz desta estrutura: o impossível.

"A posição do psicanalista, [...] digo que ela é feita substancialmente do *objeto a*". Essa posição, enfatiza Lacan: "Trata-se do efeito de discurso que é efeito de rechaço" (LACAN, 1992, p. 40), ou seja, o *objeto a*. No lugar do agente, o *objeto a*, isto que é do real, não se deixa governar, educar, analisar sem resto. Objeto esse que assinala do que resta da operação da subjetividade.

Enquanto *semblant*, o analista não é substância, não é massa real, não é objeto do gozo. *Semblant* enquanto causa de desejo que resistirá a qualquer manipulação de captura. Objeto instalado no nível do Sujeito Suposto Saber, não lhe caberá outro destino senão de resto a ser rechaçado nas análises que venha a conduzir.

Se uma análise muda a partir da posição do sujeito na estrutura, a posição do objeto também. Caminha da condição de dejeto gozado pelo Outro à condição de ser causa vazia da divisão do desejante.

A função ética analítica se faz a partir da suspensão de todo gozo que possa ser obtido através da ontologização. É somente a partir dessa suspensão que o analista convoca a vinda do desejo, e é somente como *semblant* que o analista pode levar a cabo uma leitura do movimento libidinal que é suscitado no analisando. *Semblant* e leitura são posições que se reivindicam. Assim sendo, ocorre o apelo ao movimento desejante e não um apelo para gozar.

No lugar do Outro gozador, de um resto gozado – posição do objeto que precede o ato analítico – o analista pode ser percebido em sua verdadeira função de envoltório de *a*, cobertura do vazio. Assim, no lugar do Outro, a barra do ($) Sujeito faz do Outro um "não todo".

D.A.

$$\frac{a}{S_2} \rightarrow \frac{\$}{S_1}$$

No lugar da produção, que Lacan também nomeia de lugar de perda, há o significante unário (S1), diferente do Discurso do Mestre. O significante unário é algo que se consegue produzir, ou seja, outro estilo de significante mestre: "menos tolo".

$$\text{D.M.} \qquad \frac{S_1}{\$} \rightarrow \frac{S_2}{a} \qquad\qquad \text{D.A.} \qquad \frac{a}{S_2} \rightarrow \frac{\$}{S_1}$$

Identificações, ideais, posições narcísicas são trabalhadas, o fantasma já não dá conta de sua função de tela para velar o real da inconsistência do Outro: ponto de horror, presentificado no matema de $S(\not{A})$. O sujeito se depara com esta inconsistência do Outro, que é da ordem do horror, pois o "tiro sai pela culatra e o atinge": castração simbólica!

Se neste caminhar restou para o analisando apenas o traçado da sua divisão e o resto que causou, posso pensar o *objeto a* como dobradiça da porta, através da qual poderá se dar ou não a passagem a analista?

É nesse ponto que posso retomar Lacan e dizer que "o analista se autoriza por si mesmo", como efeito de sua própria análise? Fazer do gozo letra não é próprio do discurso analítico?

Para que o analista exerça sua prática, é preciso que ele tenha trazido de volta seu desejo (de seu objeto historizado) para o objeto irredutível. Que tenha atravessado essa transformação de sua relação com o objeto, desvestindo-o dos envoltórios imaginários e simbólicos. Cabe ainda ressaltar a angústia como indicador da aproximação da castração, que, sendo simbólica, o objeto é imaginário.

A angústia, motor da clínica, cabe ao analista graduá-la, movimentá-la, jogar com sua presença, deixá-la agir em quarentena. Este sim é o grande segredo de uma análise bem conduzida.

Não é a nossa estratégia, em função da angústia, lapidar o gozo em direção ao objeto causa de desejo?

Neste trabalho, enfatizei uma ética e lei do desejo, mas não será que o gozo estaria no mesmo patamar que o objeto causa de desejo?

Como a poesia antecede a Psicanálise, seja qual for o caminho percorrido por nós psicanalistas, um poeta já nos antecedeu.

A este propósito, cito a música *Janelas Abertas nº2*:

Sim, eu poderia abrir as portas que dão pra dentro
Percorrer correndo, corredores em silêncio
Perder as paredes aparentes do edifício
Penetrar no labirinto
Um labirinto de labirintos dentro do apartamento
Sim, eu poderia procurar por dentro da casa
Cruzar uma por uma as sete portas, as sete moradas
Na sala receber o beijo frio em minha boca
Beijo de uma deusa morta
Deus morto, fêmea de língua gelada, língua gelada como nada
Sim, eu poderia em cada quarto rever a mobília
Em cada um matar um membro da família
Até que a plenitude e a morte coincidissem um dia
O que aconteceria de qualquer jeito
Mas eu prefiro abrir as janelas pra que entrem todos os insetos
(VELOSO; BUARQUE, 1972)

Referências bibliográficas

FREUD, Sigmund. *Escritores Criativos e Devaneios*. Rio de Janeiro: Imago, 1976. (Obras Completas, v. 9). Originalmente publicado em 1908.

LACAN, Jacques. *O Seminário, livro 11, Os quatro conceitos fundamentais da psicanálise*. Rio de Janeiro: Zahar, 1988.

_____. *O Seminário, livro 17, O avesso da psicanálise*. Rio de Janeiro: Zahar, 1992.

PESSOA, Fernando. *Obra poética* (vol.1). Rio de Janeiro: Nova Aguilar, 1986. p. 71.

VELOSO, Caetano; BUARQUE, Chico. *Caetano e Chico juntos e ao vivo*. Rio de Janeiro: Universal, 1972. Em Long Play (LP).

Desejo do analista: da identificação a um objeto à causa de desejo[1]

Darlene Vianna Gaudio Angelo Tronquoy[2]

Resumo:
Este texto apresenta o *desejo do analista* como conceito central na questão das formações do psicanalista na medida em que se trata de uma mutação – do desejo de ser analista ao desejo do analista – na dimensão de *um* desejo que, como efeito de uma análise levada às últimas consequências, produz um analista.

Palavras-chave: Desejo do analista. Transferência. Objeto causa de desejo. Mutação.

A figura do quadro a seguir – que retrata as aulas de Charcot, na Salpêtrière, apresentado no folder deste III Encontro Interescolas sobre as Formações do Psicanalista – foi o que me ofereceu o gancho para introduzir a questão do *desejo do analista*. E não por acaso, pois talvez tenha sido ali, diante do *bouleversement*, da reviravolta, do transtorno provocado em Freud pela "presença" de Charcot, não só quando assistia às suas aulas, mas quando as traduzia, as *Leçons du mardi* ("Lições das terças-feiras"), é que tenha se produzido o traço que marcaria, definitivamente, o campo inventado por Freud como um traço de radicalidade, de seu caráter absolutamente subversivo.

1 III Encontro Interescolas: "As Formações do Psicanalista", Brasília-DF, 23 e 24 de novembro de 2012.

2 Psicanalista Membro da Escola Lacaniana de Psicanálise de Vitória; Mestre e Doutoranda em Estudos Literários-UFES; Professora da Faculdade Católica Salesiana de Vitória-ES.

Une leçon de Charcot à La Salpêtrière, tableau de André Broullet (1857-1914).

Não é possível datar exatamente o momento em que Freud se dá conta de que o que se passava entre as histéricas e Charcot, as transformações, pois, ocorridas, eram devidas a *um tipo especial de relação* entre o renomado médico parisiense e suas pacientes. Talvez mesmo antes, já em função de seu encontro com Breuer, Freud suspeitasse que algo se passava que estava para além do que se esperava, para além do *furor curandis*[3] que comandava as intervenções médicas. O fato é que seu encontro com Charcot foi decisivo e modificou profundamente sua posição frente à clínica, mas justo pelo fato de que houve ali algo da ordem de uma transmissão: Charcot, um *não-analista*, sem o saber, diz mais do que intencionava em suas aulas onde Freud, por sua vez, era mais que um aluno interessado em suas lições. Ele, Freud, vai atrás de uma *liberdade de método*, liberdade esta que já ali começa a dar lugar àquilo que não havia até

3 Furor de curar.

então: a fala dos pacientes. E tal foi o efeito destes tempos com Charcot, da transmissão que aí se deu, que Freud introduz uma primeira subversão notada em sua carta a Fliess, de 28 de dezembro de 1887: "adotei a hipnose e tenho alcançado todas as espécies de êxitos que, embora modestos, são marcantes", e tendo ainda em mente o caso de Anna O., afirma: "fiz uso da hipnose de *outra* maneira" (FREUD, 1969a, p.15). Esta *outra* maneira – que não é outra coisa que o método catártico – menos pelo método, mais pela atitude de Freud, marca desde já sua posição inteiramente nova em relação ao que vinha sendo feito. E o próprio *Estudos sobre Histeria*, trabalho, como sabemos, realizado com Breuer, ainda que considerado pré-psicanalítico, foi, por excelência, o marco que delimitou *uma outra* forma de considerar o sofrimento humano. Quer dizer, antes de ser um tratado que trouxesse a cura, as respostas sobre a histeria, este foi o resultado do gesto de Freud e Breuer que deu lugar à *fala*, ao discurso – como podemos hoje falar – de seus pacientes, e, graças a este, foi aberta a Freud – e por ele – a via que levou ao *inconsciente* e à possibilidade de sua *escuta*, portanto.

Não por acaso, então, é que Lacan inicia seu seminário dedicado à transferência nos lembrando exatamente que no começo da experiência analítica estava o amor ("No começo era o amor")[4], tal foi o que se passou entre Breuer e Anna O.: uma história de amor da qual somente Freud pôde colher os efeitos justamente na medida em que tomou a distância necessária da situação, como nos lembra Lacan:

> À diferença de Breuer, e qualquer que seja sua causa, a conduta adotada por Freud faz dele o senhor temível do pequeno deus. Ele escolhe, como Sócrates, servi-lo para servir-se dele. Aí, nesse *servir-se dele*, de Eros – ainda era preciso sublinhá-lo – começam para nós os problemas. Pois servir-se dele para quê? (LACAN, 1992, p. 17).

Ao que ele mesmo, Lacan, responde pela via justamente do que não se trata – e isto foi o que desenvolveu ao longo de seu seminário anterior, o *Seminário 7: A ética da psicanálise*. Não se trata de se servir dele para fazer o *Bem*, pois "que o domínio de Eros vai infinitamente mais longe que qualquer campo

---

4 Posso mostrá-lo a vocês: escolhi, por ocasião da escolha de um primeiro possível analista, numa lista onde constavam pelo menos mais outros três nomes, o seguinte: Omar. É assim que o inconsciente lê: amor.

que possa ser coberto pelo bem" (LACAN, 1992, p.17). E nisso consiste *outra reviravolta* de Freud: há algo que escapa à visada do bem na medida em que as vias da constituição do desejo são, antes, perversas e, por essa razão, "a transferência, que não deve de nenhuma maneira, nem preconcebida nem permanente, colocar como primeiro termo do fim de sua ação o bem, pretenso ou não, de seu paciente, mas precisamente o seu eros" (idem, p.17), tal foi o que se revelou a Freud quando, ao invés de dar lugar a um saber pré-concebido, *faz falar o mito individual do neurótico.* E isso porque Freud ousou articular Eros e pulsão de morte, o que, de saída, introduz *outra dimensão* que não a visada do Bem.

Foi, então, longo e pleno de reviravoltas o caminho até que Freud pudesse formular, nomear a dinâmica sem a qual não seria possível um percurso analítico com tudo o que este implica: a *transferência*, tal era o tipo de laço especial que ligava o médico ao paciente, que estabelecia não somente que este se entregasse à *associação livre*, mas, fundamentalmente, e sem que esperasse, atualizasse a realidade de sua vida psíquica, de seu inconsciente a partir do modo como incluísse aí a figura do médico. Vale aqui lembrar a introdução do texto freudiano *A dinâmica da transferência*:

> Deve-se compreender que cada indivíduo, através da ação combinada de sua disposição inata e das influências sofridas durante os primeiros anos, conseguiu um método específico próprio de se conduzir na vida erótica – isto é, nas precondições para enamorar-se que estabelece, nas pulsões que satisfaz e nos objetivos que determina a si mesmo no decurso daquela. Isso produz o que se poderia descrever como um clichê estereotípico (ou diversos deles), constantemente repetido – constantemente reimpresso – no decorrer da vida da pessoa, na medida em que as circunstâncias externas e a natureza dos objetos amorosos a ela acessíveis permitam, e que decerto não é inteiramente capaz de mudar, frente a experiências recentes. Ora, nossas observações demonstraram que somente uma parte daqueles impulsos que determinam o curso da vida erótica passou por todo o processo de desenvolvimento psíquico. Esta parte está dirigida para a realidade, acha-se à disposição da personalidade consciente e faz parte dela. Outra parte dos impulsos libidinais foi retida no curso do desenvolvimento; mantiveram-na afastada da personalidade consciente e da realidade, e ou foi impedida de expansão ulterior, exceto na fantasia, ou permaneceu totalmente no inconsciente, de maneira que é desconhecida pela

> consciência da personalidade. Se a necessidade que alguém tem de amar não é inteiramente satisfeita pela realidade, ele está fadado a aproximar-se de cada nova pessoa que encontre com ideias libidinais antecipadas [...]. Assim, é perfeitamente normal e inteligível que a catexia libidinal de alguém que se acha parcialmente insatisfeito, uma catexia que se acha pronta por antecipação, dirija-se também para a figura do médico. Decorre de nossa hipótese primitiva que esta catexia recorrerá a protótipos, ligar-se-á a um dos clichês estereotípicos que se acham presentes no indivíduo; ou, para colocar a situação de outra maneira, a catexia incluirá o médico numa das séries psíquicas que o paciente já formou. Se a 'imago paterna', para utilizar o termo adequado introduzido por Jung, foi o fator decisivo no caso, o resultado concordará com as relações reais do indivíduo com seu médico (FREUD, 1969b, p.133-5).

Dessa forma, Freud nos fornece em palavras a radiografia de como se formam os primeiros laços que ligam eroticamente o homem ao Outro do desejo, e isto está para todos, inclusive, é claro, para os que pretendem se tornar analistas, uma vez que este, o analista, não estaria livre, ele mesmo, de repetir, na transferência, seus amores, seus laços eróticos, suas paixões, na clínica com seus pacientes.

Foi, então, não somente por esta via, mas também por ela, pelas questões surgidas na clínica pelo viés da transferência, que muito cedo se coloca para Freud o questionamento a respeito de *como alguém pode tornar-se analista.* Freud descobre, cedo também, que por vias acadêmicas haveria uma impossibilidade lógica em relação ao surgimento de novos analistas, pois a academia recusou, quase desde o início, aquilo que era a alma de sua descoberta, sua lâmina cortante que introduziu no mundo um corte que subverteu a relação entre o saber e a verdade. Além disso, num outro movimento subversivo, ele descobre que o médico, aquele que até então supostamente deteria o saber sobre a verdade sobre um sujeito, era tão ou mais neurótico quanto seus pacientes. Por essa razão, certa vez, quando indagado a respeito de como alguém viria a se tornar analista, responde: "pela análise dos próprios sonhos" (FREUD, 1969b, p. 157). Ora, sabemos que Freud já havia afirmado, em *A interpretação dos sonhos*, que estes são "a via régia que levam ao inconsciente", portanto, é pela análise de seu inconsciente, de suas formações, da passagem, pois, pelo divã, que pode advir um analista. Eis, então, analista e analisando colocados, a princípio, no mesmo patamar, na mesma condição, pois que nenhum saber, nenhum conhecimento é suficiente para introduzir aí uma diferença, porque o que está em jogo é, antes, o fato de que tanto um quanto outro constituírem-se, enquanto sujeito do inconsciente, às expensas do desejo do Outro, de sua demanda, de sua condição louca, de seus caprichos, ou seja, tanto um quanto outro nasceram alienados a este desejo, identificados e fixados a uma posição de gozo, a um objeto que é o objeto da demanda desse Outro.

Algo se mostra, pois, a Freud, pelo viés da transferência, pela fala de seus analisandos, e mesmo por sua própria experiência como sujeito: que para além do amor está o desejo, tal é o que se revela pelas fendas abertas no eixo da fala pelo inconsciente. Entretanto, quanto à formação do psicanalista e à transmissão da psicanálise (Freud acreditava nisso, Lacan operará aí uma subversão: "só falei de formações do inconsciente", "um analista, isso se produz" e "a psicanálise é intransmissível"), sabemos o que se passou desde as "reuniões das quartas-feiras" à fundação da IPA: se de início tal instituição, fundada pelo próprio Freud, resguardava a psicanálise em relação ao discurso universitário, por outro, esta não tardou a reproduzir suas estruturas passando não propriamente a "formar analistas", mas a "reproduzi-los" segundo a dialética do senhor e do servo[5], ponto nevrálgico não somente da crítica de Lacan, desenvolvida nos primeiros anos de seu ensino no interior mesmo da IPA, mas foi também a matéria-prima de seu percurso em termos de teorização.

E para não dizer que não falei das flores... Ao mesmo tempo em que avançava em termos conceituais, Lacan, expulso da IPA por discordar justamente sobre a questão da *formação* dos analistas, funda sua Escola a partir de *outra lógica*, desde o ato de sua fundação: sua estrutura deveria ser tal que permitisse não a *indução* ou a *reprodução*, mas a *produção* de *um* analista, um a um. Seria, portanto, necessária a criação de certo número de "aparelhos de produção" do psicanalista, onde tratar-se-ia das "[...] estruturas asseguradas na psicanálise e de garantir sua efetivação no psicanalista" (LACAN, 2003, p. 248). É nesta perspectiva – sem que se considere aqui todas as reviravoltas históricas desta invenção, todas as modificações que sofreu justo na medida em que Lacan tam-

---

5 Lacan assim se expressa em 14 de outubro de 1972, em *Quarto* nº 5 (ATTAL, J. *La passe à plus d'un titre*. Paris: l'unebèvue éditeur, 2012, p.32. Tradução livre): "O mestre, isto se reproduz. Existe a raça de mestres que se perpetua. E aquela dos escravos/servos. [...] É absolutamente claro que Freud escolheu este sentido, a saber, que a psicanálise se reproduziria da mesma maneira".

bém modificava suas concepções a respeito do que possa ser isto, *um psicanalista*[6] – que Lacan inventa o *passe* como dispositivo que teria como finalidade última colher o testemunho do que teria sido a queda, a entrada no discurso analítico ou, se quisermos, do que teria sido a invenção de um saber. Então, de uma formação possível que uma Escola pudesse garantir no momento em que Lacan supunha ainda o possível de uma transmissão, há um deslizamento quando Lacan afirma ser, a psicanálise, intransmissível; portanto, *um analista não se forma*, ele é *produzido*: "O saber inconsciente é topológico, ele não se recupera de uma ordem, mas bem de uma 'proximidade de vizinhança', 'é o que eu tento dizer, fundar sobre isso que ele é nodal'. 'O saber inconsciente não se recupera nem se descobre, sim, ele se inventa!'"[7]. Como, então, pode uma Escola de Psicanálise garantir que um analista advenha como produto, por que não, como invenção? Isso ficará como interrogação.

Mas é possível avançar por outra via: o que se coloca, então, como possibilidade de que, uma análise, isso opere, que isso tenha consequências se, analista e analisando, enquanto sujeitos, estão no mesmo "patamar"? O que poderia diferenciar um do outro, uma vez que nada da ordem de um predicado, de uma titulação, da ordem do "eu sou" pode distinguir o que está em questão? É, portanto, sobre o problema do "ser" do psicanalista, justamente do que se apresenta como sua subjetividade, que Lacan dará vários passos adiante.

O que irá distinguir estas duas posições? Lacan responderá a isso por diversas vias, mas uma delas é justamente o que desenvolve no *Seminário 8: A transferência*, ao dizer que o analista seria aquele que diz: "[...] sou possuído por um desejo que é mais forte. Ele está autorizado para dizê-lo como analista, enquanto produziu-se, para ele, uma mutação de seu desejo" (LACAN, 1992, p.187). Um psicanalista, que somente tem existência lógica no ato que o engendra, depende, por isso, que haja no horizonte alguém que, a partir de uma

6 José Attal, em *La passe à plus d'un titre, la troisième proposition d'octobre de Jacques Lacan*, ainda não traduzido para o português, entre outras contribuições, faz um apanhado histórico/teórico do percurso de Lacan no que diz respeito ao passe como dispositivo, desde sua primeira *Proposição* à *Terceira* – esta última não constando propriamente em uma nova proposição, mas presente principalmente nas teorizações a respeito do psicanalista em *Les non-dupes errent* – justamente mostrando a relação que há entre as mudanças nas concepções sobre o passe como correlatas às subversões em relação à concepção sobre o que é *um psicanalista*.

7 LACAN, J. Aula 6 de Les non-dupes errent (inédito). In : ATTAL, J. *La passe à plus d'un titre*. Paris: l'unebèvue éditeur, 2012, p. 68. Tradução livre.

suposição, lhe dirija a palavra: um analisando. Mas para que esta palavra adquira um estatuto que possa desvelar a cena fantasmática de um sujeito – quer dizer, seu próprio lugar e função de objeto no desejo, se quisermos, no gozo do Outro – enfim acossado pela experiência analítica, pela experiência com seu próprio inconsciente, é preciso que o desejo do analista possa aí operar como *um desejo que se fez inventar a partir de um luto do ser*. E tal é sua potência que Lacan chega a dizer que "O homem, com o analista [com o desejo do analista], desperta" (idem, p. 363). E será em relação à impotência do saber frente ao real da experiência que Lacan irá propor a potência do desejo do analista do qual o ato analítico é tributário.

Poder-se-ia, então, dizer que *um* analista – e não *o* analista – seria um produto de uma experiência com seu inconsciente, de uma análise levada às últimas consequências, aquela que permite que um sujeito se separe dos invólucros, dos envoltórios, do *agalma* que sustenta seu narcisismo, de seus objetos parciais ou mais de gozar que têm, na economia da constituição subjetiva, função essencial: a de manter a função do amor, do amor aí como recobrimento da *falta-a-ser*. Tratar-se-ia, assim, numa análise, a que teria como efeito último a passagem de psicanalisante a psicanalista, de fazer um luto do que se teria sido como *objeto a se fazer amar pelo Outro*. É lá, como efeito desta operação, deste luto, que Lacan irá situar o *desejo do analista*, pois se o amor tem por função velar a impossibilidade do encontro feliz com o objeto, o desejo, por outro, desvela a função do objeto como causa, como causa de desejo. Sem esse luto – que é o luto do "eu sou" – não há analista como aquele que advém como produto do ato que introduz o corte que o engendra enquanto tal. O desejo do analista, então, como o que faz operar uma análise, engendrando o ato que faz corte, ruptura, separação, é o correlato do que Lacan nomeia como o "deser", o "désêtre", que é o que sublinha o fato de que não há o ser do psicanalista. Cito José Attal, que cita, por sua vez, Jean Allouch: "Não há psicanalista senão em sua presença ofertada ao analisando como suporte de objeto a" (ALLOUCHE apud ATTAL, 2012, p. 45). O analista, portanto, não é aquele que pensa, não é aquele que fala do ato ou que se apresente enquanto tal.

Em *O seminário 15: O ato psicanalítico*, Lacan nos diz:

> É acerca do questionamento desse sujeito como tal, a saber, sobre a diferença radical relativa a [uma] espécie de negação que ele mantém a respeito

da negação, à medida que ela incide sobre o predicado, é em torno disso que poderemos fazer girar alguns pontos essenciais e temas que nos interessam de forma inteiramente essencial, a saber, esse em questão na diferença entre não todos são psicanalistas – *non licet omnibus psychanalystes esse* – ou então: não há nenhum que seja psicanalista (LACAN, 1968, p. 181).

O "eu sou psicanalista" em todo caso se suporta evidentemente de uma confusão monstruosa no que tange ao objeto a, não é o ser o suporte na ocasião, pois o ser é uma espécie de positividade imaginária onde o narcisismo tenta geralmente dissimular-se por trás das aparências da sabedoria (ATTAL, 2012, p. 41).

"O objeto pequeno a não tem ser" e isso quer dizer que "se há análise em extensão não há psicanalista em extensão", donde se conclui que "ao psicanalista em intensão corresponde estritamente o não- analista em extensão, da mesma maneira que, ao saber referencial, requerido em extensão, corresponde o não-saber referencial necessário em intensão" (ATTAL, 2012, p. 47). "Isto é o que diz Lacan em *Les non-dupes errent*: que, no momento do passe, para um analisando, o analista, eu o "*de-suis*", *des-sou,* pois que ele é aí o *objeto a* do *des-ser*" (idem).

Pode-se dizer, para concluir, que a passagem em questão, portanto, de analisando a analista, é possível de ser assim traduzida: trata-se da passagem de uma identificação a um objeto, ao objeto causa de desejo do Outro, do amor, pois, ao desejo. Esta passagem é o que está no cerne da questão do passe, onde o que se poderia vir a nomear é justo *o não-analista*, em qualquer que seja o caso em relação ao estatuto que um sujeito possa ter no social.

Referências bibliográficas

ATTAL, J. *La passe à plus d'un titre*: la troisième proposition d'octobre de Jacques Lacan. Paris: l'unebévue éditeur, 2012.

FREUD, S. *Algumas notas históricas sobre os estudos* (Prefácio do tradutor). (Obras completas, v. 3). Rio de Janeiro: Imago, 1969(a).

______. *A dinâmica da transferência*. (Obras completas, v. 12). Rio de Janeiro: Imago, 1969(b).

_____. *Recomendações aos médicos que exercem a psicanálise*. (Obras completas, v. 12). Rio de Janeiro: Imago, 1969(c).

LACAN, J. *Outros Escritos*. Rio de Janeiro: Jorge Zahar, 2003.

_____. *O Seminário, livro 8, A transferência*. Rio de Janeiro: Jorge Zahar, 1992.

_____. *O Seminário, O ato psicanalítico* (1967-1968). Escola de Estudos Psicanalíticos, publicação para circulação interna e uso dos membros, 2001. Lição de 28 de fevereiro de 1968.

Uma psicanálise, o que é isso?[1]

Ana Paula Gomes[2]

Resumo:
Este trabalho tem por objetivo pensar na relação do sujeito com o Outro em sua travessia de fantasia no trabalho analítico, e, mais especificamente, o que ocorre na relação do sujeito com o supereu, ao final de análise.

Palavras-chave: Travessia da fantasia. Final de análise. Supereu.

> Não sou um poeta, mas um poema.
> (Lacan, no Prefácio à edição inglesa do Seminário 11)

Quisera ser um poeta e a pergunta título dessa comunicação – oxalá uma enunciação –, e eu responderia que uma psicanálise é uma leitura. Não sem tomar emprestado de meu Castello (2012) a definição do que é um leitor: "Um leitor é isso: alguém que se apossa de um livro. Que faz do texto alheio seu texto. Que nele rasga uma segunda assinatura".

Como não sou poeta, faz-se necessário que eu me aposse desse empréstimo e diga com meu texto o que é isso: uma psicanálise.

Uma psicanálise é a leitura do romance familiar do sujeito, romance no qual ele foi escrito e inscrito pelas determinações inconscientes do desejo do

1 Trabalho apresentado no III Encontro Interescolas: As Formações do Psicanalista, no dia 23 de novembro de 2012, em Brasília.

2 Psicanalista, A.M.E. da Escola Lacaniana de Psicanálise - RJ.

Outro, ao qual, para se constituir, fez-se necessário alienar. Mas, para fazer desse alheio seu texto, será preciso fazer da transferência uma travessia de separação, para, com os restos desse caminhar, dar voz a sua assinatura.

Mas a verdade é que, muito mais do que uma resposta ao título, este trabalho existe e insiste em sua questão. Partindo da premissa de que a fantasia é a resposta que o sujeito dá ao que supõe ser como objeto do desejo do Outro, destaco especialmente como questão, nos tempos da travessia de uma análise, os diferentes posicionamentos do sujeito em relação ao seu grande Outro. Ou com um pouco mais de poesia, quais vestimentas o sujeito vai retirando até encontrar o Outro nu?

Foi no citado Seminário 11, após constituir aquilo que diz ser sua invenção para a psicanálise, o objeto *a*, que Lacan circunscreveu os quatro conceitos fundamentais da Psicanálise: pulsão, inconsciente, transferência e repetição. Lacan marca, assim, uma diferença fundamental em relação a Freud, no que concerne à transferência e, consequentemente, à direção da cura e, especialmente, ao final de uma análise. Se, em Freud, transferência é repetição, em Lacan, o que marca essencialmente a transferência é a separação: "Esta operação segunda é tão essencial de ser definida quanto a primeira, porque é aí que vamos ver despontar o campo da transferência. Eu a chamarei, introduzindo aqui meu segundo termo, a separação" (LACAN,1964(1985), p. 202).

Vale lembrar que Lacan, para tratar a transferência, vai se valer do binômio alienação-separação, o mesmo que neste seminário ele utilizará para falar da constituição do sujeito, embora, após este seminário, ele abandone o binômio, ficando apenas com a alienação para falar da constituição subjetiva, pois a separação será exclusividade do campo transferencial. Isso porque, embora a metáfora paterna permita um ponto de separação ao alienante – porém necessário – desejo da mãe, ela é insuficiente, declinante por estrutura, para designar o que é o sujeito em sua condição desejante. O complexo edípico, verdadeira rocha da castração, designa a significação fálica, o significado da fantasia do sujeito. Fantasia enquanto ficção do romance familiar e fixão como adesivamento libidinal, do qual o neurótico tanto padece em suas escolhas na vida, gozando repetidamente da crença de ter um objeto; ou sê-lo: o falo.

A castração do Édipo deixa como herdeiro o supereu, que faz o sujeito gozar adesivado ao falo que ele acredita ter ou ser. É o rochedo freudiano de *Análise terminável e interminável*. O além desse rochedo é o que Lacan já propõe no Seminário da Angústia, que é a castração que se opera no palco da transferência enquanto separação, luto do falo que circunscreve o objeto como causa, em sua vereda desejante.

Vale lembrar de Édipo Rei, que, após a descoberta da verdade que porta seu nome, fura seus olhos, se cega, por não mais querer ver o olhar do povo de Tebas sobre sua vergonha. Diz ele que pudera também tapar seus ouvidos, para não mais escutar as consequências de ser o assassino de seu próprio pai.

O supereu é uma voz silenciosa que grita. O mito de *Totem e Tabu* nos ensina que matamos o pai para ter acesso ao gozo que julgávamos que ele detivesse, mas a culpa do supereu nos impede de gozar como desejaríamos. Queres o que desejas? Ou o *Che vuoi* alienante te impede? A morte do pai existe. A vida insiste. E o sujeito, vive ou resiste?

Que tempos há numa análise da relação do sujeito com o Outro? Tempo Rei, tempo rei, transformai as velhas formas do viver? Ou ensinai-me, ó pai, o que eu ainda não sei?[3]

A transferência não é repetição porque o desejo do analista opera de forma que o analisando possa retificar a sua posição frente ao desejo do Outro. O desejo do analista, face real do desejo do Outro, devolve ao analisando a perda de seu ser na entrada do mundo. Mas isso não será sem a repetição fantasmática que enlaçará o analista como sintoma do analisando. O lugar que um analisando dá a seu analista fala do lugar que o Outro tem em suas relações sintomáticas, por isso mesmo ninguém faz análise com o mesmo analista.

Um extrato clínico: o analista acossa o analisando a apresentar um trabalho e, num primeiro momento, o analisando toma esta oferta como uma expressão de amor e o imperativo superegoico de responder à altura do Ideal. Repetição fantasmática na relação transferencial a seu Outro, que naquele tempo específico da análise permitiu ao analisando circunscrever que esse Outro nada tinha a ver com o analista. Esse era o Outro edípico que o habitava, cuja existência garantia a sua posição de ser o falo para o Outro.

Numa transferência analítica, é desta cena edípica que se trata de separar. É preciso abrir mão do lugar edípico do analista para que este Outro da garantia seja barrado. O luto do falo é o trabalho que se faz numa análise de travessia da fantasia, de cernimento do lugar de falta, de impossível de se dizer sobre o sujeito. E do Outro, lugar em que se fazia demanda de amor, o sujeito fará causa de desejo.

---

3 Utilizando-me dos versos da música *Tempo rei*, de Gilberto Gil.

Há um tempo da análise onde a barra no Outro começa a incidir e um movimento mais desejante se instaura. Não há Outro da garantia, a única coisa que sustenta o sujeito é seu próprio desejo e a palavra. Talvez possamos dizer que é um tempo em que o luto das figuras edípicas, mais especificamente o luto do pai, permite que este opere simbolicamente, fazendo com que a castração incida tanto do lado do sujeito quanto do Outro.

Preconiza-se, aqui, o luto do falo, que só pode ser realizado a partir do pai, este que operou simbolicamente, metaforicamente no Édipo, mas que o sujeito, servindo-se dele, vai ultrapassá-lo, fazendo do pai um nome, um autorizar-se desse ponto de falta, além do seu amor de repetição. O amor é o entrecruzamento do imaginário e do simbólico. Mas é o real da castração que desvela a beleza de sua essência que é simbólica. O luto do falo, da falta permite que o gozo do ser ceda a uma causa mais desejante. Mas Lacan mesmo nos indica que há uma disjunção a se fazer na análise entre – phi e o objeto *a*.

Outro extrato clínico: não há o Outro da garantia, mas ainda há o Outro da punição. Há duas mortes do pai. Uma que permite que ele opere simbolicamente, como brilhantemente indica Jean Allouch (1995, p. 318): "O luto não é substituir o morto, não é tanto separar-se dele (não conviver com ele) quanto mudar a relação com o morto". Mas a questão é que o luto requer uma palavra que não há porque a outra morte é da residuação do pai, dos seus restos. Como nos diz Ambertin (2003, p. 224): "O supereu é residuação do pai, aquilo que não faz metáfora, é posição de borda e de causa".

Freud já alertava sobre isso no texto de 1939, quando falava da reação terapêutica negativa. Que lugar para o supereu no final de análise? É possível fazer calar a voz do supereu? E, assim sendo, que efeitos haverá na relação do sujeito com sua voz?

Lacan nos fala sobre a separação na constituição do sujeito:

> Pela separação, o sujeito acha, se podemos dizer, o ponto fraco do casal primitivo da articulação significante, no que ela é de essência alienante. É no intervalo entre esses dois significantes que vige o desejo oferecido ao balizamento do sujeito na experiência do discurso do Outro, do primeiro Outro com o qual ele tem que lidar. Ponhamos, para ilustrá-lo, a mãe, no caso. É no que seu desejo está para além ou para aquém no que ela diz, do que ela intima, do que ela faz surgir como sentido, é no que seu desejo é

desconhecido, é nesse ponto de falta que se constitui o desejo do sujeito. (LACAN,1964(1985), p. 207)

É neste aquém ou além do desejo da mãe que o desejo do sujeito se constitiui, nesse ponto de falta, nesse "x", enigma do desejo desse primeiro grande Outro, que a metáfora paterna não recobre. Há luto possível desse real? Ou se tratará aqui de uma outra operação? É possível fazer luto onde não há a incidência da metáfora paterna? No aquém e no além da essência alienante da articulação significante, o que escoa e ecoa é voz sem palavra do gozo materno. Não seria esse o ponto melancólico estrutural ou foraclusivo de todo sujeito a ser elaborado numa análise?

É claro que o fator econômico, freudianamente falando, fará diferença no quanto a amarração do nome-do-pai fará operar uma vereda mais desejante, ainda que adesivado ao falo, nas suas vertentes de ser ou ter. Mas esse gozo Outro sem mediação, cujo imperativo superegoico vocifera – goza! –, onde curiosamene está a margem de liberdade do sujeito, é da ordem do luto?

O luto do falo permite a barra do Outro, no Outro. Mas há um ponto de invenção, de fazer outra coisa, com este ponto de limite do real. Bem-dizer o sinthoma? Descolar o adesivo do gozo fixado da fantasia para uma circulação outra da pulsão? Ainda que o Outro edípico da transferência seja barrado, há o colamento ao Outro enquanto objeto real, resto, voz superegoica da qual é preciso se separar.

Qual a relação desse tempo com o segundo tempo da estrutura da fantasia do "Bate-se uma criança"? O segundo tempo da fantasia é aquele que não pode ser rememorado, pois sequer existiu. É o espancamento do sujeito pelo Outro, abandono do sujeito pelo pai, ao gozo mortífero da pulsão. Supereu? Cultura de pulsão de morte. É a falta do Outro, do pai, que não pode ser simbolizada, e por isso mesmo precisa de uma invenção. Depois da castração que incide sobre o sujeito e o Outro, ainda há um trabalho a fazer com este objeto *a* que cai, e que talvez possa circular de outra maneira. Não foi o objeto *a* a invenção lacaniana para a psicanálise? Não caberá a cada um que chega ao final de uma psicanálise inventar, à sua maneira, o seu objeto *a*?

A voz como objeto do desejo mantêm no sujeito a marca e a existência do Outro em sua invisibilidade, porém de extrema consistência. Há algo deste objeto que não entra no campo especular, no campo de troca, objeto íntimo ao sujeito, mas que ao mesmo tempo diz da marca do Outro sob o seu gozo.

Ao final de uma análise, qual a relação do sujeito com sua própria voz, se supormos um descolamento do Outro superegoico do seu tom? Onde cada um funda, no tom sozinho sua Escola, algo mais melódico *Donde o analista só se historisteriza por si mesmo.* Mais ainda, quando a poesia faz folia numa vida?

Referências bibliográficas

Allouch, J. *A erótica do luto.* Rio de Janeiro: Cia de Freud, 1995.

Ambertin, M. *As vozes do supereu.* São Paulo: Escuta, 2003.

Castello, José. A chave do sonho. In: Caderno "Prosa & Verso", do Jornal *O Globo* (13/10/2012).

Freud, S. *Análise terminável e interminável.* Rio de Janeiro: Imago, 1980. (Obras Completas, v. 23). Originalmente publicado em 1937.

Lacan, J. *O Seminário, livro 10, A angústia* (1963-64). Rio de Janeiro: Jorge Zahar, 2006.

______. *O Seminário, livro 11, Os quatro conceitos fundamentais da Psicanálise* (1964-1965). Rio de Janeiro: Jorge Zahar, 1985.

UM PERCURSO PELO ATO PSICANALÍTICO: ANOTAÇÕES DE UM CARTEL[1]

Claudia Pretti Vasconcellos Pellegrini[2]

Resumo:
Este texto propõe uma leitura do seminário *O Ato Psicanalítico*, de Jacques Lacan, a partir de um trabalho em cartel. Aborda questões sobre a formação do psicanalista e sobre a proposta do Passe na *Proposição de 09 de outubro de 1967*. Faz, ainda, considerações sobre o tornar-se psicanalista, questão central no abordada por Jacques Lacan nesse seminário.

Palavras-chave: Ato psicanalítico. Formação do psicanalista. Final de análise. Passe.

O título desse texto refere-se à fonte de onde ele brotou, ou seja, do funcionamento de um cartel, que será, sem nenhuma dúvida, um marco na minha formação. Quando aceitei o convite vindo da Secretaria de Ensino da ELPV, para constituir um dos dois cartéis que teriam como proposta um estudo sobre formação do psicanalista, pela via de uma leitura do Seminário *O Ato Psicanalítico*, não tinha ideia dos efeitos que isto teria – e considero que seja assim para qualquer trabalho que começamos. No decorrer desses dois anos, me vi movida por uma sede de saber e por um entusiasmo inédito

1 Trabalho apresentado em 1º de dezembro de 2010, como produção de cartel na Escola Lacaniana de Psicanálise de Vitória.

2 Analista Membro da Escola Lacaniana de Psicanálise de Vitória. claudiapretti@uol.com.br

em outros momentos de cartel – o que, a meu ver, foi o motor que permitiu que este trabalho vingasse. Digo isso porque as dificuldades encontradas na aridez do texto, no tema e nos movimentos provocados na Escola (ora pelo próprio tema ora pelo momento atravessado pela mesma), não foram poucas. Aliás, encontramos no próprio Lacan referências a dificuldades e esvaziamentos do público no momento em que esse seminário aconteceu. Isso muitas vezes nos serviu de alento e nos impediu de recuar. É importante ressaltar que a participação neste cartel se deu concomitantemente a minha participação na Secretaria de Cartéis, e que essa experiência muito me ensinou e me colocou a refletir sobre o que é um cartel. O que segue são as questões que pude elaborar a partir do trabalho neste cartel, e aquelas que ainda ficaram em aberto e que serão relançadas.

Quando, em outubro de 1967, Lacan faz a proposta do dispositivo do passe a sua escola, ele tentava responder à grande questão na qual estava imerso: a da formação dos psicanalistas. Essa já era uma questão muito cara a Freud, que, em seus *Estudos sobre a Histeria (1895),* já afirmava que não bastava a cura, posto que uma transmissão se impunha.

Diante das várias regras sobre a técnica impostas pela IPA, Lacan introduz uma doutrina sobre a prática num procedimento no qual aquele que se autoriza possa dizer o que diz respeito a esse ato de autorizar-se em sua origem.

Importante notar que o dispositivo do passe foi apresentado como uma proposição, e não como uma imposição. Lacan visava abordar a questão da formação do psicanalista pela via de uma pergunta: "como alguém se torna psicanalista?". Sua argumentação repousava no fato de não haver um todo analista. Não sendo ele universalizável, é fundamental considerar o particular do um analista.

É diante do *não* recebido como resposta de sua Escola à *Proposição de 09 de outubro de 1967sobre o psicanalista da Escola(2003)* que ele inicia, um mês depois, seu seminário seguinte com o título: *O Ato Psicanalítico(1967-1968).* Aí ele vai utilizar um recurso que considera precioso: a lógica, para tentar dar conta da lógica envolvida no ato de passagem de analisando a analista, definido por ele, nesse seminário, como o verdadeiro ato psicanalítico.

Essa tentativa de situar a lógica de uma experiência é posta em cena durante todo o trabalho do seminário, e não é sem consequências. Assim como não é sem consequências o ato psicanalítico. Seus efeitos foram sentidos pelo público presente, pela escola e pelo próprio Lacan. Esvaziamento do público, reclamações, queixas e críticas das mais diversas testemunhavam aquilo que ele não se cansava de afirmar: os analistas nada queriam saber sobre o ato psicanalítico. As dificuldades não o fazem recuar e ele responde a elas com trabalho e, numa posição que ele nomeia como de uma atopia, combaterá incansavelmente o que denomina uma retórica do objeto da psicanálise presente no modo de ensino e de funcionamento das sociedades existentes.

Lacan irá trabalhar ao longo do seminário o conceito de ato psicanalítico em suas diversas perspectivas; isso muitas vezes dificulta a compreensão e nos confunde, pois não situa quando passa de uma para outra: ora ele fala referindo-se ao lugar do psicanalista enquanto esse que conduz a tarefa analítica e que cairá, ao final, do lugar de *semblant* de objeto *a* que foi ocupado por ele, ora ele aborda o ato na perspectiva do analisando, desse que se dispõe a entregar-se a um discurso, nele se perder, para nele se reencontrar. Em outros momentos, trabalha na perspectiva da formação dos psicanalistas – e podemos aqui entender o seminário como uma interpretação à comunidade analítica.

Parte, então, do objeto *a* como representando um furo na estrutura do inconsciente. É porque a subjetivação do sexo é da ordem do impossível que toda a problemática se instaura. Sendo o sujeito primeiramente falta, o que está na origem, na *arché* do sujeito é o objeto *a*, ponto de partida de sua constituição.

O que se passa na constituição do sujeito, no decorrer de um percurso de análise e, ao final, na passagem de analisando a analista, é mostrado por Lacan no quadrângulo lógico, movido pelas operações de alienação, transferência e verdade.

Temos, assim, uma estrutura na qual falta um elemento. Ali de onde o sujeito precisará se lançar numa escolha que é sempre forçada, visto que não há a possibilidade de não escolha. O $ está lá na origem, na *arché*, mas, diante desse furo na estrutura, ele se lança na alienação. Frente ao furo do Outro, ele se alienará, encontrando um lugar para si, que o situará no mundo. O sujeito aí se institui, no lugar onde ele supõe *ser* objeto do desejo do Outro. Na verdade, podemos dizer que ele é esse objeto que cai do desejo dos pais. É por isso que uma das dimensões do objeto *a* é a de sustentar o sujeito suposto saber, pois aí ele funciona como tamponando o furo estrutural.

Esse *ser* do sujeito será a máscara que ele utilizará para sustentar sua existência, e é com ela que passará toda a vida, espécie de falsidade que inclui a ilusão de um universo de discurso e de uma totalidade onde as vacilações e incômodos irão ser colocados fora de si. Diante de situações em que um não saber se apresenta, ele dirigirá a esse Outro consistente e consistido a possibilidade de saber.

É por isso que podemos dizer que o sujeito suposto saber está na *arché* do sujeito, e que sustenta toda a relação do sujeito com o Outro. Se, no decorrer de sua vida, o sujeito, diante de um furo no saber, procurar um psicanalista e se dispuser a submeter-se a uma análise, será ainda o sujeito suposto saber um artifício necessário como base de sustentação para esse percurso, ainda que seu destino seja a queda, ao final.

Alguém que se dispõe a submeter-se ao que Lacan nomeia nesse seminário como a "tarefa analítica" é um sujeito que descobre não saber nem quem ele é nem o que ele diz. É um sujeito que vê balançar tudo o que construiu, como uma espécie de tela protetora para esse furo estrutural. É um sujeito que se dirigirá a um psicanalista qualquer, mas não a qualquer um, demandando a restituição de um saber que o sustente. É a esse analista que ele dirigirá sua demanda de saber, supondo que ele saiba e que possa respondê-lo, repetindo em sua relação com esse analista, na transferência, todas as cifras que construiu até então, e que, mesmo que ele ainda não o saiba, irá desconstruí-las para depois reconstruí-las uma a uma. Essa diferença na posição de cada um – analisando e analista – na relação com o saber é fundamental. No início, o analisando crê que o analista tenha um saber sobre sua verdade. Mas o psicanalista, ele, só sabe que nada sabe da verdade desse sujeito, mas que precisa sustentar-se numa posição de *semblant*, numa posição de engano para que a tarefa analítica se sustente. Ele sabe apenas de seu destino ao final dessa espécie de jogo que se inicia: a queda do lugar de semblante do objeto *a*, riscando do mapa o sujeito suposto saber, que foi o sustentáculo necessário para que a operação da transferência não se mantivesse opaca durante o percurso.

Então, no início, o sujeito demanda um saber, que supõe que o analista possa dar a ele sobre sua verdade. Ele não sabe nem o que demanda. Se ali, sentado na poltrona, esse que conduz a tarefa, ou seja, o analista, não atrapalhar muito, se ele não se acreditar no lugar do saber, o analisando irá, num trabalho minucioso, construir um saber que o permita não mais demandar o que já sabe; que o permita experimentar aquilo que Lacan nomeia como a subversão do sujeito, chegando ao final da tarefa renovado, por ter realizado a castração e vivido a destituição subjetiva. Reencontra aí sua própria divisão, divisão que estava lá desde o início e que não se pode apagar. Temos aí o que podemos chamar de certo limite de uma psicanálise. Podemos colocar os pingos em muitos *is*, como nos fala Lacan, mas não em todos. Isso se justifica porque o Outro não é eliminável, o que ocorre ao final da análise é a colocação da barra no Outro. Uma análise muda a relação do sujeito com o Outro, com o objeto e, portanto, com o sujeito suposto saber. Cito Lacan (1967-1968, p. 337) no Seminário *De um Outro ao outro*:

> Não é correto dizer que a transferência se isola, em si mesma, dos efeitos da repetição. A transferência se define pela relação com o sujeito suposto saber, na medida em que ele é estrutural e ligado ao lugar do Outro como lugar em que o saber se articula, ilusoriamente, como Um.

O final da análise é, a saber, essa espécie de desigualdade do sujeito com sua realidade sexual, em que o analista que conduziu a tarefa é derrubado do lugar ocupado até então, em função da própria estrutura. Dado importante, visto que não se trata de ele decidir sair desse lugar. Ele é daí ejetado a partir do corte de um Ato. Essa conjunção da tarefa analítica com o Ato, ao final, é o que faz com que o analisando se lance numa passagem, ao lugar do analista, tomando para si o bastão. Ele assumirá, a partir daí, o lugar do sujeito suposto saber, mas agora sem a crença nele – apenas fingirá acreditar. O inconsciente, a estrutura e mesmo a psicanálise serão agora os depositários de sua crença.

É justamente a lógica desse momento o que Lacan busca esclarecer com o seminário do Ato Psicanalítico. Que meios temos para recolher isso que se passa no momento final, nesse processo desencadeado pelo ato? Ele vai mais longe quando nos aponta que a única possibilidade de apreendermos o momento inaugural do surgimento de um psicanalista é a partir de uma interrogação lógica, que ele nomeia como o dispositivo do passe. É esse o modo de prova que ele propõe. E o que ele esperava enquanto resposta dos psicanalistas a quem ele não cansava de repetir que era a quem se dirigia seu discurso.

Referências bibliográficas

LACAN, Jacques. *O Seminário, livro 15, O Ato Psicanalítico*. Seminário realizado em 1967-1968. Publicação para circulação interna da Escola de Estudos Psicanalíticos. Inédito

______. *O Seminário, livro 16, De um Outro ao outro.* Rio de Janeiro: Jorge Zahar Ed., 2008.

______. Proposição de 09 de outubro de 1967 sobre o psicanalista da Escola. In______. *Outros Escritos.* Rio de janeiro: Jorge Zahar Ed., 2003, p.248-264.

FREUD, Sigmund. *Estudos Sobre a Histeria.* Rio de Janeiro: Imago, 1975. (Obras Completas, v. 2). Originalmente publicado em 1893-95.

Anotações sobre o ato e o dispositivo analítico[1]

Dr. José Mário Simil Cordeiro[2]

Resumo:
Colocando entre parênteses a evolução do conceito de transferência na história da psicanálise e levando em conta a criação por Lacan do conceito de ato analítico, o autor propõe pontuar a efetividade de tais concepções, quando aplicadas à *práxis* psicanalítica, esta concebida menos como uma experiência terapêutica, mas como um dispositivo que pode também levar à formação do analista. Tal percurso supõe primeiramente a criação, pela fé, da figura do Sujeito-suposto-Saber, fadado ao desaparecimento pelo processo da destituição subjetiva, resultando na passagem analisante/analista, travessia proposta por Lacan como paradigma do ato analítico como resultado de um percurso.

Palavras-chave: Transferência. Ato analítico. Sujeito/suposto/Saber. Destituição subjetiva. Formação do analista.

Quero iniciar minha intervenção confessando que, para mim, é um risco vir a Vitória apresentar comentários sobre qualquer tema a partir da teoria pura. Isto é uma forma de reconhecer que aqui circula o discurso analítico,

---

1 Trabalho apresentado no evento "As formações do analista: Dispositivos de verificação", em 19 e 20 de novembro de /2011.

2 Psicanalista-Membro da Escola Lacaniana de Psicanálise-Brasília. jmscordeiro@terra.com.br

mas é também uma maneira de recortar os limites da minha contribuição. No campo das confissões, então, posso dizer-lhes que, por razões pessoais, me considero uma espécie de filho temporão da psicanálise, mesmo estando envolvido com a leitura de Freud há mais de 30 anos. Esse dado, evidentemente, não invalida o que tenho a dizer. Pelo contrário, sinto-me autorizado a tingir a cinzenta aridez da teoria com o colorido aceno de verdade alcançado no percurso da cura. Esses clarões de verdade, restos de saber de cuja totalidade somos alijados estruturalmente, são esses pedaços de nossa saga pessoal conquistados na aventura de uma análise que constituem o núcleo de ser a partir do qual criamos a versão de nossa história. Se tal criação ficcional encontrar eco na teoria, tanto melhor, pois estaremos, assim, transmitindo a psicanálise no melhor estilo da doutrina; se tal eco não surgir, pelo menos fica como ensaio outro momento da insistência que todo analisante deve cultivar na direção da verdade.

Minha reflexão, então, sobre o ato e sua relação com o dispositivo analítico e a transferência, parte da discussão surgida num grupo de estudos que coordeno, partindo de uma afirmação de Freud (1976b) sobre a transferência contida no pós-escrito do "Caso Dora", no qual ele afirma que o dispositivo analítico não cria a transferência, mas a revela, dando a entender que o fenômeno em questão está ali desde sempre. Essa concepção da transferência como a repetição, na atualidade, de padrões infantis de escolhas objetais é o núcleo a partir do qual Freud vai conceber o amor de transferência como a cópia de um amor antigo, admitindo que é próprio de todo enamoramento repetir modelos infantis. Isto não o impede de reconhecer nessa experiência amorosa seu caráter de autenticidade. É interessante observar que, nesse texto, Freud refere-se a *transferências,* no plural, talvez reconhecendo, nesse momento, a ideia plural – já contida na *Traumdeutung* – de deslocamento de valor psíquico, transporte, substituição de um lugar para outro e, no caso da inclusão, em um dispositivo de tratamento, das ideias de afinidade, influência hipnótica, transposição afetiva etc.

Na própria exposição do Caso Dora, Freud utiliza o termo, primeiramente, no sentido de deslocamento de afeto ou valor psíquico de um ponto do corpo para outro, para, finalmente, inaugurar a concepção de que a transferência se dá no dispositivo analítico, incluindo em sua dinâmica a figura do analista. Se, como Ferenczi (1991), Freud concebeu o plural da transferência como existindo em todas as relações humanas (relação médico/paciente, professor/

aluno) e sua natureza amorosa com suas variantes de ódio, será recortando sua utilidade como instrumento no processo de tratamento que ele dará a ela um estatuto de conceito fundamental.

Colocando entre parênteses a evolução do conceito e sua aplicação clínica dentro da obra de Freud e as variações no pensamento de analistas pós-freudianos, como Melanie Klein, Bion, Winnicott etc., pretendo comentar os impasses no percurso do conceito e sua aplicação, partindo da criação lacaniana do conceito de ato analítico. Trabalhando com essas aproximações, anseio apenas melhor compreender a efetividade de tais concepções, quando aplicadas à *práxis* analítica muito menos como experiência terapêutica do que como formação do analista. Daí o acento a ser dado à ideia de um *dispositivo* analítico em que transferência e ato nodulam sua operatividade.

Quando se pensa a formação do analista, é preciso levar em conta a disparidade de concepção que Lacan introduz, rompendo com uma tradição da IPA que organiza a formação do analista a partir da ideia de instituição espontânea estudada por Freud (1976a) em *Psicologia de Grupo e Análise do Eu.* Nesse texto, Freud concebe a instituição como um ajuntamento de elementos diversos unificados por um atributo comum, uma identidade. A identidade profissional está incluída nos esforços das sociedades de psicanálise de responder às difíceis questões de qualificação e reconhecimento dos analistas, das relações de poder e autoridade e a incidência da transferência sobre essas questões. Nesse contexto, a formação do analista é sempre tributária da resposta institucional a essas questões.

O livro de Annie Tardits (2011) traz alguns esclarecimentos a esse respeito. Ela constata que Lacan tentou subverter a resposta da IPA ao pensar a formação do analista bem perto do sujeito que pode advir da cultura das formações inconscientes, levando em conta não só o sujeito como efeito de linguagem, mas também o objeto que causa o desejo inconsciente. Lacan, mais do que nunca, ao falar de psicanálise em intensão, recorta a experiência analítica como uma "experiência disposta" da cura, vendo nesta um "dispositivo cujo real toca no real" (TARDITS, 2011, p. 145 e seguintes.). Ali onde a fantasia inclui o objeto como possível complemento do sujeito, fixando o desejo e orientando-o na via do desconhecimento, a cura confronta com o impossível dessa completude, com o objeto enquanto perdido, com o ser enquanto faltante à imagem e ao texto. É neste sentido que ela é um dispositivo, lugar e tempo de um confronto do sujeito com esse impossível constitutivo do humano. Ao mesmo tempo em que recorta como tal a experiência da análise, Lacan vai abordá-la pela disparidade subjetiva que na transferência faz objeção à tradição analítica de uma intersubjetividade no processo da análise. Com a lógica do sujeito e elucidação do objeto *a*, ele pode precisar como o analista deve sustentar o engano de um endereçamento ao sujeito suposto saber, comprometer sua presença para operar como um objeto trazido no semblante e causar o desejo do sujeito contra a fantasia em que o analisante o alojou. Para a autora, é neste ponto que reside o real do dispositivo com o qual o analista deve se orientar.

A contribuição de Renata Vescovi (inédito), em seu recente texto *Formação do analista: considerações sobre o ensino e a transmissão da psicanálise*, traz elementos de interesse. Acompanhando Lacan, ao conceber a experiência analítica como um dispositivo, ela recupera, através dele, as concepções de Kirkegard e Montaigne sobre o significado da fé e da crença, mostrando suas diferenças e sua dialética na lógica da condução da cura analítica. Ter fé no sujeito suposto saber é subjetivar o saber inconsciente ao lhe supor um sujeito numa proximidade com a crença num Deus ou num Outro que saberia da verdade do nosso ser e teria o poder de solucionar nosso sofrimento, apontando as saídas das armadilhas e do sofrimento que o sintoma nos impõe.

Essa é uma ideia que traduz com muita fidelidade a concepção de Freud da transferência como um artefato necessário a uma análise, um artefato sem o qual nenhuma análise é possível. Tributária da dúvida, entretanto (estando implícita na fé em Deus, por exemplo, a possibilidade de sua não-existência), a fé traz essa ambiguidade aplicada à transferência como suposição não só de um sujeito, como de um saber no Outro que responda ao enigma do nosso desejo. Essa dúvida implícita na fé nos convoca ao que Annie Tardits chama de ateísmo de método: o sujeito suposto saber estando fadado ao desaparecimento e o Outro aí implicado fadado ao desvanecimento. Não cremos mais nesse Deus que nos protege e nos dá sentido e amparo: "Não tenho mais nada a dizer ao meu analista, ele não sabe mais nada de mim ou de meu desejo, estou, de agora em diante, entregue a mim mesmo, fé e dúvida desaparecem ante o meu turbilhão pulsional" (TARDITS, 2011, p. 146). Destituição subjetiva? Mas o que vem depois? É possível viver sem esse Outro tão caro a mim desde meus primórdios, voltar ao desamparo original a partir do qual me constituí como sujeito?

Se aceitarmos a denominação de "destituição subjetiva" dada por Lacan a este produto de um percurso de análise finalizada, haveremos de compreender tratar-se aí também de uma profunda modificação da posição do sujeito ante o desejo do Outro, uma transformação que se dá no âmago do seu ser. Daí as escolhas eventuais por um sentimento de entusiasmo ante o fato de me haver livrado de um Outro que me tiranizou por toda a vida ou pela melancolia resultante de um aprisionamento a uma nostalgia mortificante ante uma perda inaceitável. Neste sentido, o final de uma análise pode se constituir em um impasse.

A crença, por sua vez, para Montaigne, "resulta do domínio da experiência e constitui-se de convicções não fundadas racionalmente que modulam a conduta humana". Para ele, segundo Vescovi (inédito), "para constituir uma crença é preciso idéias humanas, simplesmente ideias humanas que penso segundo eu mesmo e não segundo o que acredito a partir de Deus". O filósofo nos esclarece que, para crer, é preciso separar-se da dúvida e da fé em um Outro; no caso, Deus. Está, então, implícita em sua construção da crença a subversão da fé no sujeito suposto saber. Aplicado ao dispositivo analítico, é o ato analítico que promove essa subversão da fé em crença, promovendo a passagem de analisante a analista. A dialética da fé e da crença assim colocada nos retorna à questão da natureza do ato e suas consequências para o final de uma análise.

No Seminário, livro XV, sobre o ato analítico, Lacan (1967/68) é claro quanto a essa dialética, ao colocar o ato do lado do analista e, do lado do analisante, um "fazer", uma tarefa de analisar-se, submetendo-se à contingência da falta-a-ser, entregando-se à possibilidade de perda do ser, ao pensar. Trata-se, evidentemente, do pensar com as leis do inconsciente, as leis da associação dita livre por Freud, mas que não visa a outro objetivo senão, sob transferência, dirigir-se à verdade do seu ser, de sua sexuação. Esse "fazer" do analisante não é, então, sem a transferência, ocorrendo, portanto, no registro da fé no sujeito suposto saber. O que parece interessante interrogar é o que do ato provoca essa suposição, pois nela, como vimos, está implicada a fé de que há um saber a ser revelado e de que há um sujeito que conhece esse saber. Desde cedo, em seu ensino, Lacan discute a questão do estatuto do inconsciente que, para ele, não é um problema ontológico (portanto, de ser) nem tampouco gnoseológico (portanto, de conhecer). Para ele, o estatuto do inconsciente é ético no sentido que Freud dá à pulsão de um "querer satisfazer-se, querer manifestar-se".

Já no capítulo II, do Seminário II, de 1954 e estabelecido por Jacques Allain Miller – que trata da relação entre saber, verdade e opinião verdadeira –,

Lacan (1987) contesta uma concepção do inconsciente como um depósito de reminiscências, ao comentar a demonstração socrática no diálogo platônico de Menon. Ele ali afirma que, a partir do momento em que uma parte do mundo simbólico emerge, ela cria seu próprio passado. Para ele, é um erro pensar que aquilo que a ciência constitui por intermédio da função simbólica está aí desde sempre. Essa é justamente a ilusão própria da posição do analisante, que constitui a suposição de que o saber está aí, em potência, e de que existe um sujeito que conhece esse saber, no caso, o analista. Em seu texto de *Subversão do sujeito e a dialética do desejo no inconsciente freudiano*, Lacan (1998) acaba com o erro de dar ao inconsciente o estatuto de existente desde sempre, antes de sua nomeação por Freud. Será, no entanto, no seminário do ato que ele abordará o inconsciente como verdade e não como saber. Para ele, o ato nos conduz à interrogação do que falha na cadeia significante e se assenta nesse ponto em que a verdade se revela impotente para dar conta da diferença sexual.

Esse aspecto é importante por trazer à discussão o lugar do ato no dispositivo analítico – que, como vimos, está do lado do analista – e seus efeitos sobre a posição do analisante. Está contida aí a ideia de que o ato é uma estrutura em que o objeto é ativo e o sujeito subvertido. Quando pensamos o que praticamos numa análise como ato analítico, partimos da constatação de que ela é um dispositivo de processar a transferência, não havendo aí nada de natural, sendo um artefato simbólico tributário da ideia de criação que desemboca numa subversão do sujeito.

Queremos, com isso, focalizar a definição que Lacan dá do ato analítico como um ato de criação do qual resulta uma transformação do sujeito: a passagem analisante/analista. Lacan se utiliza de um exemplo histórico para ilustrar como um ato não representa nenhuma ação, mas se mede por coordenadas simbólicas. Ele fala do momento em que César atravessa o Rubicão, riacho que demarcava os limites geográficos da República, na Roma antiga. Seu gesto de atravessar, com um simples salto, esse riacho, correspondia a ultrapassar essas coordenadas. Era uma passagem que significava transgredir as leis da República, mudando a posição de César ante essas leis, estabelecendo um antes e um depois da travessia. O exemplo utilizado por Lacan introduz um paradoxo e uma aparente contradição, pois o ato de César de transgredir e desafiar as leis da República pressupunha o reconhecimento dessas leis, desse Outro que as estabelece. Nesse sentido, não há ato sem o Outro. Como compatibilizar esta compreensão com a afirmação de Lacan de que o ato é *sem* Outro, isto é, de que no ato não há Outro nem sujeito?

Se não há Outro nem sujeito, é porque nesse instante pontual o sujeito, até então ancorado na fé e na suposição de um saber, é daí desalojado, destituído; destituição que não é outra coisa senão uma transmutação de lugar. Penso que é da morte do grão em que se constitui o sujeito suposto saber que germinará o "em-si do objeto *a* que, nesse término, esvazia-se no mesmo movimento pelo qual o psicanalisante cai, por ter verificado nesse objeto a causa do desejo" (LACAN, 2003). É levantando essa questão que Lacan inicia o resumo do seminário do ato analítico, escrito em 10 de junho de 1969. Começa afirmando: "O ato analítico, ninguém sabe, ninguém viu além de nós, ou seja, nunca situado e muito menos questionado, eis que nós o supomos a partir do momento eletivo em que o psicanalisante passa a analista" (LACAN, 2003, p. 371). Logo em seguida dirá que "ele remete ao em-si de uma consistência lógica, se é possível dar sequência a um ato tal que, em seu fim, destitui o próprio sujeito que o instaura" (idem). Logo em seguida, perguntará: "Será que o psicanalisante, ao término da tarefa que lhe foi atribuída, sabe 'melhor do que ninguém' da destituição subjetiva a que ela (a tarefa) reduziu justamente aquele que lha ordenou?" (idem).

Graciela Brodsky (2004), em sua *Short Story*, dirá que a resposta final que Lacan dará à questão de como se obtém a destituição subjetiva, a subversão em que se constitui o fim da "falta-a-ser", a conquista de uma afirmação do "sou" diferente daquela oferecida pela fantasia, não estará no seminário do ato, mas no "sou" via *sinthome*. Para ela, o seminário do Ato, iniciado 30 dias após a apresentação da "Proposição de 9 de outubro de 1967", foi também uma interpretação de Lacan à comunidade analítica constitutiva da EFP, que teria inicialmente dado um "não" à sua ideia do passe. Nesse Seminário, uma primeira adaptação do quadrângulo de Klein vai servir de demonstração de como numa análise se dá o percurso no qual a posição do sujeito será subvertida de uma alienação original até o momento da destituição subjetiva, que ele descreverá como um impasse. A esse primeiro quadrângulo ele superporá um segundo, onde demonstra a lógica do dispositivo do passe, dispositivo encarregado de apurar a legitimidade desse momento crucial de passagem analisante/analista, do "só-depois" da destituição subjetiva. Será nossa tarefa acompanhar Lacan nesse trilhamento, em busca da decifração desse enigma.

Referências bibliográficas

BRODSKY, Graciela. *Short Story*. Rio de Janeiro: Contra Capa Livraria, 2004.

FERENCZI, Sandor. *Obras Completas* (vol. I). São Paulo: Martins Fontes, 1991.

FREUD, Sigmund. *Psicologia de Grupo e Análise do Eu*. Rio de Janeiro: Imago Editora, 1976. (Obras completas, v. 18). Originalmente publicado em 1921.

_____. *Fragmentos da análise de um caso de histeria*. Rio de Janeiro: Imago, 1976. (Obras completas, v. 7). Originalmente publicado em 1905.

LACAN, Jacques. *O Seminário, livro 15, O ato psicanalítico*. 1967/68. Inédito.

_____. *O Seminário, livro 2, O eu na teoria de Freud e na técnica da psicanálise*. Rio de Janeiro: Jorge Zahar, 1987.

_____. Subversão do sujeito e a dialética do desejo no inconsciente freudiano. 1960. In_____: *Escritos*. Rio de Janeiro: Jorge Zahar, 1998.

_____. *Outros Escritos*. Rio de Janeiro: Jorge Zahar, 2003.

TARDITS, Annie. *As formações do analista*. Rio de Janeiro: Cia. de Freud, 2011.

VESCOVI, Renata. *Formação do analista*: considerações sobre o ensino e a transmissão da psicanálise (Escola Lacaniana de Psicanálise de Vitória, inédito).

Ato psicanalítico: quem autoriza?[1]

Cristina Maria Chequer Soares Gomes[2]

Resumo:
Ao propor a não-assinatura dos textos quando da publicação de uma revista em sua Escola, Lacan provoca um profundo incômodo, e inclusive define tal procedimento como um princípio na formação do psicanalista. Que articulação podemos fazer entre esta ideia da não-assinatura e o psicanalista? Seria uma outra maneira de reafirmar o que ele propõe como destituição subjetiva? Aquilo que se experimenta como efeito de uma psicanálise? Sabemos que o psicanalista surge deste efeito, sem autorização de nenhum outro. A autorização ao ato psicanalítico não se refere a sujeito algum, pois está referida ao real, ao campo do inominável, nunca podemos ter a sua função reduzida a um nome próprio. O psicanalista sustenta aquilo que, na estrutura do falante, é falta, ausência, o não saber radical que nos constitui. É desse lugar – do real – que o ato psicanalítico tem sua sustentação e autoria.

Palavras-chave: Ato analítico. Autoria. Destituição subjetiva.

No mesmo ano em que realiza o seminário *O Ato Psicanalítico*, Lacan propõe uma novidade no modo em estabelecer a produção de textos em sua

---

1 Trabalho apresentado no 1º Colóquio "Dispositivos na Psicanálise", em 14 e 15 de maio de 2011.

2 Psicanalista, membro da Escola Lacaniana de Psicanálise de Vitória. cristinamsgomes@hotmail.com

Escola. Esta proposta tem como pilar fundamental a publicação de uma revista na qual os artigos não seriam assinados, fato que causou bastante "ruído", principalmente entre os psicanalistas. Nas palavras de Lacan, "aqueles que deveriam ter as orelhas mais antenadas", mas não conseguiram alcançar o que seria o questionamento desse fato. A polêmica foi grande. Ele recebe várias correspondências e indagações apontando para o risco de utilizar os colaboradores como "empregados". Mais tarde, Lacan fará todo um desenvolvimento sobre a ideia do psicanalista ser um trabalhador decidido.

Que articulação podemos fazer entre a não-assinatura e o analista? Ou melhor: seria também mais uma maneira de reafirmar o que ele propõe como destituição subjetiva? Aquilo que se experimenta como efeito, resultado de uma psicanálise?

Para melhor delimitar este campo, pretendo investigar acerca dos fundamentos estruturais em que se apoia esta ideia – aliás, nomeada por Lacan como um princípio. Esse princípio será, então, desenvolvido a partir da indagação promovida pelo ato psicanalítico, sobre a natureza do sujeito surgido através deste ato (que tipo de sujeito resulta do ato psicanalítico?) e também sobre a autoria do ato (Há um autor no ato psicanalítico? Quem o autoriza?).

Bem, essas questões não são passíveis de respostas óbvias. É preciso trilhar um caminho que possa produzir algum esclarecimento sobre esse ponto tão obscuro e ao mesmo tempo tão fundamental na formação do analista. É necessário levar em conta o seguinte paradoxo: o ato psicanalítico só é definível pela realização da psicanálise ao mesmo tempo em que a psicanálise se instaura pelo ato do psicanalista. Há uma sutileza entre o que é o ato do psicanalista e o ato da psicanálise – não há um sem o outro. Aquele que institui por seu ato uma experiência não é dono dele. Esse ato não lhe pertence. O analista é apenas o seu suporte, condição necessária para realização de "uma" análise, sempre singular – "cada caso é um caso", nunca antes sabido pelo analista. O ato do psicanalista institui para o psicanalisando uma tarefa, que consiste em pôr em dúvida suas certezas e o seu sofrimento. Trabalho realizado em torno do seu sintoma, em direção à sua causa, ou melhor, à verdade velada pelo gozo masoquista. Este velamento acontece pela produção de imagens que sustentam a ideia de ser amado, custe o que custar. Mesmo que esse preço corresponda à loucura em se ofertar ao sacrifício para ter como recompensa a suposição de ser amado pelo outro, posição essencialmente masoquista, presente em toda e qualquer neurose. Nessa posição, o sujeito mantém encoberta sua falta, sua verdadeira condição.

Ora, ser falante é essencialmente ser faltante. Isso nos torna humanos, e, sobretudo, nos faz desejar. Ofertar-se ao Outro, na condição de objeto, na suposição de "saber" o que ao Outro falta, é uma posição que introduz o candidato a sujeito num campo inicial de acesso à estrutura do falante – uma alienação necessária, porque não se tem outro modo de articular o enigma. A ignorância das razões que nos constituíram inicialmente como objeto na relação com o Outro, a partir dos restos de seu gozo, nos inaugura e funda em nós uma hiância. Essa hiância nos impossibilita de ter acesso de forma direta ao ponto real de origem. Tenta-se burlar essa impossibilidade de acesso por meio de variados artifícios, implicando sofrimento e dor, campo do masoquismo – gozo.

No campo de pura indefinição, onde se situa a *arché* do sujeito – seu ponto inaugural, entre o não-pensar e o não-ser – uma escolha "forçada" é realizada. Ao se lançar ao não-pensar, um ser se constitui, uma imagem encobridora sustenta essa operação de risco. Apoia, ao mesmo tempo, a cobertura do real, da falta, mas também possibilita articular o campo da linguagem, em sua particularidade, em forma discursiva. É preciso lembrar que discurso é modo singular de articular aquilo que está para todos: a linguagem.

A psicanálise vai na contramão dessa condição alienada do falante. Propõe um outro modo de o sujeito se articular com sua estrutura, ao realizar em sua tarefa perdas que indicam o caminho de sua verdade. Perdas de imagens, de certezas que nos levam na direção do não-saber. Uma troca é realizada: no lugar de se oferecer ao que "falta para o outro", o enigma é a resposta. Sabe-se que o que falta "não se sabe". Uma psicanálise produz isso: saber que falta, não o que falta – até porque, sendo o ponto real, é algo inacessível. Colocar a estrutura em movimento é produzir saber sobre a relação primitiva com o Outro, e essa relação tem como condição essencial a ignorância acerca de sua razão de existir junto ao Outro. A impossibilidade de acesso ao saber originário nos coloca em busca de vestígios que indiquem ou ofereçam pistas sobre o nosso inconsciente. Por um constante processo de indagação, desatado pelo ato psicanalítico, temos acesso a migalhas do nosso enigma. Ele se produz em pedaços, sempre não-todo.

Análise leva o sujeito ao encontro de sua verdadeira condição, "essa falta que, desde sempre, se define como essência do homem e que se chama o desejo, mas que, ao fim de uma análise, se traduz por essa coisa não somente formulada, mas encarnada, que se chama castração" (LACAN, 1967-68, p.83). Em uma análise, de um lado o psicanalista e seu ato, do outro, o psicanalisando, com sua tarefa, com seu trabalho e produção. Parceiros na introdução aos ensinamentos que o inconsciente realiza. Ao mesmo tempo, separados pelo campo da particularidade.

O ato da psicanálise conduz o sujeito que realiza essa tarefa a tomar o lugar daquele que sustentou a possibilidade de uma experiência. Ele toma para si essa posição, o lugar até então ocupado pelo analista. Ao final de uma experiência, o analisando destitui o analista de seu lugar, tornando-se ele mesmo o analista de sua própria experiência. Surge, então, um novo psicanalista. Aliás, o ato da psicanálise visa, sempre, à produção de um novo analista.

A pergunta principal aqui é: que tipo de sujeito resulta do ato da psicanálise? A resposta não é simples, porque nesse momento há uma inversão do que, até então, numa neurose, funciona como sujeito e objeto. O ato da psicanálise, aquele que faz funcionar a passagem de psicanalisando à psicanalista, produz uma subversão do sujeito e do objeto. O primeiro, até então funcionando somente pelo modo de ser representado entre dois significantes, e o segundo, produzindo um tampão na estrutura, dificultando a articulação do sujeito, inclusive com seus representantes. Essas funções serão subvertidas por uma psicanálise: o objeto, ao ser liberado, intervirá de modo ativo, causando sujeito. Essa passagem revela o que deste sempre estava na origem da estrutura do falante, na sua *arché*. Mas a possibilidade de se ter acesso ao campo simbólico, ao campo do Outro, só se efetua pelo encobrimento dessa escrita estrutural. Também a psicanálise reedita o encobrimento, via sujeito suposto saber, condição necessária para pôr em funcionamento a estrutura do inconsciente. Aliena-se, aqui, também a um suposto analista.

De novo a pergunta: que sujeito é esse que surge como efeito do ATO? Qual sua natureza? Ele é marcado por uma hiância definida pela forma da castração, que introduz a particularidade dessa fenda. O final de uma análise é marcado pela escrita dessa falta, o que possibilita ao sujeito uma certa liberdade com sua estrutura. A poesia permite ao poeta, mesmo sem saber, usando a seu modo as palavras, as letras, produzir um sentido novo, uma subversão. Apesar de não ter como visada última uma sublimação, a psicanálise aprende com os poetas a arte de revirar sentidos.

Há sempre uma separação em jogo num trabalho de análise. Aliás, esse trabalho é sempre de um luto. As perdas efetuadas, as feridas abertas são o verdadeiro material de uma análise. Mas há um ganho também: a liberdade é sempre bem-vinda na nossa prática, referindo-se, principalmente, a estar um pouco mais em sintonia com o desejo, um pouco mais livre do engano, onde sempre somos tomados "por um outro". A psicanálise, por realizar uma série de operações, uma delas chamada separação, que, na matemática, corresponde à operação de disjunção, impossibilita, por essa lógica, a conjugação entre o sujeito e o Outro – nos separamos um pouco do Outro.

É bom lembrar que não se trata de eliminação, mas de separação, sempre parcial, não toda, mas que produz um estancamento do engano. Engano que é sede de sofrimentos e de proliferação de idealizações e frustrações de toda ordem, na medida em que a crença se realiza por uma espera de recompensa à posição de sacrifício, mas cujo resultado é sempre "o pior".

A separação produz uma referência à origem, indica ao sujeito qual a via do seu desejo, assim como fez Sócrates ao indicar para Alcebíades seu verdadeiro destinatário: Agatão. Podemos dizer que a disjunção produz tanto uma referência universal, cuja lógica estabelece o objeto causando sujeito, como a escrita particularizada dessa referência: aquilo que funciona como sua própria castração.

Será que o campo do humano é totalmente abordado pela castração? Quais os limites de uma psicanálise? Quando Lacan define a análise como finita, faz referência à matemática, ao conjunto finito, aquele que poderá ser tratado por meios verificáveis; ao mesmo tempo inaugura também um conjunto que não o é, aquilo que fica fora do campo delimitado pela finitude. A realização da psicanálise tem seus limites em impasses localizados num campo que se chama GOZO.

O fim de uma análise produz uma certa "realização da operação verdade". É preciso destacar um campo. Não toda verdade é alcançada. Há sempre algo a se dizer – e a escrever. Algo inalcançável, mas que nos move. Por mais longe que possa ir numa experiência psicanalítica, não se pode colocar os "pingos nos i(s) em um certo número de coisas" (LACAN, 1967-68, p.156). Como disse Lacan, é preciso saber o que opera e o que não se opera numa análise. Que campo é esse não operado pela psicanálise? Será o que ele chama de gozo feminino? Aquele guardado, pouco revelado, em que temos notícias por alguns místicos, escritores? É possível abordar esse campo?

A histérica não se cura de sua histeria, afirmação paradoxal de Lacan (1967-68, p.158): "Ela se cura de tudo, menos de sua histeria". Ela não pode calar a pergunta: "O que quer uma mulher?". Ela continua sendo a presença viva da verdade. Diz, com sua insatisfação, que o significante não aborda todo o real – que o pai é falho ou que o falo é precário, que algo lhe escapa. Mas, ao se tentar abordá-lo, há sempre a produção de restos desse real. A psicanálise visa exatamente a localizar esses restos, para que eles possam funcionar de outro modo. Não mais como restos de gozo, e sim como causa do sujeito. Ou seja, aquilo que falta ao sujeito é a sua causa. Localizar esses restos como causa é barrar qualquer possibilidade de idealização. Saber fazer com esse resto é o grande desafio de um analista. Reafirmar a falta e, com ela, reescrever com seu enigma.

Pode o escrito funcionar para essa lógica? No *Seminário 20*, Lacan (1988, p.41) indica o escrito como distinto do significante: "Ele não é de modo algum da mesma cepa que o significante. Ele parte do fato de que será para sempre impossível escrever a relação sexual". O escrito é, assim, uma suplência à ausência da dita relação sexual – o é tanto como o amor. Poderá o escrito funcionar nessa estrutura, em que até então reinara o amor?

A função do escrito – aquela que permite abordar o real – equivale a um saber-fazer com o objeto, tornando-o ativo, aquele que marca na estrutura a falta de um significante no campo do Outro, o que impossibilita ao sujeito uma resposta definitiva sobre a sua condição. Esse saber-fazer torna esse objeto atuante, causa de sujeito; este sempre dividido. É preciso, no entanto, diferenciar a função do escrito do ato de escrever. Este ato de produzir um texto, um livro, não é da mesma ordem do escrito como função.

As publicações numa Escola de Psicanálise, a insistência dos analistas no percurso de suas formações (que estão sempre inacabadas), o trabalho constante, insistente em escrever suas articulações, relatar suas pesquisas, podemos dizer que correspondem na lógica à categoria do necessário: o que não cessa de não se escrever na formação de todo analista. A publicação é a insistência com o trabalho de elaboração. Fazer circular as produções e assim talvez contaminar outros pelo trabalho. Mas o escrito como função, aquilo que atinge a psicanálise em seu campo, vai além. Visa, na estrutura, àquilo que resiste à abordagem significante, ao que se articula por meio das palavras. Refere-se ao que não se pode dizer, por articular-se ao inominável, na lacuna das palavras.

No dispositivo do passe, será a produção do júri o verdadeiro escrito? Esse fazer com o material que foi transmitido pode fazer avançar a psicanálise, sua doutrina, todo o seu campo de saber. O dispositivo do passe é necessário, uma vez que aquele sujeito que experimenta toda a particularidade de sua relação com a psicanálise – o passante – talvez não esteja em condições de produzir e recolher, simultaneamente, os seus restos de saber, que numa análise são produzidos – outros recolhem. Por isso a importância de uma escola para o psicanalista.

O analista não se produz apenas dele mesmo. É preciso outros que serão testemunhas e ao mesmo tempo contaminados pela "praga" da psicanálise – dessa louca experiência com o inconsciente. Esse fato nos faz voltar à questão da não-assinatura do nome próprio, proposta por Lacan, no lançamento da revista *Silecet*.

De pronto, vale registrar o interesse provocado em Lacan pela conferência *O que é um autor*, proferida por Michel Foucault na mesma época. Foucault (1968) registra o incômodo no campo da literatura com o chamado "anonimato", diferente das matemáticas, em que a referência ao autor pouco importa. Às vezes, os matemáticos dão apenas o nome aos teoremas ou conjuntos. A propriedade que o nome próprio carrega não se faz necessária: "Podemos imaginar uma cultura em que os discursos circulassem e fossem recebidos sem que o nome próprio jamais aparecesse. Deixaríamos de ouvir as questões: quem é que falou realmente? Foi ele ou outro? Passaríamos a ouvir: quais os modos de existência deste discurso?" (p.69).

Foucault (1968) vai também diferenciar o nome próprio e o nome de autor. O primeiro está ligado a uma descrição e propriedade do indivíduo. Já o segundo é simplesmente um elemento de um discurso, servindo para indicar apenas este elemento do discurso: "O nome de autor não transita como o nome próprio, do interior de um discurso para o indivíduo. Ele bordeia os textos, recortando-os, delimitando-os" (p.70). Parece que o nome de autor faz menção ao estilo, algo que se destaca de um sujeito.

Penso que esta questão da não-assinatura se articula à ideia do passe proposto por Lacan. O próprio dispositivo do passe tem esta função: delimitar qual o público participante do processo, mantendo o passante num certo anonimato. Trata-se, a meu ver, de um caráter de princípio no dispositivo do passe, algo que visa a barrar, limitar o efeito de publicidade. Exposição, por exemplo, alcançada na sublimação, quando são produzidos objetos socialmente valorizados, retornando ao sujeito um ganho ou um gozo. Se a sublimação, ao produzir o contorno de um vazio, realiza uma perda narcísica, perda necessária em todo modo de criação, ela traz também uma recuperação dessa perda. Por isso, ao final de uma análise, Lacan propõe ultrapassar a ideia de criação. O passe tem essa visada de barrar a recuperação daquilo que se perdeu, tentativa de afirmar o irrecuperável.

A não-assinatura do texto indica mais uma vez uma reafirmação dos efeitos que leva uma psicanálise: a destituição subjetiva. Nada poderá destituir tanto quanto emprestar o seu texto sem ter a sua posse. A autorização ao ato psicanalítico não se refere a sujeito algum. Pelo contrário, está referida ao real, ao campo do inominável, nunca podendo ter a sua função reduzida a um nome próprio. O psicanalista, aquele que é suporte do ato, sustenta aquilo que na estrutura é ausência, falta. Faz falar, faz produzir um saber que não se sabia até então, mas que desde sempre frequentou a estrutura: saber no real. A análise permite um pouco de acesso a esse saber. Pouco, pois algo desse saber continua e continuará sem sujeito – osso ao qual o humano está para sempre destinado. Ao mesmo tempo é deste lugar – do real – que o Ato Psicanalítico tem sua sustentação e autoria.

Referências bibliográficas

FOUCAULT, Michel. *O que é um autor*. Lisboa: Passagens, 1968.

LACAN, Jacques. *O Seminário, livro 20, Mais, Ainda*. Rio de Janeiro: Jorge Zahar, 1988.

_____. *O Seminário, livro 15, O ato psicanalítico*. 1967/68. Inédito.

Restos de um cartel[1]

Hernani Costa Junior[2]

Resumo:
O Ato Psicanalítico é a invenção de Jacques Lacan para responder à recusa feita pelos membros da Escola Freudiana de Paris à Proposição de 09 de outubro de 1967, *Sobre o Psicanalista da Escola*. Observamos a divisão de tempo, numa dimensão lógica, entre a Tarefa e O Ato Psicanalítico, em que o acontecimento do segundo depende radicalmente da finalização do primeiro. A função sujeito-suposto-saber é, na operação da tarefa, colocada em cena como o seu sustentáculo. A queda da citada função torna-se marca no final da tarefa, o que implicará (ou não) o salto, a passagem de analisando a analista. A interrogação a propósito dessa passagem é uma prerrogativa da Escola e estará entregue ao Dispositivo do Passe, outra intervenção de Lacan, dessa vez com o propósito de saber o que faz com que alguém queira ocupar o lugar de *a*, posto que de dejeto, para um outro.

Palavras-chave: Ato Psicanalítico. Tarefa. Função Sujeito-Suposto-Saber. Passe.

Dedico este texto a Cristina Gomes, Claudia Pretti e Vanda Figueiredo, que comigo estiveram na composição do cartel do Ato Psicanalítico, provando ser possível suportar o insuportável.

---

1 Trabalho apresentado no 1º Colóquio "Dispositivos na Psicanálise", em 14 e 15 de maio de 2011.

2 Psicanalista membro da Escola Lacaniana de Psicanálise de Vitória. hecjr@terra.com.br

Dedico também aos poucos da Escola que nos acolheram quebrando o silêncio e possibilitando uma interlocução. Dedico, mais ainda, àqueles que não nos ignoraram, mas nos recusaram, e com isso nos fizeram ir mais além; que deram luz para entender o que é de fato o bom rival de Lacan. O bom rival não é aquele que está sempre em sintonia com você, é aquele que, esteja onde estiver, estará sempre numa posição que te levará a insistir em produzir. No entanto isso tem uma relação direta com o desejo de cada um.

Um processo de subjetivação implica necessariamente que haja a suposição da existência de uma história que se inscreve com uma questão: o que o Outro quer de mim? É num só-depois de um percurso, o percurso de uma análise, que a escrita de uma história se legitima enquanto a própria escrita de um vazio.

Freud (1975), em seu texto *Construções em Análise*, faz uma analogia entre o trabalho do analista e o do arqueólogo. Ele diz o seguinte:

> Seu trabalho de construção, ou, se preferir, de reconstrução, assemelha-se muito à escavação, feita por um arqueólogo, de uma morada que foi destruída e soterrada, ou de algum antigo edifício. Os dois processos são de fato idênticos, exceto pelo fato de que o analista trabalha em melhores condições e tem mais material à sua disposição para ajudá-lo, já que aquilo que está tratando não é algo destruído, mas algo vivo [...] (p. 293).

Seguindo os passos de Freud, podemos insistir em afirmar que o arqueólogo, ao recolher os restos de uma civilização, pode, na reunião destes, num só-depois, dizer daquela uma história. O que sabe um arqueólogo? Ele sabe que as ferramentas que porta são eficientes e necessárias ao trabalho de remontagem da história, o que não quer dizer que sejam suficientes. Ele terá de levar em conta alguns acidentes de percurso: o tempo, o vento, as pragas, consentimento para escavação e os enganos na pesquisa do material. É diferente da tarefa analítica ou não? Na tarefa ter-se-á sempre obstáculos.

O que dizer da afirmação: *com a morte se escreve a vida de uma civilização*? É evidente que, apesar das semelhanças, poder-se-á ter comparações pelas diferenças. O arqueólogo é o vivo que, no manuseio dos restos mortais, pode reescrever uma história. E o analista? O analista é aquele que se empresta morto, posto que não atende as demandas, para que através do manejo transferencial algo possa, no vivo, ser registrado, enquanto aquilo, para sempre perdido, ou seja, que algo, num vivo, se inscreva como sempre irrecuperável. Se o arqueólogo, enfrentando as intempéries, se arma com o seu pincelzinho, o analista, por sua vez, se travestirá de quaisquer que sejam as vestes que o seu parceiro, no sentido impar do *setting* analítico, lhe dará.

A subjetividade é fruto de uma fantasia, que serve de suporte, alicerce, base estrutural da relação do sujeito ao Outro. Há indivíduos que nascem, vivem uma vida longa e morrem desconhecendo tal fato, a despeito mesmo de que sua existência tenha dependido disso.

Uma psicanálise é o processo, é o meio, é a tarefa por meio da qual um sujeito construirá uma ficção que dará sentido a esse des-conhecido. É ainda nessa mesma tarefa que esse sujeito fará a sua própria destituição; destituição de sua sujeição ao Outro.

Muitas vezes alguns sujeitos, estando ou não em análise, buscam meios que os levam ao desarranjo dessa fantasia de base e, nesse desarranjo, acionam o real, seja com os *actings* ou com as passagens ao ato. Numa psicanálise não se está imune a essas formações de objeto, no entanto o trabalho de elaboração dará ao sujeito um certo ancoramento. Com as migalhas de saber, poder-se-á fazer alguma coisa e ter um mínimo de segurança, evidentemente que não-toda.

Se o sujeito é sujeito no sentido de assujeitamento da *arché* que o funda, no sentido daquilo que o funda em sua estrutura, não lhe possibilitando alternativas, exceto o da escolha forçada que o encaminha a um movimento de alienação ao Outro, o máximo que ele pode, na realização da Tarefa, é subverter a sua posição de origem de submissão ao Outro.

O seminário *O Ato Psicanalítico* é a consequência enquanto o sucesso de um fracasso. Foi a partir da recusa da Proposição de 09 de outubro de 1967 pelos membros da Escola Freudiana de Paris que Lacan insistiu numa mostração de um fazer que viabiliza um acesso, não-todo e um a um, a um saber que não se sabe a propósito do que causa um analista. A sua questão originária era: *o que faz com que alguém queira ocupar o lugar de* a, *posto que de dejeto, para um outro?*

Lacan diz que há um fazer na Psicanálise, e que ele, esse fazer, não é sem consequência, mas nos lembra de que isso, a poesia, também faz. Esclarece-nos que o que faz a Psicanálise não é no plano, no nível, no sentido da poesia, não é no sentido do ato poético. A função do ato, no nível da Psicanálise, se expressa por um fazer que implica profundamente o sujeito.

Há uma importância fundamental ao sentido dado à palavra Ato, que é de um franqueamento. No *Houaiss* encontrei algumas designações para o verbo franquear, entre as quais destaco: "tornar franco", "livre" e "liberar". Pergunto: um DIZER?

Como se dá, na experiência da Psicanálise, a própria experiência do Dizer? Outros meios não há, senão pelo viés da Tarefa e do Ato, lembrando que a entrada no primeiro é uma consequência do segundo, e este é aquele que possibilita toda espécie de franqueamento da entrada, da saída e da passagem.

Encontramos o ato na entrada de uma psicanálise, e porque já aí há um franqueamento podemos supor em jogo uma ação. A ação no Ato Psicanalítico não é da mesma ordem da ação do ato motor. O que se recolhe da ação motora é sempre o esperado. A ação própria do ato psicanalítico é aquela que tem em si a consequência de fazer vir à tona a surpresa do novo.

A tarefa implica necessariamente a ocupação de dois lugares: o lugar do analisando e o lugar do analista. É um jogo onde cada um, analisando e analista, deverá desempenhar sua função. Enquanto um, o analisando, se deixará tomar pela regra da associação livre, o outro, o analista, estará disponível enquanto suporte do semblante projetado pelo analisando. O que quero apontar com a questão da projeção é que o analista não pode ser suporte de um semblante pré-concebido, preestabelecido, mas que, se ele, o analista, quer de fato ocupar esse lugar de dejeto, que seja com dignidade, sem acreditar que possui um saber. Deverá ter apenas a fé de que o desempenho de sua função levará o outro a crer que é ele (o analista) quem sabe, e é ainda a fé nessa função que fará desembocar num mais além, deixando evidente que o encontro com a verdade não seria possível se não fosse pelo caminho de uma ilusão.

Aqui não devemos confundir saber fazer (*savoir-fair*) com saber que sabe. O máximo que o analista pode é saber que não sabe. É justo isso que vai fazer o jogo acontecer através da transferência enquanto a atualização da realidade inconsciente. A transferência, como já sabemos, está em toda parte, mas, como aponta Lacan, o que faz toda a diferença na experiência da psicanalise é o seu manejo com o artifício do sujeito-suposto-saber. Se não fosse assim, a transferência seria pura baboseira.

No Seminário 16, Lacan (2008c, p. 337) afirma que "A transferência se define pela relação com o sujeito-suposto-saber, na medida em que ele é estrutural e ligado ao lugar do Outro como lugar em que o saber se articula, ilusoriamente, como Um". O sujeito-suposto-saber é um ponto originário, situa-se na *arché* do mapa estrutural do sujeito. É porque há esse ponto na origem, lá onde se situa o ou-ou da repetição, que uma alienação se constituirá como consequência mesma da escolha forçada, no vértice oposto acima e à esquerda do quadrângulo lógico.

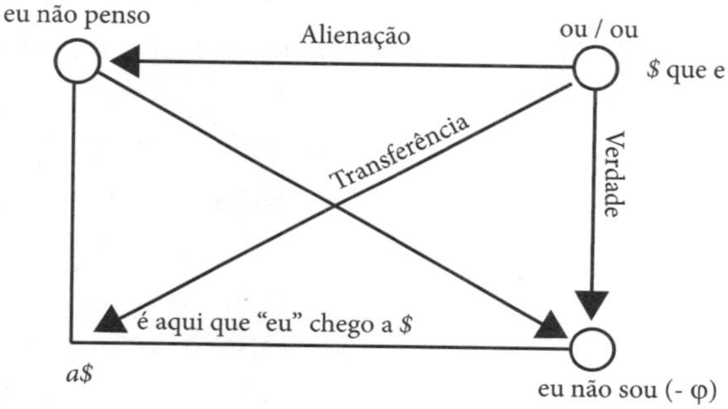

½ Grupo de Klein.

(LACAN. 2008b. p. 91)

Nas voltas de suas demandas frustradas, posto que o analista não lhe responde, torna-se possível a construção e desconstrução de sua própria ficção.

Lacan (1975, p. 129) observa, no Seminário XX, que "o analista, com efeito, de todas as ordens de discursos que se sustentam atualmente, é aquele que, ao pôr o objeto *a* no lugar do semblante, está na posição mais conveniente para fazer o que é justo fazer, a saber, interrogar como saber o que é da verdade".

Em setembro de 1953, Lacan profere o seu famoso Discurso de Roma para introduzir o relatório por ele intitulado de *Função e Campo da Fala e da Linguagem em Psicanálise*. Em 1967, faz alguns apontamentos ao Discurso de 1953 a partir de um texto contemporâneo ao Seminário XV: *A Psicanálise. Razão de um Fracasso!* De forma mais incisiva, nesse texto ele afirma que o instrumento de uma prática, da tarefa analítica é a fala, com a qual se pode, no Campo da Linguagem, renovar o estatuto do inconsciente. Se situarmos o lugar do Outro no Campo da Linguagem, podemos suspeitar que é através da finalização da tarefa, que teve por instrumento a fala, que tornou-se possível fazer uma ranhura, um risco no Outro, o que é bem diferente de sua eliminação. Eliminar a dimensão das demandas não equivale à eliminação da dimensão do Outro. O Outro existe e continuará a existir. O que há é que se sabe agora de uma insuficiência de que o outro é faltoso, barrado, inapto, portanto a certeza de um atendimento a um pedido.

É numa função que ele, o Outro, é colocado em cena e, por meio dela, poderá ser riscado. É a partir mesmo da queda da função sujeito-suposto-saber que implicará o risco no Outro.

Até aqui venho tratando daquilo que se passa no que Lacan nomeia, nesse Seminário XV, de tarefa analítica. Ainda pela via da Associação Livre, vou desenvolver algumas questões a propósito do Ato Psicanalítico. Lacan nos leva a pensar que o verdadeiro Ato é aquele propulsor de uma passagem que não é qualquer – é a passagem de analisando a analista. Para desenvolver algumas questões a respeito dessa passagem, é necessário que se retome a questão da função sujeito-suposto-saber, sem o qual jamais haveria passagem.

Há dias em que olhamos para o céu e vemos um arco-íris. Sabemos que aquela imagem é real, tem uma existência, mas, se formos ao seu encontro, jamais iremos tocá-lo. Então toda e qualquer consistência que dermos ao arco-íris é mera projeção de nossas fantasias; as crendices populares falam bem disso.

Que mistério há no sujeito-suposto-saber? O fato de que aquele que fez a passagem saber qual será o seu destino, a queda, não o faz recuar em tomar para si o bastão daquele que até então foi seu guia. Sabendo que estará fadado ao mesmo fim, ele insiste. O mistério se desvela num ato de fé, a fé de que com esse, e só com esse artifício, é possível fazer funcionar a tarefa, e com o seu fim a realização de um ato. Nesse sentido, aquele que põe fé, que aposta na função sujeito-suposto-saber, tem o mérito de ser um garante da psicanálise, uma vez que de outra forma jamais se produzirá um analista.

Quando Lacan propõe uma formação que possa produzir um analista, o faz criando artifícios que se iniciam com a transferência incluindo o sujeito-suposto-saber, não sem lembrar que a queda dessa função é o que vai marcar o fim da tarefa. O sujeito-suposto-saber é isso, é o arco-íris, que supomos poder tocá-lo, mas, depois, descobrimos que onde ele parecia estar era justamente onde não estava. O analista, no desempenho de sua função, está na posição daquele que não sabe, no entanto tem de possibilitar o engano de que é aquele que sabe. Isso não quer dizer que ele seja tomado enquanto aquele que ignora. O não saber nada tem a ver com a ignorância.

O artigo de Freud, *Análise Terminável e Interminável*, de 1937, provavelmente deve ter inspirado Lacan a questionar a propósito da psicanálise como profissão, bem como da constante pergunta do que é o seu final. Nesse artigo Freud já propõe que o fim da análise é o fim do encontro entre paciente e analista. O próprio Freud admite, reafirmando um dos seus impossíveis, que a conclusão da análise não implica um todo saber.

Com Lacan encontramos a sua insistência em, aproveitando-se do impossível, inventar o incurável. Tanto na Proposição quanto no Seminário XV observamos que é contingencial a passagem da tarefa ao incurável.

Na lição 9, do Seminário XV, Lacan afirma: "[...] o ato define por seu corte o que diz respeito à passagem onde se instaura, onde se institui o psicanalista" (p. 133). No momento em que se deu a destituição subjetiva e o deixar-se cair do analista, não há, nesse instante, a possibilidade de um dizer na passagem. Como é possível dizer do ato, no momento mesmo do seu acontecimento, *se o que está em jogo nesse ato é a destituição do próprio sujeito que o instaura?* Esse momento é como a relação entre o relâmpago e o trovão. Não há como se ter, a um só tempo, luz e som. Na passagem de analisando a analista há que se fazer luz, pelo ato, para num só-depois escutar, da psicanálise (o júri), o barulho do ato. Penso que um analista só se torna autor (no sentido de uma autenticação) do seu ato num só-depois, uma vez que a autoria do ato da passagem no acontecimento esteve entregue à autenticação do corte do próprio ato.

Quando Lacan, em 09 de outubro de 1967, propôs o Dispositivo do Passe, foi no sentido de criar um artifício que viabilizasse, através de uma interrogação lógica, uma resposta à sua pergunta: por que alguém vai querer ocupar um lugar de dejeto para um outro? Ele sabia que, na passagem de analisando a analista, esse esclarecimento não seria possível. É a partir dessa impossibilidade da própria estrutura do ato que ele propõe o dispositivo. Trata-se de um artifício fora da tarefa; fora, portanto, da transferência analítica. Lembram da citação de Lacan no Seminário XV "[...] que haja uma espécie de cobertura estentida que não deixe ver que é um salto. Ainda é o melhor caso, apesar de tudo é melhor do que colocar uma pequena passarela bem segura, bem cômoda, porque então não haverá salto algum" (2008b, p. 148)? É possível que ele tenha pensado que num só-depois poder-se-ia dissipar a sombra espessa que escondia o agente propulsor do salto. Desejo? E para que querer disso saber? A quem interessa? Interessa ao analista, que mordido pelo não-saber, insiste em Dizer; à Escola e à Psicanálise que levando à sério a recomendação de Freud, toma para si os significantes do analista e transforma-os virulentamente em praga.

O dispositivo do Passe é essa interrogação lógica que tem a estrutura do chiste em seu funcionamento. Tanto em um quanto no outro a notícia do novo é confirmada pelo Outro. Em um, a Escola, com o júri; no outro, o riso.

Referências bibliográficas

FREUD, Sigmund. *Análise terminável e interminável.* Rio de Janeiro: Imago, 1975. (Obras Completas, v. 23). Originalmente publicado em 1937.

______. *Construções em análise.* Rio de Janeiro, Imago, 1975. (Obras Completas, v. 23). Originalmente publicado em 1937.

LACAN, Jacques. Função e campo da fala e da linguagem em Psicanálise. In: *Escritos.* Rio de Janeiro: Zahar, 1998.

_____. Proposição de 9 de outubro de 1967: sobre o Psicanalista da Escola. In: *Outros Escritos.* Rio de Janeiro: Zahar, 2003.

_____. A Psicanálise: razão de um fracasso. In: *Outros Escritos.* Rio de Janeiro: Zahar, 2003.

_____. *O Seminário, livro 14, A Lógica do Fantasma.* Publicação Interna do Centro de Estudos Psicanalíticos do Recife, 2008a.

_____. *O Seminário, livro 15, O Ato Psicanalítico.* 1967/68. Publicação Interna do Centro de Estudos Psicanalíticos do Recife, 2008b.

_____. *O Seminário, livro 16, De um Outro ao outro.* Rio de Janeiro: Zahar, 2008c.

_____. *O Seminário, livro 20, Mais ainda.* Rio de Janeiro: Zahar, 1975.

RABINOVICH, Diana. *O desejo do psicanalista.* Rio de Janeiro: Companhia de Freud, 2000.

Do agir ao ato psicanalítico[1]

Teresa Palazzo Nazar[2]

Resumo:
O artigo aborda a constituição subjetiva do sujeito, o percurso de uma análise com os efeitos dessa constituição, a interpretação psicanalítica com a possibilidade, ao final da análise, da sublimação e invenção de uma nova posição para o sujeito daí resultante.

Palavras-chave: Ato. Fantasia. Sublimação. Invenção.

1. Um primeiro tempo...

> *A toupeira é inconsciente, mas ela escava a terra numa direção determinada. Ela tem seus sonhos de toupeira, mas eles expressam apenas um pressentimento confuso do céu e do sol; não são os sonhos que decidem o sentido da marcha, mas os movimentos das patas e do focinho que incansavelmente revolvem a terra. A toupeira só será trágica se for enterrada viva antes de reaparecer à superfície da terra [...]. A toupeira escava a terra, mas nunca*

1 Trabalho apresentado no 1º Colóquio "Dispositivos na Psicanálise", em 14 e 15 de maio de 2011.

2 Médica, Psicanalista, Membro Fundador da ELP-RJ, Membro da École Lettre Lacanienne. teresapalazzonazar@gmail.com.

> *chegará à superfície. Interminavelmente nascem novas gerações de toupeiras; elas escavam a terra em todas as direções e a terra sempre as mantém enterradas. A toupeira tem seus sonhos. Por muito tempo teve a ilusão de ser o mestre da criação, de que a terra, o céu e as estrelas haviam sido criados para ela, de que existia um deus das toupeiras que as havia criado e lhes prometido a imortalidade. Mas de repente a toupeira compreende que é apenas uma toupeira, que não é para ela que a terra, o céu e as estrelas foram criados. Ela sofre, sente e pensa, mas seus sentimentos, sofrimentos e pensamentos são incapazes de mudar seu destino de toupeira. Ela continuará a escavar a terra, e a terra continuará a sepultá-la. É então que a toupeira compreende que é uma toupeira trágica.*
>
> JAN KOTT, em *Shakespeare, nosso contemporâneo.*

O inconsciente é movimento constante. Essa afirmação não deixa dúvidas quanto ao fato de que só podemos alcançar o que isso quer dizer se aceitarmos que, mesmo antes de alguém mostrar que está a ele assujeitado pelos vacilos da fala, a aposta foi lançada.

Se o inconsciente é "ativado" desde antes do nascimento do sujeito, é porque ele está a serviço de um desejo cuja ação estabelece o laço entre aquele que ainda não é e seu Outro.

Freud partiu da teoria da *ação específica*, passou pela teoria da ação até chegar ao agir (*agieren*) para explicar o que poderia dar sustentação ao que chamou de "instauração do aparelho psíquico" (FREUD, 1893), marcando um agir estrutural.

O êxito da operação que dá lugar, simultaneamente, à inscrição psíquica e ao encontro do real, experiências vividas precocemente pelo bebê, convoca um terceiro termo: o Outro, o qual deve ser entendido como aquele que permite que a ação específica se efetue por meios determinados, mediando a necessidade e o agir:

> O organismo humano, em seus estádios precoces, é incapaz de provocar essa ação específica que só pode ser realizada com uma ajuda exterior e no momento em que "a atenção de uma pessoa atenta se volta para o estado da criança",

pois que "já alertada" pelo fato de "uma descarga que se produz no caminho aberto pelas mudanças internas" (ASSOUN, 1996, p. 201).

Estas mudanças fazem com que, por exemplo, um bebê chore e seja prontamente atendido pelo Outro materno, com uma resposta que torne inesquecível a experiência de satisfação, e que faz com que o bebê busque retornar ao seu agir... reflexo!

Freud (1893) foi sensível a essa observação dizendo que o homem, em sua impotência original da condição de *infans*, vai buscar nela a origem de seus motivos morais. O ato que funda o inconsciente, ligando o bebê e seu Outro pela linguagem, tem lugar nessa ação originária que conecta fome e sexualidade, o que permite dizer que a ação específica está na raiz da pulsão.

Num segundo momento, o Outro volta a ocupar lugar de destaque, o que ocorre quando, de súbito, ele faz entrada na cena do desejo do sujeito, por meio da sedução. Frente ao desejo do Outro, o bebê é o alvo, o objeto, mas, também, a testemunha de uma realidade impactante: a de um desejo do qual se vê apartado e ao mesmo tempo incluído, e aquilo que disso lhe cabe provoca-lhe excitações endógenas da ordem do horror. Uma ação novamente aí se apresenta, mas ela é reperfurada no instante de submetimento ao Outro, quando o bebê, na impotência de seu desamparo, ofertado como pastagem para um olhar que ele sente a presença, se vê na divisão que marca a impossibilidade de fugir da excitação interna e a apreensão de "alguma coisa que falha em chegar": perfura-se, assim, o *sujeito da pulsão* – e, nesse ponto, Freud (1905) mostra como a cena originária se apresenta sob a forma de um buraco, introduzindo a questão da *fantasia*.

A fantasia é "agida" pela cena originária, tão real, impactante e, ao mesmo tempo, distante da realidade material. Ela mostra como a satisfação alucinatória é recoberta pela descarga pulsional, fundando outra realidade: a que instaura a dialética entre princípio do prazer (mesmo no desprazer) e o princípio de realidade.

Ao introduzir o princípio de realidade como intrínseco à 'montagem' da fantasia, Freud (1905) percebe que não pode mais explicar a instauração do inconsciente somente com as teorias da ação específica e das ações. Ele se dá conta de que é preciso dar função ao agir: o aparelho psíquico "age" fazendo passar de motricidade à realidade, deslizamento que sinaliza a presença de um elemento fundamental, aquele que atesta a experiência: o Eu.

Mas, ao mesmo tempo em que ele coloca essa instância na posição de negociador da ação na fronteira da realidade com o Isso, ele frustra toda a leitura "behaviorista" de que é o Eu quem age. O Eu comparece, antes,

> [...] como aquilo que, obstinadamente e precariamente, transforma uma porção do "isso" e inscreve uma saliência de "realidade" (motivo pelo qual ele também jamais se "adapta" a ela). Tudo se passa, no fundo, como se a problemática da "ação" não houvesse recalcado inteiramente a problemática das "ações". É verdade que o processo encontrou "instituições": para o Isso, a *Entlastung* (descarga) vista pelo lado da pulsão; para o Eu, a *Entlastung* inibida como "ação"; para o Supereu, o próprio princípio de inibição. Mas, sob o ordenamento tópico, ressurge sem cessar a exigência do "ato", a de ser (re) produzido passo a passo [...] (ASSOUN, 1996, p. 206).

Disso são a prova, principalmente, tanto o sintoma quanto o ato falho, mas também as outras formações do inconsciente, isto é, os sonhos e os chistes. O sintoma é a prova do trabalho pelo qual todo sujeito pratica sua divisão. O inconsciente se mostra pelo sintoma como "colocação em ato" da ação que lhe cabe: o ato-sintoma do "passo em falso" por onde "o real do ato se mostra à luz do saber inconsciente [...]. [...] é o ato que, enquanto ato, diz, o sujeito sendo 'atuado' e 'dito' ele mesmo, via 'seu' ato" (ASSOUN, 1996, p. 208).

2. O agieren que inaugura a transferência

> *Os imbecis creem na honra e no amor. Em verdade, há apenas o egoísmo e o desejo.*
>
> JAN KOTT.

A transferência corresponde ao *agieren* freudiano, quando o que seria lembrança é substituído pela repetição. Mas o que se repete aí, que inicia outra temporalidade, distinta da cronologia histórica dos fatos do cotidiano?

A transferência se inaugura pela colocação em ato daquilo que funda o inconsciente, isto é, uma perda que é percebida como falta. O agir comparece como repetição do recalcado. A fantasia é "praticada" como ação, e não como recordação:

> [...] em lugar de dizer lembrar-se de "ter sido insolente e insubmisso à autoridade paterna", o paciente vai agir agressivamente em direção ao analista; em lugar de se recordar de seus fracassos infantis, vai agir por uma neurose de fracasso; em lugar de se lembrar da culpa primitiva, vai agir *hic et nunc* sob a forma de "vergonha". Mas, imediatamente, a repetição perpetua o não-sabido, ao mesmo tempo em que permite praticá-lo (KOTT, 2003, p. 214).

Vemos, então, que o *agieren* é a encenação daquilo que não pode ser visto porque é inconsciente, e, exatamente por essa brecha que a transferência nos oferece, é possível intervir para que o sujeito tenha a oportunidade de elaborar o que da verdade se mostra como saber inconsciente.

A transferência permite que o agir do conflito produza mais que um "efeito de cena". Ela precipita a entrada na cena analítica, a qual recobre a "cena originária" de constituição do sujeito, introduzindo um questionamento no lugar da certeza sobre o sofrimento causado pelo sintoma.

A psicanálise refuta a teoria proposta pela filosofia de um sujeito da certeza. Ela questiona o fato de que *se é quando se pensa*. Sabemos que isso pode se estender de modo indefinido, e o desejo, justamente, é finito.

> A verdade é que a análise nos ensina alguma coisa inteiramente diferente. É que já percebemos que não é tão certo que eu sou enquanto eu penso, e só podemos estar certos de uma coisa, é que eu sou enquanto eu penso que sou [...]. Somente o que a análise nos ensina é que eu não sou aquele que justamente está prestes a pensar que eu sou, pela simples razão que, pelo fato que eu penso que eu sou, eu penso no lugar do Outro; sou um outro que não aquele que penso que eu sou (LACAN, 1959, inédito).

A experiência analítica nasce do ato de enfrentamento da palavra verdadeira com o mito individual de ser a imagem idealizada/sonhada dos pais. Dessa palavra pode surgir o saber que ali estava, sem ser saber. E o que ele revela? Ele diz da verdade, antes em instância, o grão de sal que se desfaz na boca, meia palavra, dito sonhado que surpreende no despertar.

> A equivocidade do ato deve ser, então, buscada na terceira dimensão que o ato acrescenta à relação fundamental entre a "representação" e a "coisa". Dimensão que o exprime como a sua mediação cega [...]. [...] o processo deve poder

decifrar-se segundo as duas racionalidades: a da "verbalização", que designa a rememoração falada como a via real da análise, e aquela mais obscura e, no entanto, fundamental, do "dizer da Coisa" (ASSOUN, 1996, p. 221).

3. A contingência do ato psicanalítico

> *Eis aí um dos limites da experiência a que chega Macbeth. Poderíamos chamá-la uma experiência do tipo Auschwitz. Um certo limiar foi transposto, daí por diante tudo é fácil. "Tudo é brinquedo". Mas isso é apenas uma verdade parcial sobre Macbeth. Ele matou o rei, pois não podia aceitar ser o Macbeth que tem medo de matar o rei. Mas o Macbeth que matou não pode aceitar o Macbeth que matou. Macbeth matou para sair do pesadelo, para dar-lhe um fim. Mas o pesadelo é justamente essa necessidade de assassinar. O que faz um pesadelo é justamente não ter fim. "Terrível é a noite depois da qual o dia não surge".*
>
> JAN KOTT.

O ato de assassinato – bem como o ato de amor – é uma experiência de conhecimento intransmissível. Ela modifica o sujeito, tornando-o outro; e o mundo que ele habita também não é mais o mesmo depois dessa passagem ao ato. Isso interessa à psicanálise pelo fato de o inconsciente resultar da morte da Coisa, e porque, ao final de uma análise, algo se inscreve como perda, travessia da fantasia que, nesse momento, dá a ver o que sustentava em sua função: fazer existir o que não há.

Nesse ponto limite do saber, no impossível de saber, advém a possibilidade de invenção. Mas o que se inventa? Inventa-se um significante novo, acrescenta-se algo que não estava, algo que não era, antes que se o diga, ou faz-se ali com o sintoma.

Lacan (1968) nos ensina que, ao final de uma análise, quando a cadeia significante não tem como prosseguir – posto que se apresenta a falta que há no inconsciente de um saber sobre a relação sexual, razão pela qual, nesse ponto, o sujeito e o objeto se equivalem como perda –, a travessia da fantasia se efetiva, deixando apenas uma via aberta: a da sublimação. Depois, Lacan falará da invenção.

Qual a diferença entre sublimar e inventar? Sublimar é um destino pulsional que privilegia obter outra satisfação sem recalque, sem as formações substitutivas do inconsciente, com objetos que não dizem respeito ao objeto sexual. Sublimar é, ao final da análise, dar satisfação ao que se sabe não haver. Já inventar é ter em conta o destino do saber que não há; é tomar para si a única margem de liberdade que cabe àquele que deu sua paga à libra de carne ofertada no começo.

> Há um limite no saber, e é nessa dimensão que se pode falar de invenção. Além disso, há um "não há" no nível da satisfação, e é nesse sentido que se pode falar de sublimação. São dois registros diferentes – um do lado do saber, outro do lado da satisfação pulsional – para dar conta de uma resolução do IMPASSE a que se chega (BRODSKY, 2004, p. 162).

Ao final, a análise mostra o que ela invoca, isto é, a tragédia do sujeito sob um céu vazio, pois, ao terminar a tarefa, o sujeito se realiza como perda.

Somente aí é que se pode dizer que a operação do ato psicanalítico terá cumprido o traçado, o vetor de sua função? Ainda não. Um passo a mais se faz necessário para que aquele que aspira fazer da experiência a consequência de sua decisão por ter a pretensão de tomar em mãos a causa analítica. Deste espera-se o passo lógico de colocar à prova sua relação com a verdade do que extraiu da experiência. Pois ele é, tal como a própria psicanálise, efeito de linguagem. Será, portanto, no ato de dizer que ele poderá dar a consequência de ele mesmo instituir o ato, ao decidir-se como psicanalista:

> Que ele se faça o representante disso de que conhece a finalização, a saber, que, ao se colocar no lugar que é o do analista, ele virá enfim a estar sob a forma do "a", esse objeto rejeitado, esse objeto no qual se especifica todo o movimento da psicanálise, ou seja, aquele que chega, no final, ao lugar do psicanalista, na medida em que aqui o sujeito, decididamente, se separa, se reconhece como causado pelo objeto em questão. Causado em quê? Causado em sua divisão de sujeito, a saber: enquanto ele fica marcado, ao final da psicanálise, por essa hiância que é a sua e que se define, na psicanálise, pela forma da castração (LACAN, 1968, inédito).

Referências bibliográficas

ASSOUN, Paul-Laurent. *Metapsicologia freudiana*. Rio de Janeiro: Jorge Zahar, 1996.

BRODSKY, Graciela. *Short history*. Rio de Janeiro: Contra-capa, 2004.

KOTT, Jan. *Shakespeare, nosso contemporâneo*. São Paulo: Cosac & Naify, 2003.

LACAN, Jacques. *O Seminário, livro 15, O ato psicanalítico*. Aula de 21 de fevereiro de 1968. Inédito.

_____. *O Seminário, livro 6, O desejo e sua interpretação*. Aula de 08 de abril de 1959. Inédito.

VERIFICAÇÃO DO FIM DE ANÁLISE PELA METAMORFOSE DO AMOR HOMO EM AMOR HETEROSSEXUAL[1]

Lígia Maria Quintanilha Merhi[2]

Resumo:
Partindo da semelhança entre a fórmula lacaniana "o ser sexuado não autoriza senão por ele mesmo... e por alguns outros" e a fórmula do tornar-se analista, a proposta desde trabalho é a de verificar, no percurso de uma análise, as manifestações clínicas de irrealização da relação sexual nas escolhas dos parceiros amorosos. Essa tarefa visa ir destacando o que já está aí no bilhete de entrada e que será revelado na saída. Se o dispositivo analítico for conduzido sobre essa nova égide de amor, o inconsciente, o objeto do amor pode deslizar do sujeito suposto saber ao inconsciente. Com esse benefício, a suposição poderá de fato ser "riscada do mapa". E, ao se tomar o "Um" do sinthoma como suporte para o Outro sexo, passa-se a lidar com a face real da sexuação. Desta feita, pode-se verificar se a experiência analítica pode intervir sobre o amor homossexual (de todo neurótico), forçando-o a se metamorfosear em amor heterossexual.

Palavras-chave: Irrealização da relação sexual. Outro-sexo. Sinthoma

1 Trabalho apresentado no evento "As formações do analista: dispositivos de verificação", em 19 e 20 de novembro de 2011.

2 Psicanalista membro da Escola Lacaniana de Psicanálise de Vitória. Especialista em psicologia clínica. ligiaqm@uol.com.br.

I – Introdução

Os seminários de Lacan costumam ser bastante comentados por seus seguidores. Entretanto a aula 11 (9 de abril de 1974), do Seminário *Os não-patos erram* (LACAN, 1974), trouxe para mim o gosto do novo, de algo ainda a ser garimpado.

O próprio Lacan, nesta aula, diz que "... essas fórmulas ditas quânticas da sexuação puderem se exprimir de outra forma, isso talvez nos permitisse avançar". E faz o que acaba de sugerir: "Vou dar a vocês o que disso se implica: isso se poderia dizer assim: o ser sexuado não se autoriza senão por ele mesmo [...] e por alguns outros".

Esse foi o motivo da minha surpresa: Lacan, ainda na mesma aula, ao falar de sexuação, utiliza-se da mesma fórmula que ele elaborou para "o tornar-se analista": "o analista não se autoriza se não por ele mesmo... e por alguns outros".

Qual seria, então, a relação da questão da sexuação com o discurso do analista e com a sua formação? Se existe uma relação direta entre a sexuação e o se tornar analista, trata-se, portanto, de verificar a função da sexuação na experiência analítica. Na tentativa de começar a responder a essas indagações, a primeira associação que me ocorreu foi: por que o enunciado lacaniano "não-há-relação sexual" consegue o estatuto de aforisma no ensino de Lacan?[3]

Porque esse enunciado foi tomando tanta relevância nos últimos anos de seu ensino, ao ponto dele reafirmá-lo no seu último Seminário, XXV *Momento de Concluir*, da seguinte forma: "O verdadeiro fundamento da psicanálise é que 'não-há-relação sexual'" (LACAN, 1978, aula 11 de abril). Ao nomear seu enunciado como FUNDAMENTO, Lacan confirma que se trata de algo que diz respeito à base, ao alicerce por onde se deve construir, se apoiar toda a experiência analítica.

A hipótese que levanto neste trabalho é que, na atualidade, somente a experiência psicanalítica permite a um indivíduo abrir mão de sua homossexualidade (no sentido de não suportar a diferença sexual) e advir a uma posição hetero (aqui, no sentido de poder de fato se deparar, contigencialmente, com o Outro-sexo, e, com isso, amar o diferente, uma mulher). E, em decorrência dessa hipótese, que os dispositivos de verificação do "tornar-se analista" levem em conta as manifestações clínicas desse ultrapassamento.

---

3 Aforisma, aqui, no sentido de proposição máxima.

O amor de transferência proposto por Lacan como "TRASMUR" (Associação dos termos transferência, com o pequeno *a* e muro enquanto lugar de ressonância) parece ser o meio, a via de acesso ao umbral, ao portal frente ao rubicão[4], que o limite da lógica fálica coloca.

Isso quer dizer que a solução que a neurose nos coloca para lidar com o real do sexo – que possibilita a obtenção de uma realidade psíquica – acaba por nos trazer um obstáculo que irrealiza as relações entre os sexos. Irrealizar no sentido de manter uma impossibilidade de lidar com o Outro-sexo. Aqui, é bom ressaltar o que é sexo para Lacan. Recorro ao *O saber do psicanalista*: "quando se trata de sexo, é do outro, do outro-sexo, mesmo quando se prefere o mesmo" (LACAN, 1972, aula 5 de 03 de março).

Outro indicativo que busquei para ler essa conexão entre sexuação e tornar-se analista é a afirmação de Lacan na citada aula do Seminário XXI: "enquanto não havia discurso analítico não havia psicanalista" (LACAN, 1974, aula 11 de 09 de abril). Arrisco-me a dizer que é da mesma ordem afirmar que só pelo encontro com o analista é que poder-se-á sair do amor homo-erótico da neurose e advir a um novo amor. Não seria esta possibilidade que levou Lacan a definir (em *Televisão*) a transferência como um novo amor, advindo do encontro com o analista (LACAN, 1981, p.71)?

II – A respeito do aforismo "não há relação sexual"

Podemos afirmar que o aforismo "não-há relação sexual" foi consequência do que Lacan pode tirar de todos os ditos e formulações sobre o amor; principalmente no que diz respeito à uma ausência de medida do que se poderia obter dessa espécie de desarranjo, de carência de qualquer que seja uma precisão sexual que diga respeito à escolha do parceiro amoroso.

O termo original utilizado por Lacan é "rapport" sexual, o que não equivale em nossa língua ao que entendemos por relação. A palavra "rapport", em francês, significa mais especificamente "relação de medida" ou de "proporção".

Essa falta de medida, de proporção relativa à escolha do parceiro amoroso foi tratada por Lacan, pela primeira vez, no Seminário *A Transferência*, no comentário que fez do personagem Pausânias, do *Banquete* de Platão, no

---

4 Fazendo alusão ao uso do termo no seminário do *Ato Analítico*.

capítulo intitulado *A psicologia do rico*. Neste, Lacan comenta a impossibilidade de se estabelecer uma medida prévia, um padrão de valor na escolha do parceiro sexual. "Não há predição, não há volição adequada para formar um casal ou algo semelhante [...]. Não se busca, se encontra [...]. Nada dá lugar ao presumível acoplamento perfeito" (HARARI, 2002, p.131).

Na conferência que fez nos Estados Unidos, em 1975, Lacan também fala dessa impossibilidade: "tudo que diz respeito às relações dos homens e das mulheres isso não funciona [...]" (LACAN, 1975, inédito). E ressalta, repetindo: "Isso não funciona e todo mundo fala disso o tempo todo e grande parte de nossa atividade se dá dizendo disso. Isso fracassa insistentemente. Há sempre algum mal-estar à espreita, como já dizia Freud em Mal-estar" (LACAN, 1975, inédito).

Fui lá no *Mal-estar* buscar o que Freud (1976, p.70) fala a respeito: "Nossas possibilidades de felicidade são restringidas por nossa própria constituição". E destaca ainda que: "O sofrimento que se origina das relações com os seres humanos – nós o experimentamos mais dolorosamente que qualquer outro".

É interessante o que Lacan (1975, inédito) confessa nesta conferência para os americanos: que havia chegado à medicina e à psicanálise. "Porque tinha a suspeita que as relações entre um homem e uma mulher eram determinantes nos sintomas dos seres humanos". E acaba por afirmar:

> A chamada fundamental sexualidade de Freud, consiste em destacar que tudo o que tem a ver com o sexo está sempre errado. Esta é a base e o princípio mesmo do fiasco [...]. O erro mesmo pode ser definido como o que é sexual em todo ser humano. É por isso que há tantos atos falhos.
>
> [...]
>
> Freud já havia indicado perfeitamente que um ato-falho sempre tem a ver com o sexo. O ato falho é o ato sexual por excelência; um dos dois está sempre insatisfeito.

Nesta mesma época, em *RSI/1975*, Lacan é ainda mais radical: "Nossos analisandos só falam de sexo. Eles nos falam de foda e dizem que isso não funciona [...] isso fracassa insistentemente" (LACAN, 1975, aula 11 de fevereiro).

Na *Lógica do Fantasma*, já havia dedicado algumas aulas para discutir essa questão e acaba por declarar: "Com meus pacientes não acontece o mesmo que se vê nos filmes de cinema: que o homem e a mulher se encontram, vão passar o fim de semana na caserna e tudo bem... Nunca é assim", conclui Lacan (1977, aula 24 de maio). Enfim, nas conferências reunidas sob o título *O saber do psicanalista*, fica bem claro que Lacan foi bem mais longe que Freud no que diz respeito à separação da sexualidade do plano biológico: "[...] daquilo que chamamos na linguagem corrente homens e mulheres não sabemos nada de real sobre estes homens e mulheres como tais... Não se trata de cães e cadelas. Trata-se realmente daqueles que pertencem a cada um dos sexos a partir do ser falante" (LACAN, 1972, aula 03 de março).

Nesse aspecto discursivo, Foucault tinha razão: o sexo não consiste somente nas práticas dos corpos, estas são necessariamente formatadas por toda uma produção de saberes e mitos a respeito do enigma do desejo e da diferença sexual. Portanto, não há verdade a respeito do que diferencia homens e mulheres, a não ser quanto ao modo como cada um, partindo da diferença no próprio corpo, relaciona-se com a castração.

Produzir um saber (mínimo que seja) sobre a diferença fundamental entre homens e mulheres, possibilita deparar-se com o caráter metafórico do modo como a linguagem marcou e demarcou os nossos corpos. Não se trata de regulamentar o prazer sexual, mas, sim, de possibilitar uma invenção de tudo o que se pode dizer a partir do encontro traumático com a diferença.

III – O que pode ser revelado no dispositivo analítico a partir da diferença.

As experiências clínicas com crianças – nas quais eram frequentes as entrevistas com pais e avós – permitiram-me verificar o quanto a escolha do parceiro amoroso faz sintoma e o quanto ele se revela na terceira geração. A criança ilustra, através de suas manifestações sintomáticas, o parceiro-sintoma resultante da conjugalidade do casal que a procriou.

Com o tempo, acabei por estender essa prática de interrogar sobre a escolha do parceiro amoroso às entrevistas preliminares para a maioria dos analisados. Pude verificar que o material advindo daí era bastante produtivo para destacar o que diz respeito à resposta sintomática que cada um pôde construir no confronto com a castração. Ou seja, o que se revela da fantasia nessas entrevistas preliminares é o seu axioma: os sintomas, que são metáforas do arranjo de letras que cada um pôde constituir para sustentar a sua realidade psíquica.

Todavia o tragicômico dessa condição inicial do percurso analítico é que o analisando ignora totalmente os termos dessa mensagem que porta. Faz de seu corpo uma espécie de letra portátil posta a circular nos diversos cenários de suas atuações. E, ao ser interrogado sobre as suas escolhas, não faz a mínima ideia do quanto ele próprio faz o acaso que o impele a um destino tão funesto.

Acredito que essa tarefa analítica no dispositivo permite com que vá se destacando do que está aí no bilhete de entrada o que será revelado na saída. E o real da sexuação se mostra: essa relação fica irrealizada, apesar dos dois parceiros que se escolhem, cada um permanece um.

O que isso quer dizer? Lacan, no Seminário XX, *Mais Ainda*, faz um jogo de palavras que pode nos esclarecer: "Embora a alma ame a alma não há sexo nesse assunto" (LACAN, 1995, p. 118).

Entendo quem se o neurótico ama com sua alma é o mesmo que dizer que ele ama pelo viés do seu fantasma. E o fantasma enquanto alma está no campo do fora-sexo, atribuído por Lacan ao campo das amizades.

Essa forma sublimada de amor não é privilégio dos homens, já que a histérica também se aloca no campo fálico. É dessa forma que neurótico homem crê abordar o corpo da mulher no ato de amor, e, em verdade, só aborda o objeto de seu próprio fantasma. Se é mulher, buscará supostamente encarnar o Outro sexo, mas também o fará segundo a fantasia dela ou a dele. Assim, nestas posições onde recorrem à identificação fálica – acabam por deixar de fora diferença sexual. O resultado disso é o amor homossexual.

IV – A Passagem do amor homo ao amor hetero.

Durante algum tempo, utilizei-me, na clínica, da expressão "a cama não engana", por me dar conta de que ali, no leito, as suposições feitas a respeito da escolha dos parceiros se revelavam sem muitos envoltórios.

Fiquei contente quando encontrei respaldo teórico em Lacan no Seminário XXIII, *O Sinthoma*: "Na cópula não se pode ter muito disfarce, pois com a copulação chega o momento da queda do disfarce. Até esse momento fazemos a comédia de acordo com o protótipo do que implica ser homem ou ser mulher" (LACAN, 2007, p. 98).

Isso ilustra que tudo aquilo que se relaciona com o registro do ato sexual sobrevém à função fálica e se mostra quando caem os véus de identificação. É preciso, pois, buscar a diferença em outra parte.

No que diz respeito à heterossexualidade, Lacan destaca o que se pode verificar de imediato: é que a palavra tem a ver com o termo grego *heteros*, que faz alusão ao outro.

Outra pista que Lacan nos dá diz respeito à referência que ele faz sobre a nomeação de sua conferência de 1971-1972 (aula 17 de maio); diz ele: "Vejam bem: é o saber do psicanalista e não dos psicanalistas". Reparem, diz ele: "Há o Um e nada mais. É um Um muito particular".

Não é o Um indicativo de si mesmo. Não é o Um da totalidade, da unificação inerente à personalidade. Nem tampouco o Um contável, situado na problemática da repetição.

E enfatiza a diferença: "é o Um muito particular", e o coloca referenciando às suas fórmulas quântica da sexuação: "há ao menos Um que diga não à função fálica" (LACAN, 1971/72, p. 118).

Assim, se o registro sexual passar pela operação fálica que o torna significante, nem tudo da ordem sexual pode ser articulado ao nó da castração, o que fez Lacan afirmar que todo analisável é sexual, porém não-todo sexual é analisável. Há algo que escapa à lógica fálica e que por isso não pode ser abordado pelo viés do significante. É isto que Lacan nomeou como feminino. O feminino é o verdadeiro furo no saber.

Entretanto, esse ponto de falha no discurso traz dificuldades para que uma análise chegue ao seu fim. O que leva Lacan a buscar uma especificidade para a função do limite, distinto do limite fálico: um limite para o sem limite. A grande sacada de Lacan é propor uma nova erótica: amar o inconsciente. O que o leva a declarar, em 1978, no congresso da Escola Freudiana sobre o Passe: "É preciso dizer que para se constituir analista é preciso estar apaixonado por Freud, principalmente acreditar nessa coisa absolutamente louca que se chama o inconsciente e que tentei traduzir pelo sujeito-suposto-saber" (ALLOUCH, 2010, p. 513).

Se o dispositivo analítico for conduzido sobre essa nova égide de amar o inconsciente – este considerado como instância em que o sujeito é sabido – o objeto de amor pode deslizar do sujeito-suposto-saber ao inconsciente, já que se trata do mesmo objeto. E é com esse benefício considerável que a suposição do sujeito-suposto-saber é anulada, riscada do mapa.

A psicanálise, ao tomar o Um, como "sinthoma", como suporte para o Outro-sexo – o sexo ao qual não pertenço – passa a lidar com a face real da sexuação. O Um desencadeado, o Um que não está articulado à cadeia significante é a face real do inconsciente. Lacan diz que só o encontramos, nas embrulhadas do verdadeiro.

A partir dessa pista que Lacan dá, é preciso segui-lo no que ele sugere à tarefa analítica: o analista deve se importar muito mais com os "balbucios" e não com a linguagem estruturada, já que o verdadeiro só se articula dessa forma: de modo encontrado e não buscado. E sob a via da embrulhada. Ou seja, nada claro e distinto, nem sequer semi-dito; somente pedaços, pontas de real. Pontas de restos de análise chegada ao seu fim. Testemunhos clínicos de uma identificação singular – ao *sinthome* – que abriga um gozo irredutível do qual não se pode recuar. Portanto, não se trata de uma busca do verdadeiro, mas de uma promoção encontrada e destacada e do gozo de sua aquisição.

Allouch define bem essa postura no dispositivo: "Não se trata tanto de dizer o verdadeiro sobre EROS, mas do caráter erótico do dizer verdadeiro [...] do que pode ter de erótico, ele mesmo se declarar" (ALLOUCH, 2009, p.134).

Isso pode ser verificado no fato do analista passar a assumir a tarefa de dar respostas não convencionais, especialmente "babacas" (como sugere Lacan). Respostas "babacas" aos enigmas que insistem em surgir. Babaca, longe de ser um adjetivo desqualificante, mas fazendo, aqui, alusão à qualidade boba e absurda, que nenhum tipo de dialética, seja geral (da ordem fálica) seja singular (a do viés do sinthoma), pode dar conta. Nem uma nem outra pode responder à questão do que chamamos relação sexual dos falantes. Pode-se verificar, com essas manifestações clínicas, se a experiência analítica pôde intervir sobre o amor homossexual, forçando-o a se metamorfosear.

No Seminário XXIII, Lacan dá um indicativo preciso a respeito desse ultrapassamento:

> Não haver equivalência entre os sexos é uma coisa que permite a relação sexual. (...) Não haver equivalência é a única coisa, o único reduto no qual se suporta o que chamamos a relação sexual falasser, no ser humano... um outro uso do leito (LACAN, 2007, p.98).

Entendo, aqui, equivalência como equivalência fálica entre os sexos. Não haver equivalência é se referenciar ao "pelo menos Um que diz não à referência fálica". "Há relação sexual na medida em que há sinthoma isto é, em qual o Outro-sexo é suportado pelo sinthoma" (LACAN, 2007, p. 98).

Incluir o Outro-sexo como terceiro é poder frequentar, contigencialmente, o campo do feminino. Referenciar-se ao Um, ao sinthoma, é saber fazer aí com o sinthoma, ou seja, colocar em jogo um saber singular, ligado ao acaso, à contingência.

Com isso, podemos afirmar que é assim que se constitui o sinthoma eleito como parceiro sexual. O sinthoma tomado nesse sentido é o que se pode conhecer melhor, conhecer no sentido que Lacan nos propõe em seus últimos seminários: saber-fazer com arte, inventar uma espécie de artimanha que permita dar um jeito de se obter e/ou fazer o que se quer. Enfim, poder chegar ao três. Alusão à piada que circulava nos bastidores dos seminários de Lacan: ao se perguntar a Lacan o que se deve esperar de uma psicanálise ele afirmava: fazer três!

Referências bibliográficas

ALLOUCH, Jean. *O amor Lacan*. Rio de Janeiro: Ed. Companhia de Freud, 2010.

______. *A Psicanálise*: uma erotologia de passagem. Rio de Janeiro: Ed. Companhia de Freud, 2009.

FREUD, Sigmund. *O mal-estar na civilização*. Rio de Janeiro: Imago Editora, 1976. (Obras Completas, v. 18). Originalmente publicado em 1914.

HARARI, Roberto. *Como se chama James Joyce?* Rio de Janeiro: Companhia de Freud, 2002.

LACAN, Jacques. *Conferencie en la universidad de yale*. Texto não estabelecido. 24/11/1975.

______. *O Seminário, livro 8, A Transferência*. Aula de 1960-1961. Rio de Janeiro: Jorge Zahar, 1992.

______. *O Seminário, livro 14, A lógica do fantasma*. Texto não estabelecido. Aula de 24 de maio de 1977.

______. *O Seminário, livro 19a, O Saber do Psicanalista*. Texto não estabelecido. Aula 5 de 03 de março de 1972.

_____. *O Seminário, livro 19, Ou Pior.* Texto não estabelecido. Aula 17 de março de 1972.
_____. *O Seminário, livro 20, Mais Ainda.* Rio de Janeiro: Jorge Zahar, 1995.
_____. *O Seminário, livro 21, Les Non Dupes Errent.* Texto não estabelecido. Aula 11 de 09 de abril de 1974.
_____. *O Seminário, livro 22, RSI.* Texto não estabelecido. Aula 11 de fevereiro de 1975.
_____. *O Seminário, livro 23, O Sinthoma.* Rio de Janeiro: Jorge Zahar, 2007.
_____. *O Seminário, livro 25, El momento de concluir.* Texto não estabelecido. Aula 11 de 11 de abril de 1978.
_____. Televisão. Rio de Janeiro: Jorge Zahar, 1981.

APONTAMENTOS SOBRE O PROCESSO ANALÍTICO[1]

Jose Mário Simil Cordeiro[2]

Resumo:
O texto traz alguns comentários sobre o trilhamento de Freud e Lacan na questão da formação do analista, partindo dos limites da contribuição de Freud a respeito do assunto e recortando a contribuição de Lacan, principalmente a partir de sua *Proposição de 9 outubro de 1967 sobre o psicanalista da Escola*. Destacando o caráter diferencial da contribuição de Lacan para a história da Psicanálise, procura-se demonstrar seu esforço de preencher a lacuna da questão do fim de análise, quando ele apresenta a lógica implícita no final da análise, com o acontecimento da destituição subjetiva e a criação do dispositivo do passe, que apuraria os resultados desse processo.

Palavras-chave: Início de análise. Fim de análise. Destituição subjetiva. Passe.

No texto *Sobre o início do tratamento* (1913/1975), Freud compara o exercício do tratamento analítico com o jogo de xadrez, dizendo desse jogo que somente as aberturas e os finais admitem uma apresentação sistemática e

1 Texto apresentado no *III Encontro Interescolas*, realizado em Brasília, nos dias 23 e 24 de novembro de 2012.

2 Psicanalista-membro da Escola Lacaniana de Psicanálise de Brasília.

exaustiva. Esse texto, na verdade, são recomendações que ele faz aos psicanalistas praticantes sobre algumas regras para o início de uma análise, ao mesmo tempo em que estabelece seus limites. Sabemos o quanto Freud foi cauteloso ao propor as indicações de seu método, limitando o alcance dessas indicações ao que ele chamou de "neuroses de transferência". Talvez por isso não haja em sua obra qualquer apresentação sistemática e exaustiva de um final de análise. Em seu texto *Análise terminável e interminável* (FREUD, 1937/1975), ele esboça algo parecido ao propor como resultado da análise uma "alteração do ego", sem, entretanto, esclarecer de que tipo de alteração se trata. Não restou, portanto, aos seus seguidores que compõem a ortodoxia ipeísta senão conceber esse final como uma identificação com o analista. Lacan vai chamar esse modelo de formação do analista de "cooptação de doutos", justamente por deixar sem resposta a questão do final de análise. Diferentemente de Freud, ele vai transpor os limites do rochedo da castração e ousar propor uma concepção de fim de análise que obedecerá a uma lógica determinada.

É preciso lembrar que Lacan sempre foi um analista diferenciado dentro da história do movimento psicanalítico. Didata da Sociedade Psicanalítica de Paris (ligada à IPA), desde cedo efetuou uma releitura de Freud com paradigma novo, propondo um retorno a seus textos originais para aí encontrar o sentido verdadeiro da doutrina, denunciando os desvios que uma psicologia do eu patrocinava. Sua inquietação intelectual, seu talento clínico e sua insistência na busca da verdade fizeram dele o detentor de um ensino revolucionário e incômodo para o *status quo* institucional. A reinvenção do inconsciente advinda desse paradigma logo afetou sua prática clínica, levando-o a criar modificações na técnica de condução das análises, que aos poucos foram se tornando inaceitáveis. Historicamente, o pivô da excomunhão que ocorrerá em 1963 terão sido essas modificações.

Em 1952, disputando a presidência da Sociedade Psicanalítica de Paris - SPP, ele redigiu os estatutos do que seria um novo Instituto de Ensino e cujo conteúdo já estava influenciado pela subversão que seu ensino instalara na instituição tradicional. Foi derrotado por Sacha Nacht, cujas ideias, inclusive contrárias à análise leiga, constituíam a manutenção de um obscurantismo que Lacan já vinha denunciando. Esse retrocesso criou um mal-estar nos alunos em formação, levando, com a adesão de Lacan, a uma cisão. Foi criada a Societé Française de Psychanalyse (SFP) que, na década seguinte, lutaria, sem consegui-lo, pelo reconhecimento da Internacional.

De 1953 a 1963, justamente o período que vai constituir o que Lacan chamou de "retorno a Freud", seu ensino toma consistência cada vez maior, passando a ser o principal impedimento a esse reconhecimento. Finalmente, em 1963, após longo processo de apuração, Lacan é excluído da lista de didatas e em 21 de junho de 1964 funda a Escola Francesa de Psicanálise, mais tarde Escola Freudiana de Paris-EFP. Posteriormente, numa primeira nota anexa ao *Ato de Fundação*, ele esclarecerá, em sete itens, dúvidas que restaram aos que o seguiram, inclusive quanto à natureza da psicanálise didática:

> [...] O único princípio certeiro a formular, ainda mais por ter sido desconhecido, é que a psicanálise constitui-se como didática pelo querer do sujeito e que ele deve ser advertido de que a análise contestará esse querer, na medida mesma da aproximação do desejo que ele encerra. (LACAN, 1964/2003, p. 240).

Três anos depois, constatando que velhos hábitos institucionais prevaleciam, Lacan escreve a *Proposição de 9 de outubro de 1967 sobre o psicanalista da Escola*, cujas ideias não foram aceitas por todos e foram objeto de calorosas discussões até resultar, em 1969, na saída de François Perrier, Jean-Paul Valabrega e Piera Aulagnier, fundadores do chamado "Quatrième groupe".

A natureza do processo analítico, a partir principalmente da questão da formação do analista, está na ordem do dia nessa Proposição. Já de saída ele estabelece o princípio "o psicanalista só se autoriza dele mesmo", dando o tom e recortando o trilhamento que ele concebe como necessário à formação do analista. A mais óbvia das consequências desse princípio é reafirmar, com Freud, que não há outro caminho para gerar um psicanalista que não passe pela análise pessoal. Mas Lacan não quer apenas mostrar o óbvio. A "cooptação de doutos", em que se tornou a estratégia de formação após a morte de Freud, promove, segundo ele, "o retorno a um status de imponência [...] restabelecendo reforços do relapso, o que a psicanálise didática tem por fim eliminar" (LACAN, 1967/2003, p. 250). E ele retoma as teses de Freud afirmando: "Nossos pontos de junção, onde têm que funcionar nossos órgãos de garantia, são conhecidos: são o começo e o fim da psicanálise, como no xadrez" (p. 252). E passa a demonstrar esses pontos de junção, primeiro escrevendo o algoritmo da transferência, concebida aqui como a constituição do sujeito suposto saber e que está no início do processo. Junto a essa profissão de fé do analisante, num saber produzido pela adjacência de um saber no inconsciente, o analista se localiza em relação a esse saber suposto nada sabendo dele, posicionando-se como semblante de objeto causa da divisão do sujeito em análise. Lacan já havia ilustrado, no Seminário 8, *A transferência* (1961), a posição do analista como sendo a mesma de Sócrates no *Banquete*, de Platão, continente secreto do *agalma* que atraía Alcebíades, *agalma* esse cujo invólucro corresponde ao *ideal do eu* freudiano, uma imagem idealizada do Outro de onde o sujeito se crê amável e amado. Essa montagem fantasística, esse artefato cuja natureza Freud chama "amor de transferência" alimenta o processo analítico, até se esgotar e se desfazer nesse acontecimento, chamado por Lacan de "destituição subjetiva".

"É o fim da partida", dirá Lacan. E o que ele instaura de novo na teoria analítica, aquilo que mobilizará toda uma discussão dentro de sua Escola, é sua proposição de formular uma equação que dê conta desse fim da análise constituído pela passagem de analisante a analista. Quanto à natureza desse momento crucial de uma análise, Lacan vai localizar nela uma sombra espessa, que cabe à Escola dissipar. Nesse ponto de seu texto, de sua Proposição, ele lança os termos da equação naquilo que constituiriam dois tempos: primeiro, o fim da análise propriamente dito, constituído pela experiência da destituição subjetiva; segundo, a proposição de um dispositivo que recolheria o testemunho dessa experiência, sem o qual ela se tornaria uma experiência inefável e nada contribuiria para a transmissão e a sobrevivência da psicanálise. A destituição subjetiva se daria no nível privado, o da psicanálise em intensão; o dispositivo de recolhimento de testemunho ele chamará de "passe", e se dará no nível público, o da Escola, o da psicanálise em extensão. Lacan dirá que "a passagem de psicanalisante a psicanalista tem uma porta cuja dobradiça é o resto que constitui a divisão entre eles, porque essa divisão não é outra senão a do sujeito, do qual esse resto é a causa" (LACAN, 1967/2003, p. 259). Nesse momento, o da destituição subjetiva, o sujeito perde o suporte que encontrava em sua fantasia; ele é destituído desse suporte. Esse momento é o de uma transmutação, uma reviravolta em que o sujeito "vê soçobrar a segurança que extraía da fantasia em que se constitui, para cada um, sua janela para o real" (LACAN, 1967/2003, p. 259). Essa perda de suporte vai corresponder, para o sujeito, à revelação de um des-ser do analista, ao mesmo tempo que a uma revelação do inessencial do sujeito suposto saber. Há um real, portanto, em questão nessa experiência, uma metamorfose em que, de um lado, o sujeito "rejeita o ser que não sabia a causa de sua fantasia" e, de outro lado, "o parceiro se esvaece, por já não ser mais do que o saber vão de um ser que se furta" (LACAN, 1967/2003, p. 259). Desse momento crucial é o que interessa a Lacan definir a lógica, visando não somente a tirar do obscurantismo imaginário um ponto da experiência, como também "dar a esse ponto sua existência (ex-sistência) para que a experiência analítica não desapareça, não se extinga" (CHATEL, 1993/1996, p. 408).

Há uma passagem na Proposição que vale a pena comentar, por levantar a questão da relação entre fim de análise e suas consequências não só para o analisante como também para a instituição psicanalítica: "Assim, o fim de uma análise guarda em si uma ingenuidade sobre a qual se coloca a questão de saber se ela deve ser tida como garantia na passagem para o desejo de ser psicanalista" (LACAN, 1967/2003, p. 260). Essa passagem "para o desejo de ser psicanalista" – que não é a mesma passagem estabelecida pela destituição subjetiva – suscita interpretações diferenciadas. Jacques-Alain Miller (1997), por exemplo, dirá que na experiência do fim de análise ocorre o desvanecimento do Outro (grande Outro), deixando o analisante numa posição de desamparo, da qual não estaria excluída a experiência de uma foraclusão homóloga à da psicose. Daí, para ele, o lugar público da Escola tomar a valência de uma suplência. Seu ponto de vista deixa entrever que o analisante não teria escolha, se realmente finalizou sua análise, senão demandar, através do passe, o reconhecimento pelos pares da autenticidade do vivido da passagem analisante-analista. Dessa perspectiva, a Escola seria um refúgio para o mal-estar provocado pelo horror do ato, ponto de vista que interpreta a paradoxal afirmação de Lacan no *Ato de fundação*, onde ele diz que a Escola é um refúgio contra o mal-estar na civilização. Já Marie-Magdalene Chatel, no seu texto sobre o passe, no *Dicionário Enciclopédico de Psicanálise*, editado por Pierre Kaufmann (1993/1996), cita Lacan afirmando que o final de análise não tem relação com o passe, este não sendo o complemento daquele. Para ela, tendo efetuado, em 1973, uma primeira avaliação da proposta do passe, Lacan daria mais consistência à sua ideia, afirmando a radical disjunção entre passe e fim de análise. Isto porque de fato uma análise pode se finalizar de várias maneiras; dentre elas, o cansaço, a exaustão.

Mesmo reconhecendo que na Escola Freudiana de Paris os resultados do passe não corresponderam às expectativas que ele construíra ao propô-lo, Lacan jamais desistiu da ideia. Ao contrário, sua carta aos italianos é considerada uma terceira versão de sua proposição. Nessa carta, ele deixa claro que mesmo as análises que se finalizam na destituição subjetiva, isto é, na revelação da fantasia, na queda do objeto *a*, na travessia da fantasia – essas análises assim finalizadas de fato não desembocam necessariamente no ato inaugural de escolher tornar-se analista. Em outras palavras, nem todas as análises, mesmo terminadas, produzem um novo analista. Para Lacan, esse novo analista é resultado de uma escolha: "Não há analista senão sob a condição de que esse desejo (de saber) lhe venha, ou seja, que já por aí ele seja o rebotalho da humanidade" (LACAN, 1967/2003, p. 313). Ele dirá também que, no passe, cabe aos passadores encontrar essa marca que o analista já carrega, desde antes da análise, de ser o rebotalho da humanidade. Missão ambiciosa, penso eu, pois essa marca evoca quase uma predestinação ou um privilégio de poucos.

De minha parte, se compreendi bem a ideia de Lacan e a de seus comentadores, concluo que a destituição subjetiva está no nível do acontecimento, sendo a consequência lógica da operação analítica levada até suas últimas consequências: a perda, pelo analisante, de sua posição de segurança na fantasia fundamental e, do lado do analista, de sua queda do lugar de objeto *a* real, experimentando o momento de des-ser. Instala-se aí uma separação que é, ao mesmo tempo, uma convocação ao ato analítico. Lacan vai dizer que essa experiência é da ordem de um "clarão", um instante pontual fadado ao esquecimento, caso não se construa um dispositivo para recolher o testemunho desse acontecimento. Como afirmará Chatel, esse testemunho é um dizer inédito que não é pré-produzido. Como o tema do passe, seu estatuto e importância para a transmissão da psicanálise ultrapassam os objetivos destes apontamentos, ficam reservados para outras intervenções que se darão neste evento.

Referências bibliográficas

CHATEL, M. M. Passe. In: KAUFMANN, Pierre. *Dicionário Enciclopédico de Psicanálise*: o legado de Freud e Lacan. Rio de Janeiro: Jorge Zahar, 1996.

FREUD, S. *Sobre o início do tratamento*. Rio de Janeiro: Imago, 1975. (Obras Completas, v. XII). Originalmente publicado em 1913.

______. *Análise terminável e interminável*. Rio de Janeiro: Imago, 1975. (Obras completas, v. XXIII). Originalmente publicado em 1937.

LACAN, J. *O Seminário, livro 8, Le transfert.* Paris: Editions du Seuil, 1991.

_____. Proposição de 9 de outubro de 1967 sobre o psicanalista da Escola (1967). In: *Outros Escritos*. Rio de Janeiro: Jorge Zahar, 2003.

_____. Ato de fundação (1964). In: *Outros Escritos*. Rio de Janeiro: Jorge Zahar, 2003.

MILLER, Jacques-Alain. *Lacan elucidado*. Rio de Janeiro: Jorge Zahar, 1997.

Do impasse freudiano ao passe lacaniano: da falta fálica à causa do desejo[1]

Ana Paula da Costa Gomes[2]

Resumo:
Se o final de análise, para Freud, esbarra no rochedo da castração, ou seja, na falta fálica, Lacan situa o final no além deste rochedo. Como se dá essa passagem, da falta fálica à causa de desejo, numa análise, é o que este trabalho visa questionar.

Palavras-chave: Final de análise. Rochedo da castração. Falta fálica. Objeto causa de desejo.

Recentemente, numa aula do curso de introdução, na ELP-RJ, depois de muitos anos trabalhando o texto freudiano *Análise terminável e interminável* (FREUD, 1937/1980), ao falar sobre o sujeito em sua perda na entrada do mundo – da qual ele faz falta fálica e que, ao final de análise, ele poderá fazer causa de desejo – pude concluir que o rochedo da castração é uma parada neste ponto da falta fálica e o avanço lacaniano perante o impasse freudiano é a travessia desta falta em direção à causa de desejo.

Se Freud, no texto referido, estabelece uma diferença quanto ao final de análise para homens e mulheres, estabelecendo como impasse, para os primei-

1 Trabalho apresentado no evento As formações do analista: Dispositivos de verificação, em Vitória, nos dias 19 e 20 de novembro de 2011.

2 Psicanalista, A.M.E. da Escola Lacaniana de Psicanálise- RJ, Mestre em Teoria Psicanalítica – UFRJ. anapgomes@terra.com.br.

ros, a ameaça de castração e, para as mulheres, a inveja do pênis, Lacan desfaz tal impasse, já no Seminário da Angústia (LACAN, 2006), ao propor a posição do feminino, a partir do objeto *a*, como o além do rochedo da castração.

Entretanto, nesta ultrapassagem lacaniana, resta para mim uma questão: embora Lacan estabeleça para ambos os sexos um mesmo final de análise, é fato que a falta fálica inscreve-se para homens e mulheres, em sua constituição, de formas distintas. Como se opera, então, para cada um, essa passagem da falta fálica ao objeto causa de desejo?

Vale lembrar, aqui, que, quando me refiro a homens e mulheres, é a partir do significante, pois a diferença anatômica entre os sexos gera consequências psíquicas, e não posições pré-estabelecidas quanto ao gênero. Assim os significantes homem e mulher são semblantes da diferença anatômica entre os sexos. Semblante é aquilo que apresenta algo que há, onde não há: uma aparência no lugar de uma ausência, ou seja, um caminho do simbólico no esforço de apreender o real. O real em jogo é o ser de naturalidade que se perde na entrada do sujeito no mundo, que o falo, como significante da falta, tenta inscrever a partir da diferença sexual.

O falo funciona como o semblante que permite a parceria sexual. O semblante do lado do homem consiste em proteger o ter, e do lado da mulher em mascarar a falta-ter. Mas, ao mesmo tempo em que o falo como semblante permite esta parceria, ele também denuncia a sua impossibilidade de recobrir o real. Real do ser da naturalidade que se perde, como já dissemos, ou uma outra versão deste mesmo real, expressa na relação sexual que não existe, na não complementaridade, na não proporção entre os sexos.

O amor é uma tentativa de suplantar esta não complementaridade, de suprir a relação sexual que não existe, tarefa impossível que faz deste sentimento na vida dos neuróticos um rosário de lamentações, infortúnios, alguns encontros e muitos desencontros. E o embate fálico parece ocupar lugar central na psicopatologia da vida amorosa.

Na tragicomédia dos sexos, como prato do dia da cena amorosa, temos, por vezes, as mulheres reclamando que o falo que recebem do homem é muito magrinho, ou, ainda, porque, mesmo sendo dele desprovidas, acreditam tê-lo e fazem com seu homem uma verdadeira guerra, para ver quem tem o maior. Do lado masculino, porque, ao precisarem bancar o homem, aquele que julgam ter, se veem impotentes – e Lacan nos afirma que este é um sintoma essencialmente masculino – em sustentar esta posição.

Ou seja, vemos no amor, um dos temas privilegiados das análises, especialmente das mulheres, um verdadeiro impasse da falta fálica, encarnado nos embates das relações. O que nos faz perguntar: que lugar para o amor ao final de análise, quando, a partir de Lacan, pressupomos um além do rochedo da castração?

Assim, qual a travessia que uma mulher faz da sua falta fálica ao objeto causa de desejo? E um homem, o que faz da suposição de ter o falo, para que a castração não seja uma ameaça? O que pode operar numa análise para que o amor seja menos vivido no campo da frustração e mais viabilizado pela castração, na possibilidade de suportar as diferenças?

Lacan, anos antes da construção do objeto *a* em sua obra, nos dá uma dica em seu texto *A direção da cura e os princípios de seu poder*. Ao questionar sobre o que deve acontecer com o analista quanto ao seu desejo, fala de Freud, privilegiando o significante ímpar. Diz Lacan (1998, p. 649):

> [...] esse falo o qual recebê-lo e dá-lo são igualmente impossíveis para o neurótico, quer ele saiba que o Outro não o tem ou que o tem, pois, em ambos os casos, seu desejo está alhures – em sê-lo –, e porque é preciso que o homem, macho ou fêmea, aceite tê-lo e não tê-lo, a partir da descoberta de que não o é.

Lacan nos indica, nesta passagem, que a falta fálica que precisa ser ultrapassada não é tanto de tê-lo ou não tê-lo, mas sim de sê-lo, correspondente ao primeiro tempo do Édipo, em que a criança é o falo da mãe. Esta operação de passagem do ser ao ter se dá através da metáfora paterna, que substitui o desejo da mãe pelo Nome-do-Pai, dando ao sujeito uma significação fálica. Mas nesta equação resta um **x** em relação ao desejo da mãe, que não é passível de ser todo simbolizado. Um **x,** um resto que, anos mais tarde, Lacan denominará de objeto *a*.

Assim, perante o falo e sua significação, o sujeito, homem ou mulher, terá que incluir este resto, este **x,** que não se simboliza em sua dinâmica. E neste sentido fará toda diferença, distintamente do que Lacan afirma na citação acima, que o sujeito saiba que o Outro não tem, operação que só se dá ao final de uma análise. Em última instância para homens e mulheres, tratar-se-á de fazer o luto do falo da mãe, escavando o impossível da Mulher que há nela.

Voltando ao amor, não padecem, homens e mulheres, da falta de incluir A Mulher não-toda em suas relações? Não é disso que se queixam, por exemplo, as mulheres que reclamam que seus maridos demandam delas que sejam suas mães? E os homens, que se queixam que suas mulheres só querem saber dos filhos? Ou ainda, mulheres que, na escolha de seus parceiros, se casam com o pai e com a mãe, e homens que, para não encarar uma mulher, têm várias? E, mesmo quando têm apenas uma, querem ser amados como a mamãe um dia os amou. O amor padece de uma insistente cena edípica que se repete. Inclusive, com Freud, é disso que padece o amor de transferência, reedição das figuras edípicas encarnadas na figura do analista, que Freud assimilou à figura do pai, desembocando em interrupções clássicas na condução de suas análises, como com Dora, por exemplo.

Esta é outra visada do impasse freudiano, tomar a transferência como repetição. Sabemos que Lacan alça tanto a transferência como a repetição a conceitos fundamentais da psicanálise, distinguindo-os. Se há um ponto no qual transferência e repetição devem se tocar no percurso de uma análise, é justamente pela via da *tyquê*, encontro com real. A abordagem real do amor de transferência implica que o analista não fique fixado em nenhuma figura do passado, em nenhuma figura edípica, na qual o sujeito sempre estará fixado a suas amarras fálicas.

Importante lembrar com Lacan que, se é o falo quem promove esses embates na vida amorosa, por outro lado, é ele quem permite alguma parceria entre os sexos. Contudo se trata, na travessia de uma análise, de fazer operar a castração, de forma que uma certa margem de liberdade opere, permitindo ao sujeito fazer, do amor necessário que recebeu em sua constituição, algo menos repetitivo, menos sintomático: "O amor precisa da sorte, de um trato certo com o tempo", canta o poeta. O tempo é castração, e o amor, a tentativa de obturá-la. Aceitar o trato com o tempo fala da contingência do amor. É a inclusão do impossível do real no possível do amor.

Mas como incluir este impossível, para não eternizar a cena edípica, e fazer do amor algo menos aguerrido, menos um embate fálico? Como se dá este ultrapassamento do falo, mas não sem ele, numa análise? Como trilhar o caminho em direção à Mulher, a uma mulher? Caminho a ser percorrido por homens e mulheres.

Almodóvar é conhecido por seus filmes cômicos e personagens extravagantes: mulheres muito fálicas, homens travestidos de mulheres, mulheres à beira de um ataque de nervos, de salto alto, com a carne trêmula, demandando que se fale com elas. O cômico é aquilo que revela a derrisão do falo, traço marcante do cinema do diretor espanhol. E podemos também dizer que há em seus filmes, de forma subjacente, senão a tentativa de responder, pelo menos a colocação da pergunta: o que é uma mulher? Temos, então, de um lado, a derrisão do falo e, do outro, a pergunta sobre o que é mulher.

Em seu último filme, *A pele que habito* (2011), Almodóvar vai longe em seu questionamento. Numa crítica ácida aos poderes da ciência, ele cria um personagem muito bem encarnado por Antonio Banderas, Dr. Legard, que cria uma pele sintética super-resistente, construindo, em laboratório, uma mulher, Vera, verdade, à imagem e semelhança de sua esposa morta, que se defenestra após ter o corpo todo queimado num acidente de carro.

Há duas frases emblemáticas no filme. A primeira é da mãe do Dr. Legard, que lhe diz para matar Vera, pois, ao contrário, a história se repetirá, ela se matará, assim como sua mulher e sua filha. A mulher morre após despertar da cama com uma música cantada pela filha: "Necessito amor", depara-se com o espelho e, sem a sustentação fálica de sua imagem, atira-se da janela, caindo no jardim onde sua filha canta. Esta, Norma, sofre os impactos perenes do corpo morto da mãe estendido ao seu lado, e, após um longo tratamento, começa a voltar para os laços sociais. Numa festa, conhece Vincent e, no encontro sexual com este, Norma sucumbe, porque lhe falta justamente a norma fálica. Ao ouvir a música que sua mãe lhe ensinou, "Necessito amor", ela reage gritando, surtando no meio da cena sexual. Acordada pelo pai, atribui a ele o horror do sexual, não voltando mais do surto e, como a mãe, atira-se da janela do quarto do hospital psiquiátrico, suicidando-se. Em função disso, a mãe de Legard o avisa: "mate Vera, para que ela também não se mate".

Vera é a mulher criada pelo Dr. Legard, da costela de Adão. Vera é Vincent, o homem de quem Legard se vinga por julgá-lo culpado pela morte da filha, após uma vaginoplastia e o implante da pele resistente e sintética que ele cria. No pós-operatório da vaginoplastia, Legard diz a Vincent-Vera a segunda frase emblemática do filme: "cuide bem deste orifício, você vai depender dele para respirar". E lhe oferece uma série de próteses penianas, para que ele vá escavando aos poucos este buraco.

O que impede Vera-Vincent de repetir a mesma cena das mulheres de Legard, embora ela viva a loucura da clausura? Para além de Louise Bourgeois, para quem a arte é uma garantia de sanidade, será que podemos metaforicamente dizer que a história não se repete, Vera não se defenestra como as outras duas, porque conseguiu, a despeito da perda real do órgão, manter a sua sustentação fálica, sem ser tragada pelo aspirador que suga os trapos, os restos de suas vestimentas? Almodóvar parece perguntar: como uma mulher se sustenta a partir de sua falta-a-ter, a partir do orifício escavado em seu corpo, sem enlouquecer? Só a partir da sustentação fálica isso é possível. Mas, ainda assim, é preciso simbolizar esta falta para além do falo, constituir uma pele que vista a partir da castração do Outro, da mãe em última instância, um corpo de mulher, único, do qual se possa fazer uso, sem sucumbir ao "Necessito amor".

Do lado do homem, a pergunta parece ser: como abrir mão da proteção do ter fálico, escavando o feminino, um furo, orifício que permita o desejo? Como abrir mão da crença do falo encarnado no órgão e simbolizar a possibilidade de sua falta, mantendo uma identificação que sustente o desejo?

Em última instância, como já dissemos, trata-se, no final de análise, de se fazer o luto da mãe para escavar a mulher que há nesta. Mulher enquanto diferença sexual, enquanto para além do falo, para quem não se pode sê-lo, nem tê-lo. Mulher para além do Édipo, pergunta que este complexo não responde.

Ou, ainda, com Almodóvar, em sua fabulosa cena final. Vincent, no corpo de Vera, procura a mãe, esta, ao se deparar com ele, pergunta quem é. Ele responde: Sou Vincent! Frente à mãe, o sujeito pode se sustentar no nome que recebeu do Outro, sustentado no simbólico do falo, a despeito do imaginário, por suportar um real que o nome porta, mas não o designa.

Referências bibliográficas

A pele que habito (*La Piel que Habito*). Direção: Pedro Almodóvar. Espanha, 2011.

FREUD, Sigmund. *Análise Terminável e Interminável*. Rio de Janeiro: Imago, 1980. (Obras completas, vol. 23). Originalmente publicado em 1937.

LACAN, Jacques. A direção da cura e os princípios de seu poder (1958). In: *Escritos*. Rio de Janeiro: Jorge Zahar Editora, 1998.

______. *O Seminário, Livro 10, A Angústia* (1963-64). Rio de Janeiro: Jorge Zahar, 2006.

PARTE II
DISPOSITIVOS DE VERIFICAÇÃO

Dispositivo: o que é?[1]

Amanda Andrade Lima[2]

Resumo:
O presente artigo discute o que é a formação do analista em uma escola de psicanálise, na qual a formação se dá por meio de dispositivos, tais como a análise pessoal, a supervisão e o passe. Para a discussão, traz o conceito de dispositivo segundo Michel Foucault, que coloca que os dispositivos têm como função fazer o sexo confessar; que eles verificam a disposição "a". Com essa definição, faz-se uma articulação com Lacan, que propõe a necessidade dos dispositivos para o funcionamento de uma escola. Conclui que o que um dispositivo visa é a experiência de fala, disposição a falar sem um saber prévio.

Palavras-chave: Escola. Dispositivo. Transferência. Saber.

> Velha e humilhada, a voz está cansada. Não disso ou daquilo, mas da condição humana do seu lugar na linguagem, obrigada a continuar falando com palavras de Outro, "o mestre", como diz, repetidas na língua morta das palavras dos vivos, os outros,

---

1 Trabalho apresentado no evento "As formações do analista: Dispositivo de verificação", no dia 20 de novembro de 2011, em Vitória.

2 Psicanalista, membro da Escola Lacaniana de Psicanálise do Rio de Janeiro. amandaandradelima@yahoo.com.br.

> "os homens": – o que é possível saber? – o que é possível fazer? – o que é lícito esperar? Cansada dessas e de outras questões, fala para eliminá-las. Sabe que qualquer fala é sempre cheia de coisas, projetos, intenções, significações, sentimentos, sentidos, inconsciências. Ocupam todos os espaços, o blá-blá-blá insuportável nauseia. A voz não quer falar sobre coisas. Não quer significar conceitos. Não quer se expressar. Não quer orientar a fala por um sentido. Chega de ser criança que, por ouvir dizer que a acharam num repolho, acaba se lembrando do canto da horta onde isso aconteceu, que vida levava antes dela nascer.
>
> Beckett.

A pergunta *Dispositivo: o que é?* surgiu da prática adquirida em uma escola de psicanálise para formação de analistas. Na escola de psicanálise lacaniana da qual faço parte, a formação se dá a partir de análise pessoal, supervisão e estudos teóricos que acontecem a partir do acompanhamento de seminários, grupos de leitura e cartéis. No decorrer do ano vigente, a partir do trabalho que me propus a realizar nesta escola, ocorreu-me a seguinte pergunta: quando um analista se propõe a falar, a trabalhar um tema, a apresentar um trabalho, a produzir um texto, o que ele quer dizer? É comum, ao trabalho de um analista em formação, ser convocado a falar, a trabalhar, a produzir textos. Por quê? Para quem? O que fala um psicanalista? E para quem fala?

Responder a estas questões não é tarefa fácil. Lacan (1998) nos dá indícios de que é pela via da fala, do discurso, que alguma coisa se transmite: "Uma psicanálise só pode transmitir-se de um sujeito para outro pelas vias de uma transferência de trabalho" (LACAN, 1998, p. 236).

O que pretendo, com este texto, é pensar, juntamente com aqueles que se interessam pela formação, em como fazer operar a transferência de trabalho numa escola lacaniana de psicanálise. Lacan nos instruiu que devemos nos remeter à transferência de trabalho sempre que pretendemos fundar uma psicanálise. Segundo Lacan, no texto *Ato de fundação* (1998) – que foi escrito quando o mesmo funda sua escola, intitulando-a como Escola – aquilo em que a intenção é realizar um trabalho nos diz também que o trabalho que está em jogo é o bem-fundado da experiência. Para a execução do trabalho, adota o princípio de uma elaboração apoiada em um pequeno grupo, que tem como base a rotatividade. Depois, no mesmo texto, quando fala do ingresso na escola, nomeia cartel a este pequeno grupo, o que parece remeter a uma estrutura interessante quando funciona para se pensar a transferência de trabalho, mas temos que considerar o momento e o lugar em que isso foi proposto (1964), para não cairmos na regra, em uma técnica de formação. Além disso, cabe-nos lembrar a que se propunha Lacan quanto à fundação de uma escola, uma vez que tal fato se aproxima do que pretendo trabalhar hoje: a transmissão na formação de um analista. Segundo Lacan (1998, p. 238), "reinventar não quer dizer, nesse caso, inventar uma nova teoria analítica: reinventar quer dizer tornar transmissível aquilo que o dito de Freud permanece incessantemente transmissível em alguma coisa com a qual um analista não pode jamais se habituar".

O princípio da escola fundada por Lacan é o de afirma-se antes de tudo como uma escola freudiana, no sentido em que tempos antigos significava certos lugares de refúgio, ou base de operação contra o que já se podia chamar de mal-estar na civilização. No texto *Ato de fundação*, Lacan diz o que a escola oferece seu campo não somente a um trabalho de crítica, mas também à abertura do fundamento da experiência, ao questionamento do estilo de vida em que ela desemboca. "Os que aqui se engajam sentem-se sólidos o bastante para enunciar a situação manifesta: que a psicanálise, presentemente, nada tem de mais seguro para fazer valer em seu ativo do que a produção de analistas – ainda que este balanço pareça deixar a desejar" (LACAN, 1998, p. 238).

Como coloquei acima, essa foi a escola fundada por Lacan. O que trago como questão, hoje, não é o funcionamento de uma escola, mas o que recolhemos do funcionamento de uma escola: qual a função de se considerar a escola fundada por Lacan? Parece-me que o que devemos tomar de contribuição da escola freudiana de Paris está em seu princípio, sua base de funcionamento para que uma nova psicanálise possa advir. Será que podemos pensar em uma nova psicanálise, como a passagem de psicanalisante a psicanalista? E mais: isso é equivalente a uma experiência do bem-fundado? Que o Lacan diz ser o passe?

O que fiz, até agora, foi tentar definir o que é uma escola de psicanálise lacaniana, uma escola que tem como princípio para o trabalho uma rotatividade a partir de pequenos grupos denominados cartéis, nos quais o que se pretende é recolher uma experiência singular de trabalho, e o dispositivo do passe que é pôr a psicanálise em intenção e em extensão, em continuidade. Então, partindo dessa definição: qual a função de um dispositivo numa escola de psicanálise? Produzir trabalhos ou uma experiência de trabalho. É isso mesmo, estou estabelecendo uma diferença entre trabalho e experiência de trabalho: trabalho me parece que tem a ver com resultado, enquanto experiência tem a ver com passar por uma situação. Assim, qual a especificidade do trabalho de transferência? Podemos pensar na transferência de trabalho como o princípio do bem-fundado da experiência, sendo, então, a função de um dispositivo? Passar pelos dispositivos, poder falar do que se passou, deixar transmitir, falar partindo do sujeito do inconsciente, que, conforme Lacan, é efeito de linguagem, tudo isso parece indicar que o que se recolhe de uma experiência de formação do inconsciente tem a ver com efeito. Por isso, pensar no efeito me possibilita associar o autorizar-se pela experiência, que, ao que me parece, deve ser a função do dispositivo de possibilitar que aquele candidato a analista torne-se analista ao passar, ou seja, "autorizar-se por si mesmo".

O que aquele que se propõe a trabalhar em um dispositivo deve levar em conta?

Lacan, na escola freudiana de Paris, diz-nos que a escola oferece um campo, uma base de operação, obedecendo a uma estratégia. Comparando com uma partida de futebol, o que temos de saída é a possibilidade de um jogo: não podemos garantir o que acontecerá, tudo dependerá da disposição e da estratégia de jogo, tanto para ganhar como para perder. Annie Tardits (2011), quando trabalhou os dispositivos em seu livro *As formações do psicanalista*, disse que Lacan se utilizou do termo dispositivo para falar da experiência disposta da cura. A autora via, na experiência, mais do que na invenção do inconsciente, a verdadeira criação de Freud, na medida em que ela é um dispositivo cujo real toca no real. Segundo Foucault (1988), que é contemporâneo de Lacan, dispositivo é uma formação que resulta de uma estratégia de fazer o sexo confessar e de o fazer confessar a verdade do ser humano. No texto *História da sexualidade 1* (1988), Foucault, quando trabalha os dispositivos, coloca-nos como uma presa de imensa curiosidade pelo sexo, obstinados em questioná-lo, insaciáveis por ouvi-lo e por ouvir falar dele, uma grande vontade de saber sobre, petição de saber.

O que é importante e possível saber para que um dispositivo funcione? O que a escola demanda quando ela institui um dispositivo?

Em um dispositivo, é importante que saibamos a quantas anda o nosso apetite por saber, melhor dizendo, o que é possível se recolher de um dispositivo, o que se pode saber sobre seu próprio sexo, que, segundo Foucault, nada mais é do que a condição humana, divisão; o que se coloca no sexo é a questão sobre o que somos, acrescento seres falantes. Sendo assim, diante de um dispositivo, confessamos, falamos. Por que falar? Para que falar? Em um dispositivo, falar tem uma função real, de perda de sentido, repetimos ou confessamos o que não podemos saber sobre o sexo, sobre nós mesmos. E, numa escola de psicanálise, quando participamos de um dispositivo (análise, cartel e supervisão), o que pretendemos saber? Dispositivo cujo real toca no real, estratégia de fazer o sexo confessar a verdade do ser humano. Em um percurso de formação, o que está em jogo tem a ver com a passagem da transferência de trabalho ao trabalho de transferência. É importante que consideremos que é uma experiência de fala, de discurso, pois é a partir da fala que podemos encontrar com o real.

Concluo esse artigo com uma epígrafe que ilustra o que a experiência de não saber causa:

> [...] vou acordar, no silêncio, não mais dormir, será eu, ou sonhar outra vez, sonhar um silêncio, um silêncio de sonho, cheio de murmúrios, não sei são palavras, nunca acordar, são palavras, só há isso, é preciso continuar, é tudo que sei, elas vão parar, conheço isso, sinto que me deixam, será silêncio, um momentinho, um bom momento, ou será meu, aquele que dura, que não durou, que precisa continuar, é preciso continuar, é preciso continuar, então vou continuar, é preciso dizer palavras, enquanto houver, é preciso dizê-las, até que elas me encontrem,até que elas me digam, estranha pena, estranho pecado, é preciso continuar, talvez já tenha sido feito, talvez já tenham me dito, talvez já tenham me levado até o limiar da minha história, diante da porta que se abre

para a minha história, isso me surpreenderia, se ela se abrir,vai ser eu, vai ser o silêncio, ali onde estou, não sei, não saberei nunca, no silêncio não se sabe, é preciso continuar, não posso continuar, vou continuar. (BECKETT, 2009, p. 184-185).

Referências bibliográficas

BECKETT, Samuel. *O inominável.* São Paulo: Globo, 2009.

FOUCAULT, Michel. *A História da Sexualidade 1.* Rio de Janeiro: Edição Graal, 1988.

LACAN, J. Proposição de 9 de outubro de 1967 - sobre o psicanalista da escola. In_____: *Outros Escritos.* Rio de Janeiro: Zahar, 2003.

_____. Ato de Fundação. In_____: *Outros Escritos.* Rio de Janeiro: Jorge Zahar, 2003.

_____. Função e campo da fala e da linguagem em psicanálise. In_____: *Escritos.* Rio de Janeiro: Jorge Zahar, 2003.

TARDITS, Annie Tardits. *As formações do psicanalista.* Rio de Janeiro: Companhia de Freud, 2011.

A SUPERVISÃO: UM DISPOSITIVO NA FORMAÇÃO DO PSICANALISTA[1]

Hernani Costa Junior[2]

Resumo:
A supervisão é um dispositivo indispensável na formação do psicanalista. Trata-se de uma etapa em que um analista compartilha com outro analista uma experiência: o primeiro, o supervisando, relata ao segundo, o supervisor, um caso ou fragmento de caso da sua clínica. A aposta nesse trabalho é que, através do relato do texto do caso clínico, algo do supervisionando possa passar por meio dos tropeços, atos-falhos, denegações ou quaisquer outras manifestações inconscientes. Dessa forma o caso clínico torna-se passador do analista, o supervisionado. A supervisão tem como consequência o avanço do tratamento, na medida em que possibilita a quebra das resistências e a transmissão da psicanálise, uma vez que os restos dessa experiência tornam-se elementos fundamentais à produção de teoria.

Palavras-chave: Supervisão. Demanda. Transferência. Formação.

> Em vez de indagar como se dá uma cura pela análise, se deveria perguntar quais são os obstáculos que se colocam no caminho de tal cura.
>
> Freud, em *Análise Terminável e Interminável.*

---

1 Trabalho apresentado no III Encontro Interescolas: "As Formações do Psicanalista", em Brasília, nos dias 23 e 24 de novembro de 2012.

2 Analista e Membro da Escola Lacaniana de Psicanálise de Vitória. hecjr@terra.com.br

Há na psicanálise uma experiência de controle? Supervisão e controle são termos utilizados para referendar a experiência compartilhada entre um analista com outro analista, em cuja experiência o primeiro fala de um terceiro, ausente nesse encontro: o seu analisando. Essa experiência, por um desejo próprio, passa a fazer parte como mais um instrumento na formação de um analista. É importante frisar que se trata de um desejo próprio que aponta duas questões: por um lado, fica evidente que a supervisão não deve configurar uma obrigatoriedade e, por outro, de caráter ético, coloca em questão os analistas que não demandam essa supervisão.

A propósito da formação, Lacan disse que jamais falou de formação do analista, mas sim das formações do inconsciente. E o que são as formações do inconsciente? São aquelas palavras que irrompem da nossa boca repentinamente, como um vômito inesperado e impossível de reabsorção – um refluxo subjetivo. São também aquelas palavras e imagens que nos invadem e que muitas vezes são capazes de nos acordar do nosso adormecimento. São marcas no corpo de palavras ainda por se dizer – os sintomas. E mais, o inesperado – aquilo que sem aviso prévio é por nós produzido – invade o outro que nos pega de surpresa com o riso: o chiste!

Lacan de fato falou das formações do inconsciente, mas falou também das formações de objeto, como o *actting-out* e a passagem ao ato. Isso me faz pensar que, se tivéssemos (quanto às formações) que atribuir uma lógica lá onde elas aparecem, que é na transferência, essa lógica seria a do não/sem. Quer se trate da análise ou da supervisão, é necessário que haja um acolhimento, tanto para as formações do inconsciente quanto para as formações de objeto.

O analista é produzido enquanto uma formação de objeto; surge de uma análise pessoal, e o que resta desta é o possível à psicanálise em extensão. Na relação transferencial, ou seja, na clínica, seria ideal que o analista tivesse uma garantia de permanência à ocupação do seu lugar enquanto *semblant* de *a* para o outro, o seu analisando. Como isso é impossível, e sabendo que o analista também resiste, a supervisão torna-se um artifício de grande importância para a verificação e retificação de muitas questões dessa ordem.

A meu ver, as bases para a proposta de supervisão encontram-se nos primórdios do texto psicanalítico, momento em que Freud descobre a associação livre e a propõe como regra fundamental. Depois, em seu texto *Recomendações aos médicos que exercem a Psicanálise*, ele diz o seguinte, referindo-se ao analista: "Ele deve simplesmente escutar e não se preocupar se está se lembrando de alguma coisa" (FREUD, 1969, p. 150). O título desse texto sugere propostas, recomendações, mas muitos anos depois observamos que reaparece de forma institucionalizada. Aquilo que era apenas recomendação passa a ganhar a potência de uma exigência. Assim, o que era da ordem do necessário, que seria mediado pelo que eu estou chamando do desejo próprio do analista em formação, passa a ter um caráter obrigatório, o que implica uma determinação imposta pelo Outro: a instituição.

Com a Internacional de Psicanálise e suas derivações há o estabelecimento da supervisão como uma etapa obrigatória no curso de uma Formação em Psicanálise. Isso se dá principalmente com a criação da Policlínica de Berlim. Temos, nesse momento, o começo de um problema que se estende aos dias atuais: uma espécie de "trainee" – "analista trainee". Aquilo que em Freud era encontrado como uma aposta, proposta, sugestão, recomendação, passa a viger como obrigatório, ou seja, aquilo que até então seria capaz de tocar um jovem candidato a analista, fazê-lo questionar a propósito do seu desejo e a partir daí constituir uma demanda de supervisão, ao invés disso, o faz engolir goela abaixo a demanda da instituição, que depois vai querer vê-lo dando provas daquilo que ela lhe impõe por meio de um conjunto de regras hierarquicamente estandardizadas. E o que é isso senão a tentativa de fazer a teoria se sobrepor à experiência?

A questão não é que não há saber na teoria. Aliás, podemos afirmar categoricamente que o que a teoria porta é saber. Mas podemos muito bem nos perguntar: é esse saber que nos interessa? É esse saber que interessa aos analistas? É evidente que o saber que os analistas buscam é o não-saber, no entanto não devemos ser ingênuos de achar que porque a IPA se calçava no saber da teoria, este, então, a nós não interessa. Ele, esse saber teórico, já sabido, nos interessa, sim, desde que articulado àquilo que no Discurso do Analista está posto como o próprio motor discursivo que se encontra no lugar da verdade, que é o S2, o próprio não-saber, na supervisão, a fala do supervisando, suas brechas, seus atos falhos e tropeços.

A supervisão foi institucionalizada como uma teoria sobre a prática. Há nesse momento um *savoir-faire* que é ensinado, há uma aprendizagem de como "pro-ceder" e, nisso que se cede, recebe-se apenas uma técnica.

Com Lacan, no coração da Formação do Analista está o seu axioma promulgado na *Proposição de 09 de outubro de 1967*: "o psicanalista só se autoriza de si mesmo" (LACAN, 2003, p. 248). Isto é ato e, portanto, tem consequências. Entre estas há a de que, com isso, Lacan insere no seio da Formação uma questão ética. Com o quê? Com a inclusão dessa partícula: "só". "Só", designação única, singular de autoria do desejo. Mas não é só isso, há que levarmos em conta outros elementos dessa frase, desse tão importante axioma lacaniano. Há que pensarmos no "de si mesmo" que, em português, faz uma boa homofonia – "desci mesmo". Isso aponta no sentido de que a autorização esteja referida, não a uma pessoa, mas a um *descer*, a queda enquanto objeto. No seminário *O ato psicanalítico*, Lacan (2008) insiste que o analista sabe se destinar a um ato em falso; sabe se colocar de tal forma que o seu destino, a cada passagem, seja finalmente um des-ser, ou seja, ele, o analista, há que se fazer despossuir da roupagem da qual foi seu suporte – como um cabide que é jogado no lixo, sem roupas. Isso só é possível por ele, o analista, saber desde o início que este é o seu fim. Desde o início ele sabe muito bem aonde o levará a trilhagem dos desfiladeiros significantes do analisando. E é justo porque ele sabe o que o espera no fim da linha que desde o início ele tem de fazer de conta que disto, desse saber, que desta queda ao final, ele se esqueceu. A passagem de analisando a analista, o autorizar-se em última instância se encontra diretamente articulado ao *descer* por parte daquele que pôde se fazer *semblant*.

O sujeito, só, a partir do desejo, se autoriza ao ato de se designar analista. Quais as consequências disso? Na medida em que Lacan põe o ato analítico no cerne da experiência analítica, ele introduz um questionamento onde não é mais possível de ser pensada uma técnica sem ética. Na verdade, a consequência é maior, o que não se pode mais pensar é em toda a práxis psicanalítica sem que se leve em conta o Desejo do Analista, justo o que faz furo no saber.

Então, no que diz respeito à supervisão, esse princípio de que "o analista só se autoriza de si mesmo" cria toda uma reviravolta, uma vez que deixa claro que não é possível haver nenhum instrumento de aprovação prévia ao exercício da psicanálise. Temos aqui a oportunidade de apontar uma afirmação de Lacan inclusa na *Proposição de 09 de Outubro de 1967*: "não instituímos o novo senão no funcionamento" (LACAN, 2003, p. 248).

Podemos dizer que a supervisão não é o ensino ou a transmissão de um saber teórico que rege uma prática. A supervisão também não é a análise. A análise é a análise, a supervisão é outra coisa, embora alguns digam que ela, a supervisão, é a segunda análise, e também que a segunda é, na verdade, a primeira. Não entrarei por esta via.

O que observo é que há elementos comuns às duas experiências. Na demanda de análise há uma queixa, razão pela qual um sujeito se dirige a um analista. No que diz respeito à demanda de supervisão, M. Safouan (1984) aponta um motivo subjetivo e outro objetivo: o primeiro está referido à questão subjetiva mesmo – o que, enquanto desejo, levou aquele analista, naquele momento, a demandar uma supervisão e por que aquele supervisor? Questões que só poderão ser esclarecidas na análise pessoal do sujeito. O segundo, o motivo objetivo, é o de "uma contribuição apreciável à formação do analista" (SAFOUAN, 1984, p. 122). Podemos fazer a suposição de que, para todos que buscam uma supervisão ou ainda nela se encontram, há uma razão relativa ao momento que o sujeito em questão, o supervisionando, encontra-se no seu percurso de análise com relação às perdas das suas imagens narcísicas. É bom lembrar, já que não é regra, que da mesma forma também um colamento narcísico tanto pode levar o sujeito a demandar supervisão quanto não realizar essa demanda, uma vez que o colamento ao outro lhe deixa no "conforto" de não expor os seus furos.

A supervisão, para um analista em formação (formação permanente), deve figurar não como uma etapa obrigatória no dito percurso, mas sim como mais um elemento produzido no ponto de junção entre a psicanálise em extensão e a psicanálise em intensão. Seria mais um elemento de garantia, como tantos outros, que a Escola deve portar na formação que ela dispensa ao analista – mais um instrumento de preparação dos operadores. Assim, a supervisão terá uma proximidade com o *gradus* e não com a hierarquia. O analista busca uma supervisão porque reconhece, no dizer de Lacan, que: é a psicanálise que decide a qualidade do psicanalista.

Na análise, a insistência é sobre o Discurso do Analista. O analista deve insistir no insuportável – ocupar o lugar de *a* para o outro – o analisando.

Na supervisão, eu diria que a visada é o Discurso do Analista. É o momento em que o supervisionando não está enquanto *semblant* de *a* para um outro, mas sim falando. Creio que, nesse momento da supervisão, ele possa fazer bom uso do discurso da Histérica, que esteja passando, através do caso clínico, o seu próprio texto. É o momento em que vai poder presentificar o que pôde ou não escutar das formações do inconsciente. É também a oportunidade de, através dos relatos a propósito dos *acttings* e passagens ao ato, se dar conta do impossível que foi sustentar o Desejo do Analista. Lembremos que o analisando atua onde faltou uma interpretação. E isso acontece! Aconteceu com Freud, Lacan e acontece conosco. É por isso mesmo que Lacan fez sua oposição à contratransferência. É incompatível com o que se espera na constituição da transferência o analista comunicar ao seu analisando os sentimentos que ele possa estar lhe provocando. Se isso houver, o ético é que ele, o analista, leve enquanto questão para sua própria análise.

Se o analista tem algum sentimento pelo seu analisando, que o leve para a sua análise pessoal. Se se deu conta disso na sua supervisão, é sinal de que ela está funcionando e ele pode separar o joio do trigo e levar para a sua análise o que pertence a ela, pois ao supervisor só resta fazer furo no saber.

Gostaria de concluir com uma frase, produto de um sonho nesses dias que estudava os textos sobre supervisão: "A supervisão é a verificação em ato do Discurso Analítico!".

Referências bibliográficas

FREUD, Sigmund. *Análise terminável e interminável*. Rio de Janeiro: Imago, 1975. (Obras Completas, v. 23). Originalmente publicado em 1937.

_____. *Recomendações aos médicos que exercem a psicanálise*. Rio de Janeiro: Imago, 1969. (Obras Completas, v. 12). Originalmente publicado em 1912.

LACAN, J. Proposição de 09 de outubro de 1967 sobre o Psicanalista da Escola. In: *Outros Escritos*. Rio de Janeiro: Zahar, 2003.

_____. *O Seminário, livro 15, O ato psicanalítico*. Publicação Interna do Centro de Estudos Psicanalíticos do Recife, 2008.

SAFOUAN, Moustapha. *Respostas a algumas questões relativas à análise de supervisão*. Rio de Janeiro: Aoutra, 1984.

O LUGAR DA SUPERVISÃO NA FORMAÇÃO DO ANALISTA[1]

Vera Lúcia Saleme Colnago[2]

Resumo:
Embora a Supervisão seja um dos tripés da formação do analista, juntamente com a análise pessoal e o estudo teórico em uma escola de psicanálise, encontramos poucos textos abordando o tema. Pretendo, neste trabalho, tratar a Supervisão a partir de algumas questões suscitadas pela clínica. Observei que um percurso em uma supervisão possui semelhanças com a análise pessoal. Procurei desenvolver os seguintes pontos: o desejo do analista, a transferência/resistência, os tempos lógicos, as demandas de supervisão, a função do pagamento/dinheiro e a importância da supervisão para a formação do analista e para a Psicanálise.

Palavras-chave: Supervisão. Desejo do Analista. Transferência/Resistência. Psicanálise.

Abordar o assunto "supervisão" traz, de início, uma dificuldade: a escassez de material teórico. Este trabalho é resultado de elaborações advindas do meu percurso analítico e da minha prática clínica. Algumas questões merecem destaque. São elas: A supervisão é necessária à formação do analista? Se sim,

1 Trabalho apresentado no Colóquio "Dispositivos na Psicanálise", em 14 e 15 de maio de 2011.

2 Psicanalista, Membro da Escola Lacaniana de Psicanálise de Vitória - ES. verasaleme@hotmail.com

em que momento deve-se buscar uma supervisão? A supervisão é importante para a psicanálise?

Entendo que a supervisão é da ordem do *necessário* na formação dos analistas, pois retifica o desejo do analista de uma análise pessoal. Uma análise pessoal deve conduzir à travessia da fantasia de um psicanalisante e, quando realizada, promove o que denominamos final de análise. Nas palavras de Lacan (2001, p. 83):

> O fim da psicanálise supõe certa realização da operação verdade, a saber, que, com efeito, se isso deve constituir esse tipo de percurso que, do sujeito instalado em seu "falso ser" lhe faz realizar algo de um pensamento que comporta o "eu não sou" que se encontra nesse objeto a, do qual me parece que fizemos bastante para lhes dar o sentido e a prática e, por outro lado, essa falta que subsiste ao nível do sujeito natural, do sujeito do conhecimento, do "falso ser" do sujeito, essa falta que, desde sempre, se define como essência do homem e que se chama o desejo, mas que, ao fim da análise, se traduz por essa coisa não somente formulada, mas encarnada, que se chama castração(-fi).

E mais: "O final da análise consiste na queda do sujeito suposto saber e sua redução ao objeto a como causa da divisão do sujeito que vem em seu lugar" (LACAN, 2001, p. 85). Isso é uma coisa. Outra coisa é o tornar-se analista. Para Lacan, pode ter havido análise quando esse processo se deu, mas se não há o entusiasmo não há analista. No seminário *De um Outro ao outro*, no qual aborda o mais-de-gozar, Lacan (2004) traz elementos que ajudam a elucidar essa passagem de psicanalisante a psicanalista:

> [...] como penso, desde o começo deste ano, tê-lo suficientemente enunciado, é outra coisa, quer dizer, o que corresponde não ao gozo, mas à perda do gozo, enquanto ele surge o que se torna causa conjugada do desejo de saber, e essa animação, que recentemente qualifiquei de feroz, que procede do mais-de-gozar (p. 107).

Mais adiante, sobre a relação do desejo com o saber, diz:

> O ponto original, não entender geneticamente, mas estruturalmente, quando se trata de compreender o inconsciente, é que nesse ponto nodal de um saber

faltoso que nasce sob a forma do que se pode chamar, na condição de se colocar as duas últimas palavras numa espécie de parênteses, de o desejo (de saber). É o desejo inconsciente nada mais em sua estrutura (p. 266).

O que Lacan quer dizer é que o final de análise e o nascimento do analista são distintos. Formação do psicanalista: onde entra a supervisão neste contexto?

Para chegar ao fim de uma análise são necessárias muitas intervenções e reviravoltas dialéticas subjetivas produzidas pelo discurso analítico. Elas vão preparando o sujeito para a sua queda. Um longo caminho se faz trilhar até esse fim. Vale ressaltar que ele não é linear e contínuo, pois os efeitos do discurso analítico são avassaladores e provocam resistências e recuos por parte do psicanalisante. O encontro real advindo da análise pessoal não é fácil de suportar e, por isso, muitas vezes, o sujeito a interrompe. Segundo Lacan (1998, p. 255), no manejo transferencial:

> [...] o analista, não basta que ele suporte a função de Tirésias. É preciso, ainda, como diz Apollinaire, que ele tenha mamas. Quero dizer que a operação e a manobra da transferência devem ser regradas de maneira que se mantenha a distância entre o ponto desde onde o sujeito se vê amável, - e esse outro ponto em que o sujeito se vê causado como falta por *a*, e onde *a* vem arrolhar a hiância que constitui a divisão inaugural do sujeito.

O praticante de psicanálise que, em sua análise pessoal, vive os efeitos da castração simbólica com a consequente mudança subjetiva torna-se mais acolhedor na escuta dos significantes de seus psicanalisantes. Quanto mais prossegue em seu percurso analítico, maior será o contorno simbólico em torno do furo real. Portanto maior será também a sustentação da transferência.

É possível fazer um paralelo entre o que se passa numa situação analítica e o teatro. Para encenar um papel, o ator precisa se apropriar do personagem e, para tanto, precisa ensaiar. E, ao ensaiar, ensaiar, ensaiar vai criando as condições para "encarnar" o personagem. Mais ainda, há que se ter uma "condição", um "corpo" do ator para introjetar e fazer passar o personagem. É interessante observar como certos personagens, shakespearianos, por exemplo, exigem atores mais velhos, com um longo caminho nos palcos. É preciso um "corpo" para suportar esses personagens. Esse corpo não se aproxima do que denominamos, na psicanálise, de o contorno do vazio pelo simbólico? Outra observação que faço é sobre a autoria do personagem. No teatro, a autoria é do dramaturgo, mas, na representação, ela ganha um contorno, um traço do ator. Não será o ator, também, um coautor? E, na psicanálise, quem é o autor do Ato? Será que é quem o escreve, o analista (função)?

Voltando à análise pessoal e à supervisão, ressalto que sempre haverá um resto inabordável da análise pessoal que insiste em se dizer. Falo do real que escapa à simbolização. A clínica, para os praticantes, passa a ser o lugar onde esse real comparece. A supervisão é um dos lugares que colhe esses restos. Ela também é contingencial, pois pode efetivar-se ou não. Alguns procuram uma supervisão em busca de uma análise pessoal (é claro que também é função da supervisão apontar e encaminhar tal demanda). Outras vezes percebe-se no supervisionando a necessidade de repensar sua análise para dar continuidade ao seu percurso em direção à finalização de sua análise, ou mesmo à passagem de psicanalisante a psicanalista. Mas será que todos "podem" escutar tal apontamento, ou mesmo conseguem avançar em alguns pontos? Em outras palavras, será que todos os postulantes a analista conseguem levar ao término uma análise e/ou uma supervisão?

A busca pela supervisão responde, portanto, a várias demandas. Muitas vezes o que o praticante busca numa supervisão é a garantia de seu lugar de "analista". Sabendo ser a supervisão um dos tripés da formação analítica, pensa estar cumprindo os requisitos para tornar-se analista. Há, também, a demanda de encontrar no supervisor um orientador e avalista. Todas essas demandas são legítimas no início de um percurso. Cabe ao supervisor escutá-las e manejá-las. Cito Lacan (2001, p. 64) no seminário do Ato:

> A função da psicanálise caracteriza-se claramente nisso: instituindo um fazer pelo qual o psicanalisante obtém certo fim, que ninguém ainda pôde fixar claramente, pode-se dizê-lo, se confiarmos na oscilação verdadeiramente desordenada da agulha, que se produz assim que interroguemos acerca disso os autores.

O momento de procurar uma supervisão é lógico e deve ser verificado na particularidade de cada caso. Como disse anteriormente, são várias as razões que levam os praticantes a demandar uma supervisão. Escutar cada uma delas é fundamental na condução da supervisão, uma vez que essa razão pode revelar a posição do supervisionando em sua análise pessoal. Posição que diz respeito à sustentação do desejo do analista. O andamento da supervisão, tal como uma análise pessoal, não ocorre sem os efeitos transferenciais que provocam resistências.

Destaquei até aqui alguns pontos sobre as demandas de supervisão. Será que podemos pensar que uma supervisão, assim como uma análise, se desenrola em tempos lógicos? Será que existem construções numa supervisão, tal como no percurso de uma análise pessoal?

Os tempos lógicos de uma supervisão

É preciso dizer que a escuta e a intervenção numa supervisão devem advir da transferência, que não se dá sem a sustentação do desejo do analista. Em uma análise pessoal, o analisando chega carregado dos significantes familiares que emolduram seu vazio, lugar de sujeito, fixando-o a partir dos orifícios de seu corpo em uma posição de objeto imaginário, ou melhor, fantasmático frente ao Outro. Quando a rede significante que sustenta o sintoma se esburaca, surge a angústia. Eclode um mal-estar que tira o sujeito de sua "acomodação", e o sintoma, que é uma formação do inconsciente, já não basta para assegurar uma posição de adequação do sujeito frente ao Outro. O sintoma torna-se queixa. Alguns sujeitos procuram um analista para falar do seu sofrimento. Há também outras demandas em que os "sujeitos" apresentam outras modalidades de sustentação, como, por exemplo, as psicoses.

Não cabe aqui falar destas especificações, mas recortar o que interessa para o tema da supervisão. Caso se estabeleça uma transferência, inicia-se o percurso analítico. Neste percurso, são necessárias inúmeras intervenções para que uma tarefa psicanalisante se estabeleça e, como efeito, as construções em análise se iniciem.

Um analista praticante chega a uma supervisão através dos seus psicanalisantes. Os casos clínicos são os passadores dos significantes do analista, que está na posição de sujeito até que possa, pontualmente, ocupar o lugar de objeto causa de desejo para um outro. O supervisionando é capturado pelos seus próprios significantes, produzidos na situação analítica por ele conduzida. Ele fica aprisionado às identificações estabelecidas na sua trama familiar, o que provoca cegueira e surdez na condução de um determinado caso.

Na direção de um tratamento, o analista praticante depara-se com resistências que são próprias de uma análise. A resistência é o sinal da transferência e, portanto, da possibilidade de interpretação. Mas, dependendo do manejo, pode tornar-se um impedimento à continuidade do tratamento. Quando o analista postulante é capturado pelos seus próprios significantes, ergue-se um rochedo (da castração) na condução da análise. Por isso Lacan dizia que a resistência é sempre do analista. Ela aparece na clínica do lado do psicanalisante como faltas às sessões, desistências ou mesmo o andar em círculos, levando à paralisação do percorrer analítico. O postulante, ao não escutar a questão, faz uma série de intervenções que não produzem efeitos e, muitas vezes, o psicanalisante interrompe sua análise. Entretanto deve-se ter o cuidado de analisar uma interrupção, pois ela pode ser também causada por um apontamento preciso que desnuda o real da cena fantasmática. O analista, neste caso, terá no manejo transferencial a ferramenta para reinserir o psicanalisante na análise. Nesse sentido, observam-se embaraços de toda ordem por parte do analista, desde o "não escutar" o que se passa na análise ou o "não saber" como conduzir o tratamento ou, por fim, "o que fazer?".

Vê-se, também, a ocorrência de esquecimentos e, principalmente, dificuldades com relação ao pagamento da análise. Vale lembrar que as questões relativas ao pagamento em uma análise encenam com muita clareza a posição do sujeito frente ao desejo do Outro. Isso se faz presente tanto na clínica em intenção, a análise pessoal, quanto na sua prática em extensão. O pagamento traz no seu bojo o lugar do significante dinheiro, em sua articulação de desejo/demanda do Outro. Este ponto é crucial em uma situação analítica, pois traz elementos estruturais sobre os primórdios do advento do sujeito, que se dá no tempo do erotismo anal. Ele sinaliza o modo como o sujeito se constitui pela demanda do Outro que se repetirá ao longo de sua vida, inclusive quando praticando a psicanálise.

Em determinados momentos, o analista praticante fica literalmente engessado no seu velho e familiar lugar de objeto imaginário/fantasmático da demanda/desejo do Outro. Ele, como todo humano, demanda sempre ser amado pelo outro. É claro que se trata também de verificar a particularidade de cada caso, pois cada sujeito traz uma posição singular no modo como foi estabelecida a sua demanda/desejo na relação com o Outro.

Vale ressaltar que não há como não vivenciar esses acontecimentos em uma clínica psicanalítica. Seria uma idealização imaginar a existência de um postulante sem questões sintomáticas. O que é grave, do ponto de vista ético, é ficar aprisionado nelas por muito tempo, sem se embaraçar, se angustiar, se questionar. Se um analista praticante sofre em sua análise pessoal os efeitos do discurso analítico, irá questionar sua posição. Ele "sabe" que está preso na sua familiar posição de gozo, ao qual precisa renunciar para prosseguir em seu caminho rumo ao desejo. Voltando à questão da supervisão, será que a presença real da vigência do discurso analítico na clínica torna-se fator decisivo na imposição ética de uma demanda de supervisão?

O analista praticante muitas vezes se inquieta diante da presença do real na clínica e quer falar disso para outro. Ele leva as questões de sua prática, em algumas situações, para sua análise pessoal; mas há um momento em que se introduz uma demanda de outra ordem. Esse analista elege, a partir da transferência, outro analista que não o de sua análise pessoal para acolher sua demanda: o supervisor. É uma outra demanda, a de verificar um "para além" que é franqueado pelo caso. O caso clínico permite um dizer mais próximo da verdade. Alguns autores falam da segunda análise ou, mesmo, da verdadeira análise. Não será justamente por se tratar de uma aproximação com a verdade? Não será por isso que é encoberto pelo "caso", como um véu último do que resta da análise?

Sabemos que a projeção é um mecanismo estruturante primordial na constituição psíquica, que se estrutura nos primórdios da vida do recém-chegado ao mundo. Será, então, que o que se passa num percurso analítico de um praticante não é a "necessidade" de encenar, pela projeção, seus pontos primordiais? Encenar o real num tempo em que a palavra ainda não existia como recurso simbólico? Pois, afinal, como dizer se faltam palavras? A projeção se impõe como uma saída possível frente ao impossível do inaudito. O "caso" oferece ao postulante uma tela projetiva para que ele possa se aproximar da verdade. Ele fala pela boca do outro, reconhecendo seus significantes até então desconhecidos por ele.

Quanto à questão do tempo lógico, será que esse momento inicial de inquietude por parte do analista, decorrente dos impasses nos atendimentos, poderia ser o primeiro tempo, o tempo de ver, em um segundo lugar, na extensão? Lembramos que o tempo de ver é o de descortinar o véu da alienação, que permite o encontro com a presença real. O analista praticante já consegue ver os emperramentos, ou seja, aquilo que não anda no caso clínico e, por isso, se angustia.

O segundo tempo, o de compreender, surge da elaboração em que se tornam presentes as associações livres do postulante. É o tempo das construções significantes advindas da etapa primordial da formação do eu. Introduz-se, nesse momento, a articulação entre teoria e prática da clínica na extensão. O praticante já consegue recortar mais facilmente os seus significantes do caso apresentado em supervisão. Ele já está mais descolado do seu lugar de objeto na fantasia. A demanda de supervisão adquire um novo estatuto. A elaboração simbólica se intensifica. Os significantes do praticante se destacam do "caso" e se articulam em novas produções.

Já o terceiro tempo lógico diz respeito ao concluir, no qual o supervisionando autoriza-se por si mesmo a construir sua teoria sobre a clínica. A transferência deixa de sustentar essa relação, assim como em uma análise pessoal.

A importância da supervisão para a psicanálise

Um analista nasce de uma análise pessoal. Há um princípio inscrito na *Proposição de 9 de outubro de 1967* sobre o psicanalista da Escola: "o psicanalista só se autoriza de si mesmo" (LACAN, 1967, p. 248). Mas é preciso dizer que uma psicanálise não se sustenta sem os seus operadores, que, por sua vez, não existem sem que uma "Escola garanta que um analista depende de sua formação" (LACAN, 1967, p. 248). Lacan (1956, p. 462), na *Situação da Psicanálise e Formação do Psicanalista*, diz: "[...] se pudermos definir ironicamente a psicanálise como o tratamento que se espera de um psicanalista, é justamente a primeira, no entanto, que decide a qualidade do segundo". Para o advento do analista, é preciso, antes, a existência da psicanálise. Daí a importância de uma Escola que, moebianamente, faz a articulação entre psicanálise em intenção (análise pessoal) e psicanálise em extensão. Outro modo de dizer é que a perpetuação da psicanálise sustenta-se nessa dobradiça: privado de uma análise pessoal e público de uma Escola. Não há um sem o outro, "o analista se autoriza de si mesmo e de alguns outros".

Em uma análise pessoal, o que se visa é a travessia da fantasia. E em uma supervisão? A clínica psicanalítica é a clínica do real, tanto em um percurso pessoal, quanto na prática analítica. De um lado, há quedas subjetivas advindas de uma análise pessoal, de outro, os efeitos provocados por um atendimento clínico que desaloja o analista praticante de sua posição de ideal de eu, fazendo-o bascular para o lugar de objeto a (queda também de seu lugar de sujeito). Em outras palavras, tanto em uma situação quanto na outra, é necessária a queda do sujeito para dar lugar à causa de desejo. É o des-ser do lado do analista. Mas isso não é um processo que transcorra facilmente, pois habitar pontualmente o lugar causa de desejo deve ser construído/desconstruído ao longo de um percurso psicanalítico. É preciso uma série de intervenções significantes e, fundamentalmente, da vigência ato analítico.

Entretanto, se um psicanalisante também pratica a psicanálise, ele vivencia esses impasses quanto ao desejo do analista. A supervisão, então, ocupa o lugar para ressituar o desejo do analista. Mas não um lugar qualquer, um *lugar terceiro* em relação ao psicanalista-psicanalisante, onde serão colhidos os restos advindos de um trabalho da análise pessoal. "Terceiro" por se tratar de intervir sobre os significantes do supervisionando que restam da sua análise pessoal e que são passados pelo "caso clínico".

Para a psicanálise, a importância da supervisão liga-se ao fato de que ela "qualifica" o analista praticante ao retificar o desejo do analista. Então podemos dizer que ela é fundamental para a psicanálise. Nesse sentido, uma Escola de Psicanálise necessita que a questão da supervisão seja constantemente colocada.

Referências bibliográficas

LACAN, Jacques. Situação da psicanálise e formação do psicanalista em 1956. In_____: *Escritos*. Rio de Janeiro: Jorge Zahar, 1998, p. 462-495.

_____. Proposição de 9 de outubro de 1967 sobre o psicanalista da Escola. In_____: *Outros Escritos*. Rio de Janeiro: Jorge Zahar, 2003, p. 248-264.

_____. *O Seminário, livro 16, De um Outro ao outro* (1968-1969). Recife: Publicação do Centro de Estudos Freudianos do Recife, 2004.

_____. *O Seminário, livro15, O Ato Psicanalítico* (1967-1968). Recife: Publicação da Escola de Estudos Psicanalíticos, 2001.

_____. *O Seminário, livro 11, Os quatro conceitos fundamentais da psicanálise.* Rio de Janeiro: Jorge Zahar, 1998.

Obras consultadas

LACAN, Jacques. Psicanálise e seu ensino. In_____: *Escritos*. Rio de Janeiro: Jorge Zahar, 1998, p. 402-437.

______. "Ato da fundação". In_____: *Outros Escritos*. Rio de Janeiro: Jorge Zahar, 2003, p. 235-247.

______. "Discurso na Escola Freudiana de Paris" In_____: *Outros Escritos*. Rio de Janeiro: Jorge Zahar, 2003, p. 265-287.

______. "Alocução sobre o ensino". In_____: *Outros Escritos*. Rio de Janeiro: Jorge Zahar, 2003, p. 302-310.

______. "Nota italiana". In_____: *Outros Escritos*. Rio de Janeiro: Jorge Zahar, 2003, p. 311-315.

O LUGAR SESSÃO CLÍNICA NA FORMAÇÃO DO ANALISTA: RECORTES DE UMA EXPERIÊNCIA[1]

Alcione da Penha Vargiu Vasconcellos de Andrade[2]

Resumo:
É partindo da prática clínica que Freud inventa a psicanálise. Lacan afirma que as sociedades psicanalíticas não podem se sustentar sem um apoio certo no real da experiência analítica. Aqui se pode evocar o princípio de que "o analista só se autoriza de si mesmo... e de alguns outros". O dispositivo da Sessão Clínica tem por objetivo fazer com que a teoria psicanalítica avance a partir deste real da clínica. É também um espaço destinado ao questionamento sobre a efetividade do discurso psicanalítico no mundo, além das conduções das análises pessoais, pela presença dos psicanalistas nas diversas instituições, públicas ou privadas, nas mais variadas áreas (saúde, educação, políticas públicas, direito, entre outras). Este texto é o relato da experiência na coordenação do Lugar Sessão Clínica na Escola Lacaniana de Psicanálise de Vitória.

Palavras-chave: Sessão clínica. Formação do psicanalista.

É partindo da prática clínica que Freud inventa a psicanálise. Escutando as histéricas, ele percebe que há uma outra cena, o inconsciente, e, a cada

1 Trabalho apresentado no Colóquio"Dispositivos da Psicanálise", em 14 e 15 de maio de 2011.

2 Analista Membro da Escola Lacaniana de Psicanálise de Vitória (AME), Psicanalista do Serviço de Neonatologia do HUCAM-UFES, Especialista em Psicologia Hospitalar (CRP), Especialista em Saúde Mental (UFES), Mestranda em Psicanálise (UERJ).

analisando, vai formulando, reformulando e progredindo em suas elaborações teóricas.

Lacan, por sua vez, nos deixa a indicação de que é necessário que cada analista reinvente a psicanálise. Essa reinvenção, se caminhamos com Lacan pelas vias abertas por Freud, passa pelo real da clínica, por um percurso analítico.

Em sua *Proposição de 1967*, Lacan afirma que as sociedades psicanalíticas não podem se sustentar sem um apoio certo no real da experiência analítica. Aqui se pode evocar o princípio de que "o analista só se autoriza de si mesmo" (LACAN, 2003a, p. 248). O analista só pode se autorizar a partir do apoio certo no real de sua própria análise, a suportar a solidão de seu ato na condução das análises de seus analisandos. Mais tarde, na Nota Italiana, Lacan (2003b) acrescentará que o analista se autoriza de si mesmo e de alguns outros! E esses alguns outros?

No texto *O mal-estar na psicanálise*, Safouan, Julien e Hoffmann (1996) trabalham esses "alguns outros" como a função terceira, uma vez que possibilita o testemunho diante dos pares sobre questões de peso surgidas na prática analítica; questões para as quais a resposta a encontrar não se sustenta sem o assentimento de alguns outros, pois só há saber naquilo que se transmite, que circula e, assim, escapa da propriedade privada para se tornar herança comum.

Por isso Lacan funda sua Escola, para que ela seja base de operações contra o mal-estar reinante na psicanálise, lugar de refúgio em que a Escola oferece seu campo não somente a um trabalho de crítica, mas à abertura do fundamento da experiência e ao questionamento do estilo de vida em que ela desemboca. Para Lacan (2003c), no *Ato de Fundação* da Escola Freudiana de Paris, a psicanálise nada tem de mais seguro para fazer valer seu ativo do que a produção dos analistas, mesmo que este balanço deixe a desejar.

Na *Proposição*, Lacan (2003a), após enunciar o princípio de que o psicanalista só se autoriza de si mesmo, complementa que, por outro lado, isso não impede a Escola de garantir que um analista dependa de sua formação. Uma vez o analista querendo essa garantia, ele se torna responsável pelo progresso da Escola, tornando-se psicanalista da própria experiência. Lacan (2003c), no *Ato de Fundação*, já havia convidado para fazer parte de sua Escola todos aqueles formados por ele e que pudessem contribuir para introduzir, dessa formação, o bem-fundado da experiência. Ou seja, Lacan convida aqueles que podem dar testemunho de uma passagem pela experiência analítica e, a partir daí, transmitir a psicanálise, a cada vez renovada, reinventada, um a um.

Lacan formula o dispositivo do passe numa tentativa de interrogar o real presente na formação do analista e como este real conduz a seu próprio desconhecimento, produzindo sua negação sistemática. Ele dirá, ainda, que a passagem de analisante a analista é encoberta por uma sombra espessa e que é função da Escola o empenho para dissipá-la.

Propõe, ainda na *Proposição*, que os pontos de junção onde devam funcionar os órgãos de garantia da Escola sejam o começo e o fim da psicanálise. No começo, está a transferência e, no fim, a destituição do sujeito e o des-ser do analista.

Em várias passagens no Seminário *O Ato Psicanalítico*, Lacan (1968) fala do desconhecimento que o ato provoca no analista, notadamente quanto a um de seus efeitos: o des-ser do analista ao final de uma análise. O ato analítico comporta um ponto de real. Este real implica seu próprio desconhecimento, pois provoca horror naquele que se empresta como semblante de objeto causa de desejo para um determinado sujeito, já que, neste momento, o analista cai para o lugar de objeto faltoso, puro furo, lugar vazio. Por isso os analistas não dizem o que a prática opera, para nada quererem saber de seu ato. A operatividade do ato analítico convida, portanto, a seu deciframento. Por quais caminhos isso opera? O que nos ensinam os efeitos de tal ato?

A apresentação de casos clínicos entre os pares da Escola possibilita que, mesmo um analista que não está no momento de dar testemunho de seu passe, possa testemunhar, através do que opera em sua clínica pelo ato psicanalítico, os momentos fundamentais de uma análise: o início, pela instauração da transferência, e os momentos de destituição subjetiva, que apontam para o des-ser do analista, destino do qual, como nos diz Lacan (2003d), no *Discurso na Escola Freudiana de Paris*, o analisante não pode poupar o analista ao final de um percurso de análise.

Angela Vorcaro (1999), citando Faivre-Jussiaux, nos diz que uma das finalidades da experiência analítica é desvendar o lugar do analista na aventura singular cuja causa ele suporta, mas que ao mesmo tempo o destitui, fazendo dele, o analista, um outro. Que esse real se torne legível é, ao mesmo tempo, o desejo do analista e a aposta da transmissão do caso. Fracassar nesta tarefa situaria o analista fora do discurso. Para a autora, somente a explicitação das operações clínicas pode abordar, na transmissão do caso, esse real em jogo na formação do analista.

O dispositivo da Sessão Clínica tem por objetivo fazer com que a teoria psicanalítica avance a partir deste real da clínica. É também um espaço destinado ao questionamento sobre a efetividade do discurso psicanalítico no mundo, além das conduções das análises pessoais, pela presença dos psicanalistas nas diversas instituições, públicas ou privadas, nas mais variadas áreas (Saúde, Educação, Políticas Públicas, Direito, entre outras).

O lugar Sessão Clínica é um espaço de formação e de transmissão da psicanálise, articulando em sua estrutura de funcionamento a clínica e a teoria, seja no que é possível "ler" a clínica a partir da teoria, seja no que a prática clínica, seguindo Freud, faz "reinventar" a teoria.

Em nossa Escola, adotamos um dispositivo de apresentação de Sessões Clínicas que conjuga elementos do dispositivo do passe e do funcionamento de cartel, e cujo funcionamento se dá em três tempos. Na primeira etapa, um analista pede para que o dispositivo seja montado para que possa expor um caso clínico, um recorte de sua prática clínica, com o qual julga poder transmitir algo à Escola através de sua comunicação; poder fazer avançar a psicanálise, na interlocução com os pares. Então, realiza-se uma sessão clínica dita "fechada", formada pelo analista que a solicita e mais quatro convidados escolhidos junto à coordenação da Sessão Clínica. Esses convidados são compostos de:

a) o Mais Um, que se encarrega de convocar os demais convidados e por este pequeno grupo a trabalhar;
b) o Silencioso, que terá como função "escutar" (inclusive os atos falhos, contradições, tropeços e associações que surgirem durante a exposição do caso e a interlocução com os demais convidados, além do que suscitou nele mesmo de formações do inconsciente), e transmitir, como um "passador", seu testemunho para outro grupo, chamado "Grupo de Operadores";
c) dois convidados entre os membros da Escola.

Em um segundo momento, o Silencioso levará ao Grupo de Operadores seu testemunho e, juntos, recortarão os elementos teórico-clínicos que serão apresentados à Escola. Este grupo não saberá o nome do analista da Sessão Clínica fechada. Esses operadores são convidados, conjuntamente, pelo solicitante e pela coordenação da Sessão Clínica e são compostos de:

a) Silencioso, que esteve na sessão clínica fechada;
b) dois membros da Escola.

Nos dois grupos, sempre haverá a presença dos AME e dos AE da Escola.

O terceiro momento é a única etapa aberta a todos os membros e participantes da Escola, onde acontece a apresentação do trabalho teórico realizado pelo Grupo de Operadores.

O sigilo durante o dispositivo é fundamental, tanto para preservar o caso quanto para evitar os efeitos imaginários em relação ao nome do analista, facilitando assim a transmissão do real em jogo. Lembro aqui uma passagem de Lacan (2003e), na *Introdução de Scilicet* (justificando a proposta de publicar os textos dos analistas sem o nome do autor, introduzindo somente uma lista dos autores ao final da revista), em que ele diz que a experiência se condena a nunca dar passagem a nada que possa modificá-la, pelo motivo que é da natureza dessa experiência que quem dela dá conta a seus colegas não possa fixar para si outro horizonte senão o de fazer boa figura, e isso o libera de fazer entrar aí a seriedade.

Também em relação às Sessões Clínicas pode-se perceber muita inibição, a qual está expressa no desinteresse dos analistas em solicitar um espaço de Sessão Clínica, apesar de ilustrarem com muitos recortes da clínica as discussões teóricas durante as reuniões de cartel, por exemplo, ou na tendência de trazerem para uma sessão clínica um caso que consideram de sucesso, esquecendo que o fracasso sempre nos ensina muito, talvez mais.

Durante mais de dois anos (de agosto de 2008 a dezembro de 2010) ocupei a função de coordenação das sessões clínicas na Escola Lacaniana de Psicanálise de Vitória. Essa experiência foi muito rica e me ensinou muitas coisas sobre a clínica, sobre o funcionamento de uma Escola, sobre transmissão.

É curioso observar como este dispositivo de apresentações de sessões clínicas se presta a todo tipo de atuações, pois para o exercício deste testemunho convergem, além dos impasses impostos pelo real da clínica, também os da análise pessoal do analista solicitante, as questões da autorização e toda sorte de atualização do que se passa no funcionamento da própria Escola, em dado momento.

O lugar Sessão Clínica é um lugar privilegiado para que a Escola recolha as "provas" que necessita para operar sua garantia, entendida aqui como Lacan (1998) a precisa no seminário *Os quatro conceitos fundamentais da psicanálise*, a saber que uma Escola " indica a quem a gente pode dirigir-se para representar esse Sujeito Suposto Saber" (p. 220), ou seja, a quem se nomeará como Analista Membro da Escola.

A nomeação, a questão das provas nos leva ao *gradus* e ao reconhecimento da diferença. Nessa experiência na coordenação do Lugar Sessão Clínica, toda vez que a diferença era negligenciada, o dispositivo denunciava. Evidenciou-se para mim a importância da escolha do Mais Um e do Silencioso, pois são os que fomentam as discussões e provocam o trabalho em cada etapa do dispositivo. Isso nos ensina sobre as nomeações na Escola, sobre a nomeação dos Mais Um nos cartéis e sobre as escolhas que fazemos das pessoas que vão ocupar cada lugar de garantia na Escola: se pode ser qualquer um, não pode ser um qualquer.

A coordenação do espaço Sessão Clínica mostrou ser uma função que exige daquele que dela se encarrega uma escuta atenta e uma posição analítica todo o tempo. A cada composição do dispositivo é sempre o novo que comparece e pede uma leitura. Já dissemos o quanto a sessão clínica é palco de atuações e atualizações do que se passa no funcionamento da Escola e que também é o lugar privilegiado de colher as provas de um nascente "desejo do analista" no percurso daqueles que dão testemunho de sua clínica. Vi uma ambiguidade na forma como escrevi "sua clínica": a de sua análise pessoal ou a de seus analisandos? Mantenho assim, pois é exatamente destas duas vertentes que se trata.

Alguns recortes desta experiência

Após a realização de uma sessão clínica fechada, foi passada para o Mais Um a lista de operadores que ele deveria convocar para a realização do trabalho que viria a público. Por algum motivo, o nome de uma das pessoas é elidido e outro aparece em seu lugar. Quando a coordenadora do lugar Sessão Clínica toma conhecimento do fato, os operadores já estão se reunindo. A troca das pessoas não atrapalhava em nada o andamento dos trabalhos, mas o "engano" não deve nos enganar, e sim nos instruir. A coordenação permite que o grupo de operadores faça seu trabalho, mas convoca a pessoa que foi "elidida" para uma conversa, ocasião em que é relatado o acontecido e deixa a cargo dela pensar o que isso pode querer dizer. Algum tempo depois, a pessoa em questão traz um retorno, falando dos efeitos de saber deste "apagamento" de seu nome da sessão clínica, a articulação que fez com o ficar "apagada" na Escola e em outras situações de sua vida.

Algo semelhante aconteceu em outra ocasião. No momento de compor os membros da sessão clínica fechada, o analista solicitante sugere o nome de uma pessoa, mas em seguida diz que esta não pode ser, pois ainda não é membro da Escola, somente participante. A coordenadora também fica em dúvida e vai se certificar junto à Direção, que revela que a pessoa já é membro da Escola. Este acontecimento é relatado a esta pessoa em questão como algo que lhe concerne, para que ela tome como puder. Alguns meses depois, esta mesma pessoa solicita, pela primeira vez, uma sessão clínica, o que provoca muitos efeitos e material para sua análise.

Ao longo destes dois anos, uma pessoa foi muito lembrada e convidada a participar das sessões clínicas, ora como silencioso ora como membro da sessão clínica fechada ora como operador. A coordenação poderia ter barrado este nome, propondo um maior rodízio entre os membros da Escola, mas por que barrar o inconsciente, quando ele insiste em comparecer, se é justo, através de suas formações, que podemos ter acesso a ele? Essa insistência da Escola na lembrança de determinado nome foi levada à comissão de garantia, como algo significante, algo de uma transferência de trabalho em relação a este par, que ainda não havia sido nomeado AME, para uma verificação.

A partir desta experiência, o trabalho das nomeações na Escola Lacaniana de Psicanálise de Vitória foi reorientado. Antes, havia uma Comissão de Garantia, órgão encarregado das nomeações na Escola. No entanto esta comissão não tinha uma ligação, uma interlocução direta com os lugares Sessão Clínica, Cartel e Passe, ou seja, justamente os lugares que podem recolher as "provas", dar notícias sobre o percurso da formação de cada analista praticante da Escola. As nomeações acabavam por ter um viés muito imaginário: nomeava-se aqueles que falavam melhor, que escreviam bem, teorizavam com rigor, demonstravam engajamento na Escola etc.

Atualmente, esses três lugares – Sessão Clínica, Cartel e Passe – se reúnem na função de nomear os AME, a partir das "provas" que cada analista vai dando em seu percurso nos cartéis e, principalmente, naquilo que testemunha de poder suportar e manejar com a transferência em sua prática clínica.

Bem, espero que estes poucos recortes de uma experiência na coordenação da Sessão Clínica sejam passadores de um entusiasmo e que sejam um exemplo de como a Escola pode insistir em sua função.

Referências bibliográficas

LACAN, J. Proposição de 9 de outubro de 1967. In_____: *Outros Escritos*. Rio de Janeiro: Jorge Zahar Ed., 2003(a).

_____. Nota Italiana. In_____: Outros Escritos. Rio de Janeiro: Jorge Zahar Ed., 2003(b).

_____. Ato de fundação. In_____: *Outros Escritos*. Rio de Janeiro: Jorge Zahar Ed., 2003(c).

_____. Discurso na Escola Freudiana de Paris. In_____: *Outros Escritos*. Rio de Janeiro: Jorge Zahar Ed., 2003(d).

_____. Introdução de Scilicet no título da revista da Escola Freudiana de Paris. In_____: *Outros Escritos*. Rio de Janeiro: Jorge Zahar Ed., 2003(e).

_____. *O Seminário, livro 11, Os quatro conceitos fundamentais da psicanálise*. Rio de Janeiro: Jorge Zahar Ed., 1998.

_____. *O Seminário, livro 15, O ato psicanalítico*. 1968. (Inédito).

SAFOUAN, M; JULIEN, P; HOFFMANN, C. *O mal-estar na psicanálise*:o terceiro na instituição e a análise de controle. Campinas, SP: Papirus, 1996.

VORCARO, Angela M. R. *Crianças na psicanálise*: clínica, instituição, laço social. Rio de Janeiro: Companhia de Freud, 1999.

O DISPOSITIVO SESSÃO CLÍNICA E A FORMAÇÃO DO ANALISTA[1]

Flávia Chiapetta de Azevedo[2]

Resumo:
Objetivamos, neste artigo, refletir sobre a formação do analista e a transmissão da psicanálise, a partir do dispositivo Sessão Clínica.

Palavras-chave: Dispositivo. Psicanálise. Transmissão. Escola.

Pensar sobre o dispositivo da Sessão Clínica me fez pensar em várias outras questões: a formação do analista; a função de uma Escola; a função dos dispositivos; a transmissão da psicanálise. Duas questões iniciais nortearam meus estudos. O que dizer sobre o dispositivo Sessão Clínica? Qual a sua função na Escola Lacaniana de Psicanálise – RJ?

No texto *A questão da análise leiga*, Freud (1926), a partir de sua experiência, conclui que o ensino teórico da psicanálise, ministrado por ele próprio, causava pouco efeito em seus alunos. Estes acolhiam a doutrina psicanalítica com a mesma frieza que acolhiam as outras abstrações com as quais foram nutridos. Nesse texto, Freud, antes mesmo de Lacan, deu-se conta de que o discurso universitário não provocava efeitos de transmissão, uma vez que o saber transmitido não alterava o sujeito. O que se pode concluir disso é que o saber que

1 Trabalho apresentado no evento "As formações do analista: dispositivos de verificação", em 19 e 20 de novembro de 2012.

2 Analista Membro da Escola Lacaniana de Psicanálise – RJ. flaviachiapetta@terra.com.br

o discurso analítico opera é distinto do conhecimento. O seja, não é pelo fato de um sujeito ter acesso à teoria analítica que esta lhe é autenticamente transmitida.

A teoria, embora importante na formação do analista, não é suficiente, porque, como indicou Freud, produz pouco efeito, ou, em outros termos, não promove uma mudança de posição. Nesse caso, o candidato a analista só poderia manejar a teoria repetindo-a sem uma apropriação verdadeira da experiência.

Ao constatar que o estudo teórico não era suficiente para provocar efeitos de transmissão, Freud propõe um tripé fundamental na formação do analista: a análise didática, a análise de controle e o estudo teórico. Do lado da experiência prática, ele coloca a análise didática e a de controle; do outro lado, o estudo teórico.

Os dispositivos de uma Escola são lugares de articulação entre a experiência prática e a teórica, como uma dobradiça. Lugares como cartéis, seminários, grupos de trabalho, sessão clínica, jornadas etc. garantem a formação do analista e a transmissão da psicanálise, uma vez que permitem ao sujeito, a partir de uma transferência de trabalho, elaborar teoricamente aquilo que aprendeu na clínica.

Somando-se a essa articulação clínica/teórica, há a dimensão privada/pública, introduzida por Lacan ao abordar a questão da formação do analista. De um lado, a psicanálise em intensão, aquilo que diz respeito ao privado, à análise e à supervisão; de outro, a psicanálise em extensão, ou seja, aquilo que é da ordem do público.

Nesse contexto, a questão dos dispositivos de uma Escola é pôr a psicanálise em intensão e a em extensão em continuidade. Ou seja, aquilo que foi apreendido no âmbito privado, da análise e da supervisão será transmitido ao público, de um sujeito a outro, através dos dispositivos de uma Escola. Num dispositivo, então, convergem e se articulam clínica e teoria, assim como, também, público e privado.

No texto *Sobre a experiência do passe*, Lacan afirma, por intermédio de um chiste, que jamais havia falado de formação do analista, e, sim, de formações do inconsciente. A meu ver, neste chiste, Lacan privilegia a dimensão da análise que está na base de toda a formação do analista. É a partir dessa experiência que o sujeito poderá extrair algum saber. A análise implica a conquista de um saber que já está lá antes que nós o saibamos. Um saber que, em um primeiro tempo, não é sabido, mas que se dá a conhecer em um tempo posterior. O sujeito pode aprender a direção em que isto se produziu, e é nesse sentido que uma análise é didática. Desta forma, a psicanálise em extensão, que é o público, torna-se um efeito da psicanálise em intensão.

Então, qual o saber que se extrai da análise? O saber inconsciente, porém, mais do que isso, o furo no saber inconsciente. Furo que Freud indica na cadeia inconsciente como o umbigo do sonho.

O tornar-se analista implica uma mudança de posição em relação ao saber. Essa mudança de posição, que só se realiza a partir da análise, refere-se à passagem da ignorância, a douta ignorância. Esse momento é correlato da derrelição do Outro e, consequentemente, do autorizar-se por si mesmo. O dispositivo do passe vem testemunhar justamente este momento: da derrelição do Outro e do autorizar-se por si mesmo.

Mas, por que falar de saber, de furo do saber, do passe, uma vez que me propus a abordar o dispositivo Sessão Clínica? Porque, a meu ver, o dispositivo Sessão Clínica se aproxima, em alguns pontos, do dispositivo do passe.

Guardando as devidas proporções, poderíamos dizer que, tal como no passe, na sessão clínica há: o passante, que seria o dono do caso; o passador, que seria o morto; e os júris, que seriam os AMEs, que passariam o relato ao público.

A Sessão Clínica da Escola Lacaniana de Psicanálise – Rio de Janeiro é um dispositivo composto de cinco membros e mais um. O analista que solicita a sessão clínica escolhe dois analistas com quem tem transferência de trabalho para debater o caso. O secretário escolhe o "mais um" e o morto, os quais só serão revelados na sessão clínica.

O morto não pode intervir, pode anotar o que escuta, mas não pode falar. É num segundo tempo que o morto passará aquilo que escutou para outros dois analistas, os quais não saberão quem foi o analista do caso. Esses dois últimos analistas, por sua vez, passarão, ao mesmo tempo, para o público, aquilo que recolheram do relato do morto sobre o caso clínico.

A cada passagem, uma perda: perde-se sentido, perde-se gozo e ficam-se os restos. É a partir desses restos que algo poderá ser construído. Trata-se de construção, tal como Freud (1937) a define em *Construções em análise*: construir aquilo que foi esquecido a partir dos traços que deixou atrás de si. As perdas operadas nas passagens do dispositivo são necessárias para que o trabalho de construção seja possível.

Roudinesco (2006), no livro *O poder do arquivo*, nos faz lembrar que, se está tudo arquivado, se tudo é vigiado, anotado, julgado, a história como criação não é mais possível. Ela é, então, substituída pelo arquivo transformado em saber absoluto.

Se, como afirmei anteriormente, há uma semelhança na estrutura de funcionamento dos dispositivos da sessão clínica e do passe, há também uma diferença que considero fundamental entre esses dois dispositivos: a relação do analista com o saber e a questão do autorizar-se.

Se, no passe, espera-se que o analista testemunhe o furo no saber, na sessão clínica, o que se observa, na maioria das vezes, é uma esperança em tudo dizer, em tudo saber. E essa posição circula em todos os lugares desse dispositivo, desde o dono do caso, passando pelos analistas que participam da sessão clínica pequena, e, principalmente, aqueles que ocupam o lugar de morto e de AME.

O autorizar-se por si mesmo, neste caso, é substituído por uma demanda ao Outro institucional. Essa demanda, na minha opinião, é a responsável pelos problemas cruciais desse dispositivo; é o que faz um analista destituir o outro para ser reconhecido.

Referências bibliográficas

FREUD, Sigmund. *A questão da análise leiga*. Rio de Janeiro: Imago, 1979. (Obras completas, v. 20). Originalmente publicado em 1926.

______. *Construções em análise*. Rio de Janeiro: Imago, 1979. (Obras completas, v. 23). Originalmente publicado em 1937.

LACAN, Jacques. Proposição de 9 de outubro de 1967 sobre o psicanalista da Escola. In______: *Outros Escritos*. Rio de Janeiro: Zahar, 2003, p. 248-264.

ROUDINESCO, Élisabeth. *A análise e o arquivo*. Rio de Janeiro: Zahar, 2006.

A SESSÃO CLÍNICA[1]

Marcelia Marino Schneider Côgo[2]

Resumo:
Este artigo propõe uma reflexão sobre a experiência em uma modalidade de trabalho dos casos clínicos denominada "Sessão clínica" e a sua contribuição para a formação do psicanalista.

Palavras-chave: Sessão clínica. Seção. Cessão. Escola.

> O analista por razões de estruturas próprias ao objeto de sua procura, não poderá deixar de estar apto à função do espanto.
>
> Alain Didier-Weill.

A questão da formação dos analistas sempre foi muito cara para Lacan. O seu ensino estabelece uma diferença abismal em relação à forma como esta formação era concebida, na medida em que evidencia que não há um saber prévio, completo, fechado sobre o que é um analista e, por consequência, não é possível sustentar a existência de uma identidade do psicanalista. A pergunta "O que é um analista?" é a pergunta da ordem do dia que deve ser

1 Trabalho apresentado no evento "As formações de um psicanalista: dispositivos de verificação", na Escola Lacaniana de Psicanálise de Vitória, nos dias 19 e 20 de novembro de 2011.

2 Psicanalista, membro da Escola Lacaniana de Psicanálise de Vitória. mscogo@hotmail.com.

sustentada por qualquer agrupamento analítico que queira insistir em um funcionamento de Escola.

O tornar-se analista é, portanto, fruto de um processo de construção a partir de uma experiência com o inconsciente e de bordeamento possível do real dessa experiência. A formação de um analista, entendida por esse viés, demarca o caráter de intransmissibilidade da psicanálise por um processo formal, de acumulação de conhecimentos.

Assim, se nenhum ensinamento forma um analista, e se a análise pessoal é fundamental, sabemos, contudo, que ela não é suficiente; é preciso algo mais, alguns outros. Nesse algo mais está uma Escola de psicanálise, enquanto esta garante, sustentada pela ética da psicanálise e insistência na vigência do discurso analítico, a efetivação de dispositivos e modalidades de trabalho entre os analistas que primam pela abertura para a emergência do sujeito do inconsciente e garantem o lugar para as diferenças. Dispositivos e modalidades de trabalho por meio dos quais seja possível recolher indícios que testemunham a formação de um analista, isto é, o acompanhamento dos percursos em suas trajetórias singulares em direção ao tornar-se analista. Em seu funcionamento, instaura um modo de relação entre analistas que segue na contramão da acomodação em saberes fechados e inquestionáveis e da garantia em ideais gregários, uma vez que, por insistir na abertura ao campo da surpresa, engendra um movimento permanente de questionamentos e relançamentos, promovendo entre os analistas trocas e interlocuções sustentadas por uma dinâmica que, se é relativa ao campo do saber, ao saber inconsciente, tem como pano de fundo o não saber.

A sessão clínica é um desses dispositivos. Ao longo de nossa história, construímos um funcionamento muito peculiar para o trabalho dos casos clínicos, sustentado por uma lógica inerente ao passe. De forma bem sucinta, podemos dizer: um analista solicita a organização de uma sessão clínica e apresenta o recorte clínico a um primeiro público, cujos integrantes são por ele escolhidos, dentre eles, o mais um, encarregado de organizar o(s) encontro(s) e provocar o trabalho de discussão, e o silencioso, cuja função assemelha-se ao passador do procedimento do passe. Após recolher o relato, mas principalmente os seus efeitos, atos falhos na escrita, sonhos, associações, o silencioso, na função de passador, se reunirá com outras duas pessoas, também indicadas pelo analista solicitante, e lhes relatará o que pôde escutar da apresentação do caso clínico.

Para o trabalho, esse novo grupo, denominado grupo de operadores, contará com os efeitos que o relato provocará em cada um. Nesta fase, esse grupo nada sabe do analista em questão. Essa despossessão do caso favorece a retirada das influências imaginárias que o peso do nome do analista poderia implicar, o que coloca em evidência o trabalho a partir dos elementos escutados. É muito interessante que o "se deixar" atravessar e trabalhar pelos efeitos da surpresa, equivocação inerente às formações do inconsciente, possa fazer com que seja possível ou não que algo da ordem de uma transmissão ocorra.

O produto teórico recortado e elaborado por cada um dos três integrantes é posteriormente apresentado à Escola. Não mais interessa o caso em si, a historinha, mas o que se transmitiu, para além da pretensão de dizer, pois algo aí se impõe, se puder ser escutado.

Ao longo dos anos, a experiência de tal funcionamento evidenciou o quanto este dispositivo coloca em operação esse campo da surpresa que não podemos deixar silenciar.

Cada integrante da sessão clínica, desde o analista solicitante, os participantes do primeiro público, o silencioso, os integrantes do grupo de operadores e os próprios pares da Escola sofrem esses efeitos, que nodulam, boemianamente, dois campos: a análise em intensão (a análise de cada um, a análise privada) e a análise em extensão (os efeitos da análise em intensão, nas mais diferentes situações e lugares onde esse sujeito está inserido).

Esse "se deixar invadir e ressoar" pelo que um caso permeia estabelece um modo de articulação em que o privado, as questões da clínica pessoal sofrem efeitos que promovem deslocamentos. Esses deslocamentos e rearranjos do privado têm efeitos na extensão, no recorte da teoria, na modalidade de trabalho entre os pares, na vida. Essa continuidade da análise em intensão e da análise em extensão engendra um modo moebiano de funcionamento que tem tudo a ver com a formação de um analista. Podemos dizer que há uma aposta em outro modo de transferência entre os analistas. Aposta em um trabalho movido não por um trabalho de transferência, no qual prevalecem as questões fantasmáticas, e predominantemente de suposições de saber em alguns; mas por uma transferência de trabalho, cujo motor é o saber inconsciente em função, não mais suportado por questões fantasmáticas, e que agora se endereça à psicanálise enquanto campo aberto. Na insistência nessa modalidade de transferência, vamos nos propondo a trabalhar a partir dos efeitos dessa experiência de ressonância, em que o espaço euclidiano do dentro e fora, o privado e o público, já não mais tem tantas separações.

Trabalhar com essa continuidade implica um se autorizar que aponta para o desejo do analista e sua operatividade. O desejo do analista, como função, também é fruto de uma construção. Nesse percurso, que não é curto, pode ocorrer que, na temporalidade de cada um, chega-se a correr o risco de autorizar-se a lançar-se em teorizações e elaborações a partir de suas próprias formações do inconsciente na ordem do privado da análise pessoal, sem, contudo, autorizar-se da mesma ordem, na Escola, com os pares. Se questões sintomáticas determinam tais emperramentos ou dificuldades, deveríamos também considerar se questões oriundas do agrupamento analítico têm a sua parte nessa dificuldade. Talvez algo dessa ordem ocorra quando um "saber" consistente, recorrente e circulante na Escola, age com valor superegoico, a despeito do vigor da experiência e da abertura para a surpresa, o que silencia qualquer tentativa de comparecimento de algo novo, por um dito integrante "novo" na psicanálise, ou "velho".

A insistência nessa modalidade de funcionamento a partir das formações do inconsciente, mais aberto à surpresa e moebiano, requer um despojamento, um exercício que não é sem entraves ou dificuldades, e tais questões dizem respeito a uma temporalidade de cada sujeito ali implicado, mas também da Escola. Mas o que deve prevalecer é a insistência.

A própria história de construção desse dispositivo "Sessão clínica" fala de um percurso dessa Escola. Alguns anos atrás, muitas Sessões clínicas foram canceladas pela dificuldade com o sigilo, outras, em função do argumento do grupo de operadores de falta de elementos suficientes para o trabalho. Muitos analistas que solicitaram sessões clínicas insistiam em dizer de que forma gostariam que o caso fosse trabalhado, numa tentativa de controlar e direcionar o trabalho.

Em outro período, a questão trabalhada na apresentação para a Escola parecia centrar-se em um julgamento do analista, se tal conduta era ou não analítica. Muito caminhamos até agora. Atualmente, o recorte do caso clínico, as questões da história em si quase não são relatadas. Estamos em um momento em que a experiência está mais valorizada do que qualquer julgamento a ser feito.

Nos grupos de operadores, observamos uma tendência que persiste: a queixa, bem inicial, de falta de elementos e de dados, o que dificultaria a identificação do que poderia ser trabalhado. O seu surgimento não paralisa o trabalho, pois logo se dissolve e a atenção se desloca justamente para o que furou ou escapou, para as incongruências, o equívoco sonoro, os efeitos significantes, quer dizer, são esses os provocadores das elaborações. Penso que tais queixas, quase frequentes, evidenciam a suposição de que haveria um caso cujos elementos comparecessem de forma mais clara, completa, com poucos buracos ou pontos inacessíveis. Ao longo desses anos, vivemos experiências muito interessantes, algumas sessões clínicas foram desdobradas, outras levaram alguns analistas a solicitarem fala em outros espaços da escola, provocados por um ponto destacado da experiência. Não raro, integrantes do primeiro público de uma sessão clínica devolvem o quanto a participação nessa fase foi fértil e falam do efeito de alguns significantes em sua própria análise e nos questionamentos de sua clínica. Cartéis foram estruturados.

O trabalho diário da clínica é muito solitário. Falamos sobre as nossas questões em nossas próprias análises, levamos alguns recortes para a supervisão. O ato de solicitar uma sessão clínica implica uma ruptura com esse privado, implica um primeiro público, no qual, ao falar de uma questão suscitada por um caso, o analista fala de si próprio; e assim, inevitavelmente, surgem alguns significantes, o do caso e alguns seus. Se, para o analista solicitante, o próprio ato de falar para um primeiro grupo permite uma troca, um despojamento, uma abertura para os efeitos que a sua própria fala promove em outros, o efeito mais significativo que pode promover ressignificações está justamente no retorno a partir do grande público, quando ouve dos operadores o produto de suas elaborações. Trata-se de um momento sem igual, no qual alguns elementos retornam; a maioria dos quais apenas o próprio analista pode identificar. Um significante relativo ao caso, não dito no primeiro tempo do funcionamento, que retorna pela boca de outros de uma forma surpreendente; questões trabalhadas teoricamente que trazem elementos não "vistos" pelo analista em questão que redirecionam a condução do próprio caso. Da mesma forma, comparecem significantes do próprio analista, e, escutá-los assim, pela boca de outro, promove a vivência de uma estranheza que o relança a muitas elaborações em sua própria análise. Não se passa por tal procedimento sem efeitos da ordem da surpresa, que promovam questionamentos ricos e interessantes.

Para esse funcionamento, cada participante tem o seu lugar, a sua função e a sua importância, porém alguns precisam ser destacados. Além do analista que solicita, o silencioso é um deles. Não é sem razão o cuidado por parte dos analistas na sua escolha, pois não é qualquer um. A escolha se pauta por uma suposição de uma escuta mais furada que favoreça o recolhimento de algo a ser transmitido, apesar dele próprio e de sua vontade. Igualmente de fundamental importância é a escolha dos operadores, geralmente aqueles que, mais do que serem da patota ou amigos, são escolhidos pela aposta de permeabilidade para este trabalho, experiência ou reconhecido interesse teórico supostamente compatível com o que o analista pretende discutir com o caso clínico. Diferentemente do dispositivo do passe, aqui, há uma escolha por parte do analista, baseada, na maioria das vezes, em alguma suposição de saber.

A própria experiência nesse dispositivo, se é rica pelo campo de abertura que sustenta, favorece algo mais, mesmo que este não seja o seu objetivo primeiro. Estamos falando do acompanhamento dos percursos, do recolhimento de alguns traços que fornecem indícios da edificação do desejo do analista, sempre um a um. Expõe-se a tais recolhimentos não só aquele que oferta a sua fala, mas os que participam das mais distintas formas e maneiras através de suas intervenções. Traços de como cada um coloca o seu inconsciente em função, como trabalha seu estilo de escuta, seu modo de abordar, articular a teoria, indícios de como suporta o Real inerente à sua formação.

Se os efeitos dessa experiência são tão vigorosos e reconhecidos como instigantes e provocadores, por que há poucos pedidos de sessões clínicas? O analista evita sofrer os efeitos do campo que ele mesmo sustenta? De que ordem é essa transmissão de característica tão peculiar e tão virulenta, vivenciada nesse dispositivo?

Na busca de respostas possíveis a estes questionamentos, deparei-me com o equívoco que porta a homofonia dos termos SESSÃO, SEÇÃO e CESSÃO, o que me fez pensar na possibilidade de tratarmos essa tríade como diferentes dimensões ou consistências presentificadas neste dispositivo, articulando-as, respectivamente, ao IMAGINÁRIO, SIMBÓLICO e REAL.

SESSÃO, cuja origem em latim *sessio*, de significado sentar-se, aponta para o "tempo ou período em que uma a assembleia, um congresso, um corpo deliberativo ou consultivo se mantém em reunião, estudando, discutindo, resolvendo ou deliberando acerca de fatos ou questões. Significa, também, espaço de tempo em que se realiza determinada atividade ou parte dela. Espaço de tempo durante o qual um espetáculo teatral é apresentado. Um tempo de reunião de apresentação de casos, período durante o qual ocorrem exames.

Cada encontro terapêutico do cliente com o analista" (HOUAISS, 2001, p. 2560). Ou, ainda: "Artigo que encerra decisões publicadas na sessão do conselho, sequência ordenada das interações entre usuários e uma aplicação em um computador" (WIKIPÉDIA, 2012).

O termo sessão pode ser articulado ao enquadramento necessário, ou à consistência que favorece campo, suporte ou corpo para a emergência dos efeitos da surpresa. Fazem parte desse enquadramento as pessoas, a reunião, o tempo de duração, o próprio caso em si, enfim, os elementos e situações que favoreçam com que algo aconteça. De fato, tal sustentação também ocorre com uma sessão analítica, por exemplo, pois o fato de agendarmos uma sessão e o paciente comparecer no local e hora combinados e colocar-se a falar não significa que algo de ordem analítica acontecerá.

SEÇÃO ou SECÇÃO, cuja origem em latim é *sectio*, significa corte. "Ação de separar, separar cortando. Incisão praticada, corte, secionamento. Ponto no qual algo foi cortado e dividido. Porção retirada de um inteiro, divisão de um todo, parcela, porção. Divisão ou subdivisão feita em uma obra escrita por capítulos ou artigos. Divisão de repartição pública, serviços públicos ou privados. Geometria: Interseção de um plano com uma superfície" (Houaiss, 2001: 2530). Ou, ainda: "Se diz da linha, da superfície segundo a qual se cortam duas superfícies, um volume e uma superfície. Em arquitetura: Documento gráfico representando a interseção do plano de corte e da matéria do elemento" (WIKIPÉDIA, 2012).

O termo seção pode ser articulado ao puro corte. Instante de ruptura de um sentido, vacilação provocada por algo que comparece com o auxílio de uma homofonia, por exemplo, ou com um ato falho, um sonho. Esse corte promove a brecha por onde o inesperado pode surgir.

Lacan trabalha a função do corte de diversas formas em seu ensino. A própria condição de sujeito dividido, a partir da entrada da linguagem, é efeito desse corte, dessa ruptura. Com a entrada da linguagem, concomitante a uma alienação ao campo do Outro, há um impossível a ser recuperado à função simbólica. Este impossível é associado à função de causa.

No seminário *A angústia*, Lacan aponta que "a angústia é esse corte, corte nítido, sem o qual a presença do significante, seu funcionamento, seu sulco no Real, é impensável, é esse corte a se abrir, e deixando aparecer o que vocês entenderão melhor agora: o inesperado, a visita, a notícia, aquilo que é tão bem exprimido pelo termo 'pressentimento', que não deve ser simplesmente entendido como pressentimento de algo, mas também como pré-sentimento, o que existe antes do nascimento de um sentimento" (LACAN, 2005, p. 88).

Lacan (2005, p. 258), brincando com as palavras, diz que é "de um corte interno, de uma 'separtição', de uma divisão por dentro" que podemos falar de uma "parturição" (LACAN, 1998, p. 857) do sujeito. O sujeito, portanto, ao surgir como efeito de uma alienação ao campo do Outro, a partir de um campo de falta, opera com a sua própria perda. Lacan aponta que, na castração, prevalece a imagem de um corte, de uma separação. É esse viés de corte, separação, castração que o termo seção porta.

CESSÃO, cuja origem em latim é *cessio*, significa cedência, ato de ceder. "Desistência. Renúncia. Concessão de vantagem. No Jurídico: contrato oneroso ou gratuito pelo qual se transfere a outro certo crédito ou direito" (HOUAISS, 2001, p. 682). No Direito, diz respeito a: "ação de ceder, de transferir para um outro aquilo do qual alguém é proprietário" (WIKIPÉDIA, 2012).

O termo cessão, nessa vertente, está referido à cessão de objeto, tal como Lacan teoriza no Seminário *A angústia*, e assim diz respeito à dimensão Real. Nesta dimensão, o que é da ordem da cessão de objeto é relativo à função de resto da operação de ciframento significante, aquilo que resta não cai sob o golpe do simbólico. Assim, se há um corte, há algo não abordado pelo simbólico que cai, escorre por essa fratura – puro Real.

Parece que a vertente real dessa cessão de objeto é que produz todo o impasse do sujeito diante do desejo. O objeto *a*, como resto da operação significante, é o que cai como resto ao ciframento significante, e aí se instala em seu estatuto da causa, causa de desejo. O sujeito surge daí, desse corte em ato do objeto. "O sujeito mítico como tendo que se constituir no confronto significante, nós nunca o apreendemos, porque o *a* o precedeu" (LACAN, 2005, p. 341). O *a* é a sua primeira forma de comparecimento, o próprio sujeito é, então, marcado por uma substituição e é só secundariamente que ele surge.

Lacan só conseguiu falar da constituição desse objeto causa de desejo propondo um tempo anterior lógico à sua cessão. Tempo em que o mesmo ainda não teria se constituído como tal, quando a sua função de falta ainda não estaria estabelecida. Podemos dizer que este é o momento lógico da angústia, que surge justamente quando o lugar reservado à falta onde o desejo é causado se encontra saturado de alguma maneira: "A angústia não é sinal de uma falta, mas de algo que devemos conceber num nível duplicado, por ser a falta de apoio dada pela falta" (LACAN, 2005, p. 64). Assim, é a angústia, em sua função de corte, no momento anterior à cessão de objeto, que demarcará tanto o objeto, agora perdido e irrecuperável, quanto fundará o desejo de um sujeito dividido pela operação significante.

"A cessão é o próprio momento da angústia primordial, quando o próprio sujeito cai de sua posição de objeto, situado na própria hiância do desejo do Outro" (RABINOVICH, 2000, p. 84). Por efeito da angústia, e neste momento de cessão, aquele que está em vias de advir como sujeito cede alguma coisa, e, a partir de então, nada mais o ligará a isso. Tal cessão não é sem referência ao corpo ou uma parte do corpo, moeda de troca desse comércio com o campo do Outro.

A cessão fala da queda de uma posição, e diz respeito a uma perda que ratifica uma falta na estrutura que foi o gatilho de todo esse processo. Quer dizer, "essa falta exige que o sujeito se torne perda" (RABINOVICH, 2000, p. 83) para que o desejo se instaure, causado pelo objeto *a* enquanto causa de desejo. Estão noduladas, então, as categorias de falta, perda e causa.

Então, é por estar marcado por esse estatuto da falta que um objeto alcança o estatuto de objeto *a*, causa de desejo, justamente porque foi perdido. Este processo diz de uma renúncia de gozo. Esta dimensão Real é a que mais diz respeito ao que está em jogo na formação do analista.

No percurso da análise que produz um analista, ao seu final, a perda em questão atinge o estatuto de sujeito desejante do desejo do Outro; a partir desta perda, não só o Outro de sua história cai da sua posição. O sujeito, ao recortar o objeto causa que ele foi para o Outro, muda de estatuto, este não mais diz respeito a um sujeito dividido entre dois significantes, mas diz respeito a um sujeito determinado como objeto, objeto causa de desejo. Estamos falando de um momento de cessão de objeto, cessão que subsidia o ato passagem de analisando a analista.

Voltando ao dispositivo da sessão clínica. É da articulação dessas três dimensões, mas principalmente dos efeitos desta terceira dimensão, a dimensão REAL, que colhemos algo com efeito de transmissão. Entretanto, o que funciona como motor e causa essa transmissão pode também gerar emperramentos e adiamentos? Podem estar aí os motivos pelos quais essa experiência é tão procrastinada ou evitada?

Quando algum analista interessado solicita uma sessão clínica, procura isso para falar de seu desejo de trabalhar um recorte clínico, assim o faz enquanto possibilidade, e, muitos, em tom de vacilação justificada pela necessidade de um maior tempo para a sua elaboração. Um desejo que não se sustenta e que é facilmente adiado. Um adiamento, às vezes, na procura de atingir a boa forma em falar, na suposição de organizar melhor os elementos, trabalhá-los antecipadamente na supervisão. Tais vacilações apontariam para uma idealização ou tentativa de controle dos buracos e faltas que poderiam comparecer?

Lacan, no já referido seminário *A angústia*, nos dá indicativos que permitem, neste momento, supor o que poderia contribuir para esse movimento de evitação ou de adiamento. Quando trabalha o objeto cedível no nível anal como aquilo que intervém na função do desejo, fala do desejo, nesse nível, como desejo de reter. Diz que, nessa referência, o desejo, em sua relação com a angústia, deveria ser situado no nível em que estaria a inibição e, assim, faz todo um desenvolvimento para destacar que por isso diz que o desejo pode assumir a função de uma defesa. E do que é que na inibição o desejo se defende? Se defende de um outro desejo, ele diz. "A inibição seria a introdução, numa função, de um desejo diferente daquele que a função satisfaz naturalmente" (LACAN, 2005, p. 344). Na inibição, o desejo se exerce, sim, porém ocultado.

No nível anal, o objeto *a* "se revela o primeiro suporte na subjetivação do sujeito na sua relação com o Outro, ou seja, aquilo através de que o sujeito é inicialmente solicitado pelo Outro a se manifestar como sujeito, sujeito de pleno direito" (Idem, op.cit., p. 356). É nesse nível que, pela primeira vez, ele tem a oportunidade de se reconhecer num objeto: "Nesse nível, o que o sujeito já tem para dar é o que ele é – uma vez que o que ele é só pode entrar no mundo como resto, como irredutível em relação ao que lhe é imposto pela marca simbólica" (LACAN, 2005, p. 356).

Trata-se de uma passagem por um ponto em que ele está à mercê do outro, embora já possa jogar com isso, com toda ambiguidade e ambivalência características desse momento. Ele já tem o manejo de um objeto (objeto semblante de sua própria posição) que lhe permite, diante da demanda do Outro, dar, não dar, dar um pouco, em face da demanda do Outro que incide, demandando que ele dê ou que retenha. Cabe destacar que ele próprio é esse objeto (objeto dela, da mãe); ao mesmo tempo não é, não deve ser: "É a esse objeto como causal, que se prende o que identificará primordialmente o desejo como desejo de reter. A primeira forma evolutiva do desejo, portanto, apresenta-se como tal da ordem da inibição" (LACAN, 2005, p. 356).

Lacan, aí, nos aponta que aprendemos com o obsessivo "que o objeto que o sujeito não consegue impedir-se de reter como o bem que o valoriza não é senão o seu resto, seu dejeto" (LACAN, 2005, p. 357).

Por esse viés teórico, podemos supor que, em relação à Sessão clínica, toda essa procrastinação, evitação, ou até defesa, tem a ver com algo desse momento estrutural? Um analista praticante está em processo de análise, e, nesse percurso, cada um trabalha suas questões a partir de uma temporalidade muito singular. Alguns estão às voltas com um Outro que ainda se presentifica como consistente, para outros, esse Outro já pode ganhar um estatuto mais inconsistente. Não é fácil nem simples soltar-se da posição de objeto mantida, a duras e gozosas penas, a partir de um arranjo fantasmático.

Talvez ofertar-se em uma experiência que coloca em cena uma retirada egóica, de corpo, do nome pelo qual é reconhecido, que exige um ponto de renúncia, seja difícil para alguns. Evitar expor-se a essa experiência, evitar ceder os significantes de um caso ou os seus próprios pode falar dessa temporalidade?

Assim, mais do que se sustentar a partir de um desejo de viver essa experiência e retirar dela um bom uso, o que se instala é o já referido modo de desejo em estado de defesa. Talvez, por questões singulares de percurso analítico, o praticante leia no funcionamento do dispositivo a veiculação de uma demanda institucional: "dê-nos algo", "mostre-nos como você conduz sua clínica".

Por outro lado, essa retenção talvez se intensifique justamente naqueles que, por estarem em vias de se deparar com esse ponto zero, ponto no qual mais estiveram à mercê do Outro, e a poucos e difíceis passos de se soltarem, aí mais resistam. São suposições.

Podemos nos arriscar a dizer que, através dessa evitação, adiamento e até recusa, o que se atualiza e se consolida é a manutenção de uma descontinuidade entre o privado e o público, mantém-se os campos cindidos. Seria uma forma de segurar, o quanto pode, o pouco de propriedade, no sentido de "bem, posse", através do que mais lhe é solidário à sua solidão, o privado da clínica?

A esses questionamentos, somam-se algumas observações pertinentes e necessárias. Se a elaboração sustentada, até então, para o reduzido número de pedidos de sessões clínicas tem o seu lugar de importância e sustentação teórica para tal, precisamos ter a cautela para não reduzirmos a leitura desse movimento apenas às dificuldades ou aos modos de defesa por parte dos analistas; embora seja assim para muitos.

Um número maior de sessões clínicas poderia, de fato, imprimir um ritmo de trabalho interessante e provocador entre os pares da Escola, contudo, as últimas experiências de sessões clínicas nos permitiram questionar, em alguma medida, esse fator quantidade, pois, mesmo em número reduzido, promoveram significativos efeitos nos mais diversos âmbitos de produção da Escola. Tal fato precisa ser evidenciado porque aponta para uma temporalidade e um movimento da Escola ainda à espera de leitura.

Outro elemento destaca-se como fundamental, trata-se do caráter de contingência relativo ao que é da ordem da cessão em jogo nas sessões clínicas. Essa contingência aponta para o fato de que não é em toda sessão clínica que há algo da ordem de uma cessão. Desta, tem-se notícias justamente pelos seus efeitos, que comparecem nas falas, e elaborações por parte dos pares da comunidade analítica, efeitos atemporais que evidenciam algo da ordem de uma transmissão que provoca o trabalho.

Assim, se a experiência nos instrui, ela também abre para outras questões que precisam ser sustentadas para que possamos dar relevo ao uso que podemos e queremos fazer dessa modalidade de trabalho entre analistas, a "Sessão clínica", tal como foi construída por esta escola.

Referências bibliográficas

DIDIER-WEILL, Alain. *Inconsciente freudiano e a transmissão da psicanálise.* Rio de Janeiro: Zahar, 1988.

HOUAISS, Antonio e VILLAR, Mauro de Salles. *Dicionário Houaiss da língua portuguesa.* Rio de Janeiro: Objetiva, 2001.

LACAN, Jacques. Posição do inconsciente: no Congresso de Bonneval (1960, retomado em 1964). In: _____. *Escritos*. Rio de Janeiro: Zahar, 1998.

_____. *O Seminário, livro 10, A angústia.* Rio de Janeiro: Zahar, 2005.

RABINOVICH, Diana S. *O desejo do psicanalista:* liberdade e determinação em psicanálise. Rio de Janeiro: Companhia de Freud, 2000.

WIKIPÉDIA: http://pt.wikipedia.org.

MORTO FALA?[1]

Maria de Fátima do Amaral Silva[2]

Resumo:
O objetivo principal deste texto é, por um lado, pensar nos efeitos dos dispositivos analíticos na formação do analista e, por outro, falar sobre um dos lugares que compõem o dispositivo da Sessão Clínica: o lugar do "morto". A tentativa de relato dessa experiência leva-nos a pensar que o que está para a formação do analista é a formação de seu próprio inconsciente. Esse trabalho fundamenta-se em dois textos de Lacan: *A carta roubada* (LACAN, 1998a), que trata da dimensão real que uma carta porta para chegar a seu destino, se prestando aos efeitos do significante, e o texto *Função e campo da fala e da linguagem* (LACAN, 1998b), que traz à luz uma distinção entre o que é da ordem da linguagem e o que é da ordem da fala, evidenciando quais os efeitos que ambos produzem no campo subjetivo e, consequentemente, no dispositivo Sessão Clínica.

Palavras-chave: Dispositivo. Inconsciente. Formação do analista.

1 Trabalho apresentado no evento "As formações de um analista: Dispositivos de Verificação", em Vitória- ES, em 19 e 20 de novembro de 2011.

2 Psicanalista, membro da Escola Lacaniana de Psicanálise do Rio de Janeiro. Graduada em Psicologia e pós-graduada lato sensu em "Fundamentos da clínica psicanalítica". Mestranda do Programa de Pós-Graduação em Estudo de Linguagem, pela Universidade Federal Fluminense (UFF). mfamaral1@gmail.com.

> O ensino da psicanálise só pode transmitir-se de um sujeito para outro pelas vias de uma transferência de trabalho.
>
> Jacques Lacan (*Outros escritos*, 2003).

A primeira coisa que gostaria de dizer é sobre a modificação pontual que sofreu o título deste trabalho. Nomeei-o com uma pergunta: "Morto fala?", e, ao ser divulgado, o que li foi: "Marta fala?". Não sei que sentido isso teria para quem deu esse título, mas para mim foi interessante pensar o que não cessa de se inscrever. Cito Lacan (1998a, p. 30): "Os escritos carregam ao vento as promissórias em branco de uma cavalgada louca. E, se eles não fossem folhas secas volantes, não haveria letras roubadas, cartas que voaram".

Para esta jornada clínica, pensei em trazer um recorte de uma experiência no dispositivo Sessão Clínica, onde fui convidada a participar de uma sessão pequena e a ocupar um lugar: o do morto.

Desde o primeiro instante, o da convocação, algo entrou em funcionamento. Comecei a pensar, causada pelo desconhecimento deste lugar, qual seria a função do morto no dispositivo. Então, fui perguntando a alguns outros, que já haviam passado pela experiência, qual era a função do morto numa sessão pequena. Obtive respostas como: "O morto não fala nada, só escreve o que está sendo dito e depois repassa para um AME, que repassará à escola o que restar do caso".

Mas uma questão persistia: qual a função do morto neste dispositivo? E mais: o que seria esse dispositivo? Que efeito ele teria para a formação do analista? Com essa questão em aberto, aceitei participar do dispositivo a fim de poder experimentar os efeitos que dali pudessem advir. E, como tudo é no "só depois", ao terminar a sessão pequena, percebi algo estranho: precisava falar algo do que eu havia escutado. Mas o quê? Ao sair da sessão pequena, a coordenadora me diz que na semana seguinte eu passaria o caso a um AME. Levei o caso para casa e o reescrevi. Mas uma questão restava: É isso? O morto lê o caso para um outro? Então o morto fala? Assim, nesse momento, decidi deixar o caso falar. Passei ao AME o que havia escutado do caso.

Lacan, no texto *A direção do tratamento* (1998c), no momento em que está trabalhando a questão do manejo da transferência, fala de um jogo em que o analista convoca a ajuda do que nesse jogo é chamado de morto, mas para fazer surgir o quarto jogador que do analisado será parceiro, e cuja mão, através de seus lances, o analista se esforçará por fazê-lo adivinhar: é esse o vínculo, digamos, de abnegação, imposto ao analista pelo cacife da partida. Mais adiante, no texto, Lacan diz que ao analista o que há de certo é que seus sentimentos só têm um lugar possível nesse jogo: o do morto, e que, ao ressuscitá-lo, o jogo prossegue sem que se saiba quem o conduz. E, ainda: sua ação sobre o paciente lhe escapa, juntamente com a ideia que possa fazer dela, quando ele não retoma seu começo naquilo pelo qual ela é possível, quando não retém o paradoxo do que ela tem de retalhada.

Tomei, aqui, um recorte do texto *A carta roubada* (LACAN, 1998a) para pensar a transmissão em psicanálise em sua perspectiva de engodo. Primeiramente, Lacan inicia esse texto dizendo que o automatismo de repetição extrai seu princípio do que havíamos chamado de insistência da cadeia significante. Diz, ainda, que a lei própria a essa cadeia que rege os efeitos psicanalíticos determinantes para o sujeito é estabelecida por nós mesmos. Acrescenta que a ordem simbólica é constituinte para o sujeito, demonstrando numa história a determinação fundamental que o sujeito recebe do percurso de um significante. É essa verdade que possibilita a existência de uma ficção.

Lacan vai desenvolvendo seus estudos sobre a primazia significante e se utiliza do conto *A carta roubada* (idem). Sustenta que a narração confere a cada cena o ponto de vista de quem conta no momento de representá-la. Façamos um breve resumo do texto, na tentativa de delimitarmos os caminhos e descaminhos de uma carta endereçada a outrem.

É a partir do momento em que a rainha recebe a carta que tudo começa. O ministro, percebendo a inquietação da rainha ao receber a carta, arruma um jeito de trocá-la, furtando-a da rainha, que, por sua vez, sabe que a carta agora está em seu poder. Porém a carta é roubada novamente por Dupin, sem que o ministro se dê conta do furto. Em seu lugar, fica uma outra carta, que permitirá ao ministro reconhecer, nas palavras escritas, a mão de Dupin.

Lacan diz, ainda nesse texto: "Se pudéssemos dizer que uma carta cumpriu seu destino depois de haver desempenhado sua função, a cerimônia da devolução de cartas seria menos aceita para servir de encerramento quando da extinção dos fogos dos festejos do amor. O significante não é funcional" (LACAN, 1998a, p. 29). Não haveria o belo mundo dos sentidos se a carta se contentasse com apenas um significante.

Nesse mesmo texto, prossegue descrevendo a fala do inspetor:

> [...] esse documento, revelado a um terceiro personagem, cujo nome será mantido em silêncio (esse nome que salta aos olhos como o rabo do porco entre os dentes do pai Ubu), poria em questão, diz-nos ele, "a honra de um personagem da mais alta estirpe" ou, ainda, "a segurança da augusta pessoa seria assim colocada em perigo" (LACAN, 1998b, p. 29).

Assim, pensei em algumas questões que ficaram para mim após a experiência. O sigilo do nome, do dono do caso, pode gerar um efeito persecutório? Algumas vezes escutei dos meus pares certas inquietações acerca do caso levado. Interrogações referidas às mais diversas posições: ao dono do caso, ao caso, ao morto, ao AME, enfim, uma grande falação em busca de saber de onde partiu o equívoco – ou o equivocado.

Todavia não seria próprio do campo da linguagem esse lugar do equívoco? Não seria o próprio equívoco provocado pelo efeito do significante? Lacan nos diz que o sujeito é efeito do significante e, mais, que o inconsciente é estruturado como uma linguagem. Então, se como bem disse em outros momentos: "para ele a formação do analista não existe, porque as únicas formações são as do inconsciente" (SAFOUAN, 1985, p. 80), não estaríamos dando voltas em torno do que nos é próprio, na tentativa de recalcar a condição do Real que há na formação do inconsciente ou, se preferirmos, do analista?

Parece que, no retorno do caso à Escola, cria-se, em torno dos dispositivos, expectativas do melhor dizer. Essas expectativas colocariam o analista num tempo de surdez, impedindo o advir de enunciações que possam emergir do campo discursivo proposto pelo dispositivo analítico, neste caso, a sessão clínica. Parece uma questão interessante pensar por que esse lugar não se enche do espírito freudiano de pesquisador e segue em frente com a Psicanálise? Por que não conseguimos seguir adiante?

Primeiramente, parto da hipótese de que o lugar do morto é um campo em que pode operar uma formação discursiva que promova a escansão de significantes cristalizados na fala do sujeito. Esse lugar sugere colocar em movimento a cadeia significante daquele que fala, mas exige que do outro lado (do lado do analista ou, ainda, daquele que faz as vezes do morto) haja o silêncio daquele que faz ouvir. Silêncio que faz falar os significantes do caso.

O lugar do morto: um campo que faz ecoar os significantes da fala plena

Para sustentar essa hipótese, pensei em trazer do texto *Função e campo da fala e da linguagem em psicanálise* (LACAN, 1998b) algumas considerações para circunscrever algo do que pensei deste lugar como dispositivo na cura e na formação de um analista.

Nesse texto, Lacan se coloca a mapear o que é da ordem da linguagem e o que é da ordem da fala. Logo de início, ressalta que toda fala requer uma resposta: "Mostraremos que não há fala sem resposta, mesmo que depare apenas com o silêncio, desde que ela tenha um ouvinte, e que é esse o cerne de sua função na análise" (LACAN, 1998b, p. 249). Adverte que, se o analista ignorar que o que está para a função da fala é o vazio que nela se faz ouvir e que é para-além da fala que irá buscar uma realidade que preencha esse vazio, ficará preso ao apelo da fala: responda-me!

O que é próprio da linguagem e o que é próprio da fala, e, ainda, que efeitos isso tem sobre o sujeito? Inicialmente, ele marca que esses efeitos são escutados num trabalho que exige uma aprendizagem e que se chega a ver nessa aprendizagem o valor formativo desse trabalho. A partir daí, trabalha a tríade frustração, agressividade e regressão, lugares que o sujeito experimenta no percurso deste trabalho, que é estrutural em sua construção. Então Lacan questiona de onde vem a frustração e se esta não seria inerente ao próprio discurso do sujeito. Afirma que:

> É frustração, não de um desejo do sujeito, mas de um objeto em que seu desejo está alienado, e quanto mais este se elabora, mais se aprofunda no sujeito a alienação de seu gozo. Frustração em segundo grau, portanto, e de tal ordem que, viesse o sujeito a reduzir-lhe a forma em seu discurso à imagem apassivadora pelo qual o sujeito se faz objeto na exibição do espelho, não poderia satisfazer-se com ela, uma vez que, mesmo atingindo nessa imagem sua mais perfeita semelhança, seria ainda gozo do outro que ele faria reconhecer ali. É por isso que não há resposta adequada para esse discurso, pois o sujeito tomará por desprezo qualquer fala que se comprometa com seu equívoco (LACAN, 1998c, p. 251).

A agressividade que o sujeito experimenta aqui não tem a ver com a agressividade animal do desejo frustrado. A agressividade de que nos ocupamos está referida a uma resposta a qualquer intervenção que, denunciando as intenções imaginárias do discurso, desmonte o objeto que o sujeito construiu para satisfazê-las. A regressão seria, para ele, a atualização, no discurso, das relações fantasísticas restauradas por um ego a cada etapa da decomposição de sua estrutura. A regressão só se manifesta por inflexões, fraseados, "tropeços muito ligeiros" que não poderiam ultrapassar o artifício da fala.

O que se viabiliza neste trabalho é o efeito discursivo que o dispositivo e sua operação podem propiciar de causa, para a formação daquele que se dispõe a fazer a passagem de psicanalisando a psicanalista. Estar em formação numa Escola de Psicanálise requer que este que aí se coloca se disponha a sofrer as perdas que a prática nesse discurso promove.

O discurso analítico promove corte, escansão na cadeia discursiva. Parece-me que o lugar do morto no dispositivo sugere o lugar daquele que se coloca a ouvir o decantar de significantes. Dá-se, assim, a construção de um ofício, um lugar que circunscreve a perda, lugar sustentado por um analista numa análise e o lugar do passador no dispositivo do passe. De alguma forma, o que acho pertinente ressaltar nessa função é que ela coloca a funcionar algo de um não sabido que num só depois poderá produzir algum efeito.

Referências bibliográficas

LACAN, Jacques. A carta roubada. In_____: *Escritos*. Rio de Janeiro: Jorge Zahar, 1998a, p.13-66.

______. Função e Campo da Fala e da Linguagem. In_____: *Escritos*. Rio de Janeiro: Jorge Zahar, 1998b, p. 238-324.

______. A direção do tratamento e os princípios de seu poder. In______: *Escritos*. Rio de Janeiro: Jorge Zahar, 1998c, p. 29.

SAFOUAN, Moustapha. *Jacques Lacan e a questão da formação dos analistas*. Porto Alegre: Artes Médicas, 1985.

Sessão clínica: Dispositivo ético na formação do analista[1]

Alcione da Penha Vargiu Vasconcellos de Andrade[2]

Resumo:
O dispositivo Sessão Clínica, como é utilizado pela Escola Lacaniana de Psicanálise de Vitória, funciona seguindo a lógica do dispositivo do passe criado por Lacan. O presente trabalho procura articulá-lo como um dispositivo ético na formação do psicanalista, uma vez que, pelo mesmo, o analista dá provas de sustentar sua função através do tipo de tratamento que dispensa ao real.

Palavras-chave: Sessão clínica. Ética da psicanálise. Formação do analista.

Na tentativa de falar um pouco mais e melhor do dispositivo "Sessão Clínica" na formação do analista fui procurar o que disse Lacan na abertura da Seção Clínica, de 5 de janeiro de 1977, em Vincennes. De imediato, me surpreendi com o título do texto, pois *section*, como está escrito em francês, é traduzido por "seção", no sentido de divisão de um todo, departamento, setor ou, ainda, "subdivisão de um capítulo, obra, tratado ou estudo"; e não por sessão ("session"). Ou seja, o que Lacan estava apresentando ali não era a abertura de uma

---

1 Texto apresentado no evento promovido pela Escola Lacaniana de Psicanálise de Brasília: "As Formações do Psicanalista: III Encontro Interescolas". Brasília, 23 e 24 de novembro de 2012.

2 Analista Membro da Escola Lacaniana de Psicanálise de Vitória (AME), Psicanalista do Serviço de Neonatologia do HUCAM-UFES, Especialista em Psicologia Hospitalar - CRP, Especialista em Saúde Mental - UFES, Mestranda em Psicanálise – UERJ. alcionepsi@terra.com.br

reunião para discussão de casos clínicos, como eu havia pensado induzida pela homofonia das palavras. Porém, após ler o texto, parece-me que o termo *section* lhe cabe bem, enquanto também significa "corte", "secção", uma vez que neste texto Lacan parte da regra da associação livre, remarcando a absoluta falta de liberdade da associação inconsciente, e chega até a ausência de liame entre significante e significado para apontar que é possível à operação analítica, através do corte e recorte do blá-blá-blá, suspender o sentido dado na fixão e passar à ficção, redução do sintoma ao sinthoma, do fenômeno à estrutura.

Paradoxalmente, em nossas Escolas, utilizamos o termo "Sessão" Clínica também para designar o lugar, a divisão institucional encarregada de cuidar das sessões clínicas. Talvez essa observação mereça em algum momento uma reflexão, um questionamento, mas não hoje.

Pois bem, na dita Abertura da seção clínica, Lacan inicia por perguntar o que é a clínica psicanalítica, e responde que ela tem uma base: "é o que se diz numa psicanálise". Em princípio, alguém se propõe a dizer qualquer coisa, mas não em qualquer lugar. Este lugar é apontado por Lacan com um jogo de palavras entre divã e *dire-vent* analítico, evocando a associação livre e o dispositivo analítico.

Lacan afirma que na elocubração desenvolvida por Freud sobre o inconsciente na *Interpretação dos sonhos* não há mais do que linguagem, e que Freud acaba por fazer linguística sem saber, sem ter disso a menor ideia; mas que é ele, Lacan, com o uso que faz da linguística saussureana, colocando em relevo a ex-sistência do significante – uma vez que o significante em si mesmo não significa nada, é ele quem "isola a noção de inconsciente" pela função que chamou de "simbólico". É ele quem formula que o inconsciente é estruturado como uma linguagem e, por isso, considera que o inconsciente não é de Freud, é dele, de Lacan. O que não impede que o campo, este, seja freudiano.

Essa forma de pensar o inconsciente indica uma direção àqueles que se consagram à psicanálise, por isso Lacan propõe que se indague ao psicanalista sobre a forma como ele se dirige ao campo freudiano, pois considera que a clínica psicanalítica deve consistir em interrogar não somente a análise, mas em interrogar os analistas, a fim de que eles prestem conta do que sua prática tem de arriscada e que possa justificar Freud ter existido. Isto é necessário para cada analista e a cada experiência analítica, já que a clínica psicanalítica não está assegurada, posto que ela "é o real enquanto impossível de suportar" (LACAN, 1977, p.7).

Colette Soler (2012), em seu livro *Lacan, o inconsciente reinventado*, retoma essa ideia defendendo que a psicanálise é um laço social regrado, pelo qual o analista é responsável e cujos efeitos sobre o analisando não são independentes da maneira como é pensada a experiência. Portanto a direção prática da experiência analítica é função do modo como ela é concebida, e por não haver em psicanálise oposição entre teoria e prática, entre clínica e conceito, o desejo do psicanalista, em ação em cada cura, não o é menos no nível da "práxis de sua teoria" (LACAN apud SOLER, 2012, p.13). Para o psicanalista, bem-pensar a psicanálise e bem-fazer são solidários, sem que se possa, no entanto, dizer que um comanda o outro, pois, se doutrina e prática estão enodadas, ambas têm a ver com uma mesma opção terceira, a via ética, que resulta de uma escolha que o saber não comanda: ter por alvo o desejo inconsciente.

O termo "Escola", para Soler, parece indicar que se trata essencialmente do saber, o que não é falso, porém é só parcialmente verdadeiro. O que está em questão é

> [...] aquilo que a psicanálise ensina, aquilo que cada um aprendeu de sua cura que possa eventualmente valer para todos, aquilo que ela mudou no caso a caso que permita reproduzi-la para outros, aquilo que o próprio analista sabe dela e como age sobre ela (SOLER, 2012, p. 220).

Porém, é ainda necessário que aquilo que o analista acredita ter aprendido seja submetido à prova de uma transmissão, já que se trata de uma experiência sempre singular. O analista é o responsável pelo inconsciente, por sua articulação, uma vez que o analisando só pode interrogá-lo até fazê-lo produzir uma resposta se for causado pelo desejo do analista, em ato.

Para Lacan (1988), no Seminário da Ética da Psicanálise, o desejo do analista é curar o sujeito das ilusões que o retêm na via de seu desejo; no entanto pergunta-se até aonde o analista pode ir, pois é necessário que o sujeito, mesmo quando estas ilusões não comportam nada de respeitável, queira abandoná-las. O analista, ao contrário do parceiro amoroso, só tem a dar o que tem, que nada mais é que este desejo advertido. Advertido de que não pode desejar o impossível.

No Seminário XI, Lacan nos diz que "o desejo do analista, em cada caso, não pode de modo algum ser deixado fora de nossa questão, pela razão de que o problema da formação do analista o coloca" (LACAN, 1979, p.17). A

Escola tem como função sustentar esse desejo e, pelo menos idealmente, segundo Soler, a questão com o projeto de Escola não é encontrar um abrigo, mas um lugar de questionamento da experiência do inconsciente e daquilo que os analistas fazem com isso. O que está aí em questão, mais que o saber, é uma retificação ética, pois, por trás do que se elabora de doutrina, um dizer se afirma e um desejo se transmite.

Para ocupar sua função, o analista deve pagar: com suas palavras, pela interpretação; com sua pessoa, pois pela transferência ele é literalmente despossuído dela; e, enfim, é preciso ainda que ele pague com um certo julgamento sobre sua ação:

> A análise é um juízo. Alhures isso é exigível em toda parte, mas, se pode parecer escandaloso enunciá-lo aqui, é provavelmente por alguma razão. E a razão é que, por um certo aspecto, o analista tem muita consciência de que não pode saber o que faz em psicanálise. Há uma parte dessa ação que lhe resta, a si mesmo, velada (LACAN, 1988, p. 350).

O saber que está em jogo na psicanálise provoca horror e gera seu próprio desconhecimento, pois sempre é, para cada um, saber duramente adquirido do inconsciente que lhe é próprio, e que tem como sua maior consequência a castração. Como nos lembra Soler, este saber só pode ser abordado pelo analisando ao preço de uma superação da angústia. Angústia que também atinge o psicanalista e pode induzi-lo a recuar frente ao saber da consequência de seu ato, que, afinal e ao final, tem efeito de destituí-lo, no des-ser do analista. É por isso que os psicanalistas têm horror daquilo que lhes foi revelado.

Para Soler, apesar da ética da psicanálise estar situada como qualquer outra, numa posição em relação ao Real, se distingue de todas as outras, por visar a esse Real pelo 'bem-dizer'. O bem-dizer não se opõe, como já foi dito, ao bem-fazer, uma vez que o bem-dizer não é o belo-dizer nem um dizer único, mas sim o dizer que se deduz de todos os ditos que o trabalho analítico deposita; é um dizer que satisfaz, no sentido de que faz o bastante para aquele que entra no dispositivo. Para Lacan (2008, p. 32), essa condição é particularmente exigível na técnica da psicanálise, a de que o discurso tenha consequências nela, já que o paciente só se submete a esse discurso pautado por regras para que ele tenha consequências.

Bem-dizer não deve ser confundido, ainda, com a prescrição, pelo analista, do discurso de seu tempo, ou com a retificação dos modos ou com a antecipação do que seria esperado como o mais adequado em relação ao sintoma do sujeito ao final de uma análise. Uma vez que a ética do bem-dizer é relativa ao discurso analítico, o sintoma do sujeito que demanda uma análise será ao final da experiência reduzido até seu sintoma fundamental. Este é da ordem do singular e do estilo, tanto impossível de uma transmissão integral quanto de se ter sobre ele um saber *a priori*, já que se trata de uma ficção absolutamente própria ao percurso daquele sujeito em particular e construída na temporalidade lógica do só-depois.

Lacan, no Seminário sobre a ética, declara que até mesmo lhe desagrada colocar-se em posição de ensinar, "pois um psicanalista que fala diante de um público não iniciado adquire sempre um sentido de propagandista" (LACAN, 1988, p. 209). Soler, seguindo esta lógica, defende que os psicanalistas falem aos sujeitos de hoje, mas contanto que lhes falem daquilo que é a psicanálise, que se expliquem, que enfrentem a dificuldade própria da transmissão em seu campo, pois o ideal de uma transmissão integral encontra sempre obstáculo na psicanálise, já que "o inconsciente, que no entanto é racional, e o gozo que ele programa não permitem, como faz a ciência, elidir a singularidade" (SOLER, 2012, p. 217).

Essa singularidade radical da clínica psicanalítica faz com que só se possa dizê-la uma a uma. Por isso, Freud vai inventando e ao mesmo tempo transmitindo a psicanálise através de cada um de seus cinco casos clínicos, absolutamente singulares, porém emblemáticos quanto aos conceitos fundamentais da psicanálise. Na conferência 34, Freud (1932/1972) já falava sobre as cobranças crescentes que a psicanálise sofre para que haja estatísticas e provas de eficácia, e defende a publicação de casos clínicos como método de transmissão.

A clínica psicanalítica, para se sustentar como clínica consequente, necessita testemunhar seus efeitos, apesar do paradoxo inerente a essa tarefa de transmissão, já que é próprio da clínica psicanalítica o acolhimento do real, sempre inassimilável.

Para Quinet (2009, p.55),

> O que está em jogo na transmissão da psicanálise é o que o analista pode comunicar das análises que conduz, elaborando o 'caso', ou seja, o que se precipita – "caso" em latim significa "aquilo que cai" – a partir do saber elaborado

sobre a clínica, e também o que o analisante pode transmitir de sua própria experiência no dispositivo do passe. Daí a necessidade de um lugar onde cada um tenha a oportunidade de demonstrar o que faz com o saber depositado na análise.

Transmitir através da elaboração do caso. O caso, aquilo que cai, aquilo que cai enquanto algo que já não é do registro do privado, mas que, por sua redução a uma estrutura, a uma lógica, pode servir ao público, num efeito de transmissão.

O dispositivo de apresentação de casos clínicos adotado pela Escola Lacaniana de Psicanálise de Vitória e formalizado pelo psicanalista José Nazar se inspira no dispositivo do Passe proposto por Lacan, que segue a estrutura ternária do chiste (o psicanalista que relata o caso, o passador e os operadores) e se dá em três tempos: uma sessão clínica dita "fechada", na qual o analista relata o caso para um pequeno número de analistas escolhidos; o trabalho do grupo de operadores, que recebe de um passador o que foi dito na sessão fechada, resguardando sigilo sobre o nome do analista relator; e finalmente a passagem ao público da Escola do resultado deste trabalho do grupo de operadores, que teoriza algum aspecto, recorte ou questão que o caso suscitou em cada operador. A passagem ao público maior da escola poderia talvez ser comparada à possibilidade de reprodução do chiste, de passar adiante.

Lacan, em *O Avesso da Psicanálise* (1992), se coloca diante dos ouvintes de seu seminário como tendo o dever de pôr à prova, de prestar contas do encaminhamento de suas ações em relação a este fato: há analista. Tanto o dispositivo da Sessão Clínica quanto o dispositivo do Passe partem da suposição de que há analista, seja o analista que relata o caso, na sessão clínica – enquanto aquele que sustenta um trabalho de transferência ao instituir o analisando enquanto Sujeito Suposto Saber (LACAN, 1992, p. 54) – seja o analista que dá testemunho de sua passagem do lugar de analisando a analista, no dispositivo do Passe, testemunho de que houve a queda da suposição de saber no Outro. Ou seja, testemunho de que no verdadeiro termo da análise – aquele que prepara a tornar analista (LACAN, 1988, p. 364) – a análise deva confrontar aquele que a ela se submeteu à realidade da condição humana, a de que o homem, nessa desolação de sua relação consigo mesmo, que é sua própria morte, neste tocar no termo do que ele é e do que ele não é, na destituição subjetiva, que aí ele não deve esperar a ajuda de ninguém.

A suposição de que há analista, necessária para desencadear o dispositivo, é posta em questão por este mesmo dispositivo, o que mantém sempre aberta a pergunta: "o que é um psicanalista?", evitando a proliferação de identificações com o que seria o desempenho de sua função.

Para Melman (2008), não existe um traço UM que seja comum e que identifique o analista, a não ser o conjunto vazio, ou seja, a falha, a barra que divide o sujeito. Neste sentido não há analistas, só analista, em seu ato. Para ele, os analistas não fazem uma união de indivíduos, mas de objetos não especularizáveis com a particularidade de se repelirem mutuamente.

O mal-estar na psicanálise se encontra no fato de que a lógica institucional se opõe à subversão analítica, segundo Soler (2012). Esta lógica institucional não poupa ninguém, uma vez que "a via solitária não é uma alternativa mais promissora pelo fato de que o analista não pode se autoinstituir" (SOLER, 2012, p. 219). Apesar de Lacan ter asseverado que o analista se autoriza de si mesmo em seu ato, e não por sua instituição, esse ato não acontece sem uma elaboração de discurso que não pode ser obra de um único, colocando todos sob o controle de seus pares.

O passe, enquanto dispositivo, interroga o tipo de solução dispensado à questão da autorização dos analistas, assim como a natureza do laço social que os reúne.

Já na Sessão Clínica, trata-se de verificar se os limites da ética da psicanálise coincidem, como afirma Lacan (1988), com os limites de sua práxis. A análise prepara o sujeito para a ação moral, mas o deixa à sua porta, "ao pé da obra" (LACAN, 1988, p. 32). A práxis é o prelúdio à ação moral como tal – a dita ação sendo aquela pela qual desembocamos no real, pois "toda exploração da ética deve incidir no sentido de um aprofundamento da noção de real" (idem, p. 21).

Podemos concluir, portanto, que a Sessão Clínica seria um dispositivo que coloca em questão a ética, e pelo qual o analista dá provas de sustentar sua função através do tipo de tratamento que ele dispensa ao real.

Referências bibliográficas

FREUD, Sigmund. Conferência 34. In: ____. *Novas conferências sobre psicanálise.* Rio de Janeiro: Imago, 1972. (Obras completas, vol. 22). Originalmente publicado em 1932.

LACAN, Jacques. *O Seminário, livro 7, A ética da psicanálise* (1959-1960). Rio de Janeiro: Jorge Zahar, 1988.

_____. *O Seminário, livro 11, Os quatro conceitos fundamentais da psicanálise* (1964). Rio de Janeiro: Jorge Zahar, 1979.

_____. *O Seminário, livro 16, De um Outro ao outro* (1968-1969). Rio de Janeiro: Jorge Zahar, 2008.

_____. *O Seminário, livro 17, O avesso da psicanálise* (1969-1970). Rio de Janeiro: Jorge Zahar, 1992.

_____. Ouverture de la Section Clinique (05/01/1977). In: *Revista Traço Freudiano*. Disponível em: http://www.tracofreudiano.org.

MELMAN, Charles. A essência do psicanalista. In: _____. *A prática psicanalítica hoje*: conferências. Rio de Janeiro: Tempo Freudiano, 2008.

QUINET, Antonio. *A estranheza da psicanálise*: a Escola de Lacan e seus analistas. Rio de Janeiro: Jorge Zahar, 2009.

SOLER, Colette. *Lacan, o inconsciente reinventado*. Rio de Janeiro: Cia. de Freud, 2012.

Momento de concluir: Reflexões sobre o final de análise e sobre o passe[1]

Renata Conde Vescovi[2]

Resumo:
Este artigo visa refletir, a partir de uma sessão clínica, sobre a experiência que define, de maneira singular, o momento de concluir uma psicanálise. Pretende questionar sobre a importância do passe como um tempo a mais para um analista que, ao terminar sua análise, tem no dispositivo do passe um lugar para elaborar o saber inventado que ele adquiriu ao longo de sua análise. Visa também destacar a importância da sublimação no trabalho da análise e os limites que essa operação precisa encontrar para que uma análise encontre seu termo.

Palavras-chave: Final de análise. Sublimação. Passe.

> O senhor escute, me escute mais do que eu estou dizendo. [...] com o senhor mesmo me escutando com devoção assim - é que aos poucos vou indo aprendendo a contar corrigido [...]. Eu conto e o senhor me ponha ponto [...]. Será que tem um ponto certo, dele a gente não podendo mais voltar para trás? Travessia de minha vida! A gente tem de

---

1 Trabalho apresentado no evento "As formações do analista: dispositivos de verificação", em 19 e 29 de novembro de 2011.

2 Psicanalista. Membro da Escola Lacaniana de Psicanálise de Vitória. rcondevescovi@gmail.com.

> sair do sertão! Mas só se sai do sertão é tomando conta dele adentro. Calado é melhor que fique. Peço não ter resposta: que senão minha confusão aumenta [...].
>
> Guimarães Rosa, *Grande Sertão: Veredas.*

O diálogo entre Riobaldo, narrador-personagem de *Grande Sertão: Veredas*, e Zé Bebelo ilustra, de maneira refinada, o que se passa entre o analisando e o analista ao longo de uma análise.

A escuta analítica, ao recolher, na fala do analisando, o que restou por dizer, permite a ultrapassagem do sentido que é dado pelos ideais parentais (Outro) que se encontram condensados na fantasia neurótica e no sofrimento do sintoma. É o que permite ao analisando o encontro com o impossível de um saber que o prepara para a travessia solitária, que irá decidir sobre o final da trajetória analítica, produzindo a passagem de analisando à analista.

As reflexões que trago para este colóquio é fruto de uma sessão clínica em que trabalhei na função de operadora. O analista passador do caso – o trabalho da sessão clínica na Escola Lacaniana de Vitória funciona respeitando a lógica do dispositivo do passe – perguntava-se: como alguém conclui uma análise? Por que as análises demoram tanto? Quais as relações do final de análise com a sublimação?

A sessão clínica nos conta de alguém que, após quinze anos de um percurso analítico, anuncia ao analista o término de sua análise.

O caso mostrou muitas elaborações deste analisando em torno de seu nome próprio. Nome que expressava com muita intensidade toda a sintomática desse sujeito, evidenciando o quanto um nome próprio, como um significante mestre, funciona como um condensado de gozo da história de um sujeito, além de ser a marca indelével do desejo do Outro sobre a carne humana; carne cunhada pelo traço unário, que precisa ser decantada e recortada em análise para ser "contada corrigido" (ROSA, 1994, p. 343) e ser utilizada como letra fundadora de um analista.

Falar de quando e como terminam as análises é tocar em questões-limite da prática analítica, uma vez que, ao final, ninguém recebe do Outro seu certificado de conclusão. O final decide-se no encontro com a castração do Outro, que recai sobre o analisando, promovendo em ato a queda de sua posição de objeto, que consistia a fantasia neurótica e toda a sintomática que esteve presente no início da análise.

O momento de concluir é marcado pela solidão de um ato, e, sofrendo os seus efeitos, o analisando poderá adquirir algum saber a respeito dessa passagem num só-depois.

Decidir por um final não é tão simples assim. Diz respeito à singularidade de cada um que experimenta uma psicanálise de contornar com um nome, que se inventa a partir da desconstrução do um nome próprio. E, para inventar, é preciso incansavelmente repetir em ato, na tarefa analítica, a perda do objeto que sustenta o gozo e a fantasia neurótica. Repetir, repetir até concluir que a perda pode ser experimentada como causa de desejo.

Uma psicanálise, para chegar a um bom termo, implica tratamento do gozo por meio do trabalho do inconsciente, estruturado como linguagem. É o que possibilita ao sujeito construir uma nova relação com a castração e com o traçado viciado da pulsão em sua via monótona de encontrar satisfação através do mesmo objeto fantasmático no qual o sujeito se oferta para sustentar o gozo do Outro.

Tratar o gozo pela língua é surpreender-se com o novo, que se manifesta nos lapsos, nos chistes, no trabalho de interpretação dos sonhos. É encontrar graça onde antes havia dor e queixa. É extrair um *plus* de felicidade de onde já se sabe não haver nada. É num só gesto, crer onde não há! Esperar de onde já se sabe não poder esperar mais!

No relato da sessão clínica, quando o analisando diz ao analista que a análise terminou, o supervisor sugere ao analista que ele se cale. Afinal quem somos nós, operando como analistas para emitirmos algum julgamento sobre o momento de concluir uma análise?

Isso me fez pensar sobre o que Lacan indica no Seminário *A Ética da Psicanálise*, ao dizer que o analista paga para ocupar sua função: "[...] paga com suas palavras", suas interpretações, "[...] paga com sua pessoa", pela transferência. Além de pagar com um julgamento no que diz respeito a sua ação: "E seu julgamento é reconhecer que ele não pode saber o que faz em psicanálise. Há uma parte de sua ação que resta a si mesmo velada" (LACAN, 1986, p. 350, grifo nosso).

Portanto é prudente que o analista se cale quando alguém vem dizer que terminou sua análise. Porque essa experiência toca no impossível de um saber. É ao "não pensar que o analista opera" (LACAN, 1968, p. 62). Em seu ato, o psicanalista se encontra em um "ponto zero do saber" (SOLER, 1998, p. 422), onde ele não pode mais alienar-se da cadeia significante que gera efeitos de sujeito. Operando em posição de *objeto a* enquanto resto de operação analítica, ele é ejetado da montagem transferencial. O ato analítico produz no psicanalista efeitos de *desser* – para usar as palavras de Lacan – testemunhando o horror do ato que o inaugura. E, muitas vezes, o analista não suporta o horror do ato que o funda; muito menos permite deixar o analisando ir embora.

Outra pergunta surgida no trabalho da sessão clínica: será que existe um final de análise para os não analistas? Podemos estabelecer diferença quanto ao final para aqueles que desejam tornarem-se analistas daqueles que buscam serem "mais felizes", desembaraçados de um gozo que incita ao sacrifício?

Sabemos que uma análise termina com o advento de um analista.

Pode ser que aqueles que procuram uma análise sem a pretensão de ocupar para outros a função analítica, inaugurando assim a função sujeito suposto saber, não queiram levar sua análise muito longe. No entanto, para aqueles que pretendem ser os passadores da psicanálise nas escolas e no mundo, o dispositivo do passe pode funcionar como um tempo essencial para os analistas que disseram ter concluído sua análise, de repetir uma volta a mais no traçado retificado pela análise da pulsão, agora com o saber inconsciente inventado em uma análise, ao dizer a um ilustre estranho (os passadores) o que foi sua experiência analítica, e ali recolher os bocados de um saber que servem de alicerce para o tornar-se analista.

Quero dizer que o dispositivo é essencial à construção desse saber novo, não apenas para uma escola, mas para o passante, que recolhe daquilo que ele pode dizer sem a transferência analítica, como alguém inventou um nome para aquilo que não há. Portanto o dispositivo do passe participa da invenção do nome de analista.

Em 1975, na Universidade de Yale, Lacan diz que, com o passe, "deve-se descobrir que o inconsciente é um saber intimamente ligado ao material da linguagem, que se cola à pele pelo fato de que se é um ser humano". É no dispositivo do passe que se conclui/descobre o que se inventou a partir desse saber colado à pele que o sujeito, nos primórdios de sua análise, não sabe que sabe. Lacan refere-se ao saber de "alíngua" marcas primitivas, ungidas no corpo do bebê humano pelo gozo do Outro materno e que se encontram intraduzíveis à espera de uma escrita.

Ao que parece, todo o trabalho de elaboração no dispositivo do passe visa a instruir à escola e ao passante quando, ao contar uma vez mais o que foi a experiência de sua análise, de que maneira se deu a passagem da montagem pulsional que, antes, articulava os significantes da sua história à sua carne, a um ganho de entusiasmo em transmitir a psicanálise.

É um entusiasmo que advém como efeito de uma nova montagem da pulsão, agora sustentada pelas letras traduzidas do saber "colado à pele", que se inscreveram ao longo de uma análise, demarcando com o saber uma borda. Contornar o furo com letras é dar à pulsão outro destino bem diferente ao gozo do sintoma. É deixar brotar de sua borda o desejo do analista. Lacan (1975) prossegue, dizendo:

> o que me surpreende é como nós, analistas, terminamos uma análise sem o cálculo do passe. [...] para tornar-se analista é preciso falar do sexual entre um homem e uma mulher, só assim nos aproximamos da castração [...]. É preciso recolher no dispositivo que entre um homem e uma mulher há uma fatalidade.

Lacan (1980) parece nos lembrar de que, sem o trabalho da análise sobre o gozo sexual, de onde extraímos nossa "infelicidade neurótica" – a maneira de verificar este trabalho é elaborando sobre a vida erótica com o parceiro amoroso – não é possível a um sujeito fazer o luto do objeto de gozo que foi para o Outro. É impossível a passagem de uma posição de objeto fálico que é dirigido ao Outro materno para a escolha efetiva de uma posição homem ou mulher. Vale destacar que repetimos, através das escolhas inconscientes dos parceiros amorosos, a posição edípica, de objeto, que um dia fomos para o Outro materno.

Segundo Lacan (1967), na parceria sexual, "o sujeito repete o um materno", atualizando a unicidade de gozo que existe na relação com a mãe que sempre resta ao final do Édipo. Portanto, sem reconhecer essa posição no erotismo, não é possível experimentar a fatalidade que se inscreve entre um homem e uma mulher; no ponto onde a letra deve advir para escrever a não relação sexual. Colette Soler (1998, p. 449) nos diz que a "hora da verdade sobre a castração se dá através da copulação dos corpos, quando não há mais o semblante de discurso que responde pelo ser homem e o ser mulher".

Os semblantes de homem e mulher são escolhas feitas a partir de montagens fantasmáticas decorrentes das posições edípicas (menino e menina). Ao final do Édipo, uma menina terá a chance de escolher um semblante de homem, e um menino, um semblante de mulher. Estes semblantes sofrem, pelo trabalho da análise, suas desmontagens, revelando o que se encontra mais além do Édipo. A saber, "o gozo real onde não há nada no inconsciente para inscrever uma relação de gozo sexuado" (SOLER, 1998, p. 407).

Onde melhor podemos circunscrever, num só gesto, a posição de objeto de gozo que restou intraduzível na relação com o Outro materno, e com ela a não relação sexual, é trabalhando, na transferência, a parceria amorosa. O analista que sustenta o semblante de objeto amoroso na transferência, ao operar o ato de interpretação, produz ruptura de semblantes[3]. Deixa escoar o gozo represado no semblante, que é o material da "alíngua", e que servirá à escrita da letra que nomeia um psicanalista.

No Seminário *A lógica do fantasma*, Lacan (1967) se divertia dizendo sobre a importância de um casal não "ir para a cama sem a régua de cálculo"; ela serve de medida para a desarmonia fálica, contabiliza os fracassos do gozo, permitindo assim que a não relação sexual se inscreva.

Não seria, então, essencial, num dispositivo do passe, colher o testemunho de como uma mulher se presta a ser sintoma para um homem ao mesmo tempo em que se sustenta da falta de um significante no campo do Outro? E de como um homem toma essa mulher como um sintoma, anunciando sua verdade?

É uma construção lógica, na qual homem e mulher devem renunciar a sua posição perversa polimorfa de menino e menina que foram no Édipo, e, orientando-se pela escrita da não relação sexual, despirem-se de seus semblantes de homem/mulher. Uma mulher suportando ofertar-se como enigma para um homem, objeto causa de desejo, lhe cava na carne viril um sintoma, ao mesmo tempo em que extrai da castração no Outro o alimento para sustentar seu feminino.

Uma análise opera uma passagem, nos diz Soler (1998), do "amar ao próximo como a ti mesmo" – posição subjetiva que funda o laço social à custa do recalque da diferença sexual – para o "amar sua próxima – leia-se feminino – como a voz do seu inconsciente" (p. 412, grifo nosso).

---

3 Para maiores esclarecimentos sobre a ruptura de semblante, indico a leitura de J. Lacan. "Lituraterra". In: *Outros Escritos*. Rio de Janeiro: Jorge Zahar Editor, 2003.

Final de Análise e Sublimação

Nesta sessão clínica o analista que apresentou o caso se pergunta se sublimação é final de análise.

Freud no diz que a sublimação se define como a plasticidade que tem a libido de poder deslocar-se livremente, permitindo o desvio do alvo representado pelo objeto genital. No entanto, a satisfação, orientada pela tendência, marcada pelo traçado do significante, onde a libido pulsional faz o seu caminho, ainda se mantém. Para que o sintoma seja elevado à categoria de um sintoma analítico, é preciso um desvio do alvo da pulsão. Se a libido pôde deslocar-se para o trabalho analítico, é porque houve uma suspensão, ainda que parcial, do recalque. Na tarefa analítica, a sublimação opera na dialética entre a fixidez do sintoma e o seu deslocamento pela articulação dos significantes que produzem perda de gozo.

Lacan (1967) dedica algumas aulas para trabalhar a sublimação, distinguindo-a da invenção e do final de análise. É uma operação lógica essencial para produzir a "dessexualização", permitindo a renúncia da posição fálica que a criança obteve ao final do Édipo. Ela trabalha junto à operação lógica da repetição, contornando o vazio do objeto pelo viés do significante. É uma operação que tende a infinitizar o vazio e a proliferar sentido na tentativa de recobri-lo.

O analista, em seu ato, é fundamental para promover a queda do objeto, demarcando, assim, o impossível de um saber, que estanca a cadeia significante. Sua queda produz marcas, cifras de gozo, com as quais se inventa um saber novo a partir de um não sabido de um saber. Vejamos como Lacan define essa operação:

> A ordem verdadeira da satisfação subjetiva temos que buscá-la no ato sexual. [...] na satisfação sexual, há a idéia da parceria amorosa que faz UM. Aí o sujeito não tem nem a necessidade de ser nem de pensar. Ele não tem sua regra de cálculo. É na medida em que o prazer encontra algum limite, um erro de cálculo, que a sublimação opera (LACAN, 1967, p. 87.)

Então, "a sublimação é uma operação que implica, no interior do ato sexual, uma repetição que retrabalha a falta ao infinito e pode alcançar algum limite pela obra de arte" (LACAN, 1967, p.89). Cernir o vazio do objeto através da letra cessa o deslizamento de sentido e antecipa para o momento de concluir.

Por que as análises demoram tanto?

Em 1975, na Universidade de Yale, os estudantes perguntam a Lacan sobre até que ponto conduzia suas análises. Sua resposta é um enigma: "Uma análise não tem que ser levada longe demais. Quando o analisante pensa que é feliz por viver, é suficiente".

O que significa "pensar que se é feliz" se tudo o que um analisando busca, pelo menos no início da tarefa analítica, é manter a demanda pulsional insatisfeita, e junto a ela uma certa infelicidade para não separar-se do Outro? Que felicidade é essa se, ao final, o analisando, em sua passagem à analista, se depara com o "horror de saber" (LACAN, 2003, p. 253), que é a causa de seu momento de concluir?

Ao responder aos estudantes, Lacan não afirma que o final decide-se através de um "ser feliz". Ao contrário, enuncia um "pensa que é feliz". Prossegue dizendo que a felicidade é "uma defesa para a psicose que sempre aspira à normalidade". Porque ela "não inclui a espécie de falha que o amor traz" (LACAN, 1975). Se o amor, fruto do encontro entre um homem e uma mulher, comparece em suplência à falha, é porque o inconsciente inscreveu-se como um furo no discurso. Diferentemente da psicose, que foraclui do discurso a falha no amor.

A aventura analítica nos ensina a amar o inconsciente como um furo no saber. Então, "pensar ser feliz" só é possível quando podemos dar um basta ao sonho neurótico de um dia ser feliz de verdade.

É fruto de um encontro contingencial com a morte do Outro tomado em uma dimensão absoluta, onde é possível encontrar sua castração, a do Outro, e extrair daí um saber para se inventar um nome onde não existe nada.

Enquanto refletia sobre a felicidade analítica, encontrei em Agamben, em seu livro *Profanações*, uma linda crônica sobre Magia e Felicidade. O autor nos diz que "Se é possível a felicidade; só através da magia". É o que as crianças, assim como os personagens das fábulas, sabem bem fazer quando, para serem felizes precisam conquistar "o apoio do gênio da garrafa, encontrar a galinha dos ovos de ouro". É que logo cedo as crianças percebem "não que os adultos são mais fortes, mas que perderam sua capacidade de magia", e "contra esta sabedoria infantil a moral tende a dizer que a felicidade se faz por merecer" (AGAMBEN, 2007, p. 24).

Podemos passar uma vida tomados pela nossa neurose cotidiana, a nos impor sacrifícios para o Outro de nossos ideais para sermos merecedores de um amor e de uma felicidade que é cobrada caro, à custa de muito sofrimento. Na verdade, nos conta Agamben (2007, p. 24), "quem se dá conta de ser feliz, já deixou de sê-lo. Quem é feliz não pode saber que o é; o sujeito da felicidade não é um sujeito, não tem forma de uma consciência, mesmo que fosse a melhor".

Essa é a razão – Agamben neste ponto cita Kafka – segundo a qual só existe uma possibilidade sobre a terra de felicidade: "crer no divino e não aspirar alcançá-lo". Podemos dizer que o divino alcançado em uma análise é a crença no inconsciente escrito como um furo que sempre nos surpreende. Este é o paradoxo: a felicidade só nos cabe no ponto em que não nos estava destinada, não era para nós: "Só assim afastamos de uma vez por todas a tristeza infantil" (AGAMBEN, 2007, p. 25).

Observem que Agamben trabalha o tempo todo pautado pela lógica lacaniana do não-todo. Como se ele dissesse com Lacan: é não todo possível ser feliz! Porque só podemos alcançar a felicidade no ponto onde reconhecemos que a perdemos. E, diante da perda recortar para si um verdade inventada que traz apaziguamento, diante da castração no Outro. Pensar ser feliz é não tomar mais sua castração, a do Outro, como ameaça; não enganar-se tanto com os ideais e com as promessas do amor ao próximo. Implica em se deixar-se levar pelas surpresas de um saber no real e extrair deste encontro, sempre contingencial, uma dose de prazer. Um chiste!

Talvez a felicidade analítica aconteça se o gozo invasivo puder ser capturado pelo equívoco e pela surpresa, permitindo que o sentido dado pelo gozo do Outro se invente como um artifício de escrita. Então, felizes são aqueles que saem da culpa e sustentam a responsabilidade do bem dizer! Felizes são aqueles que suportam a surpresa e o encontro sempre faltoso com o real!

Ainda referindo-se a Kafka, Agamben nos conta que "se chamarmos a vida com o nome justo, ela vem, porque esta é a essência da magia, que não cria mais chama". E afirma: "Magia é, essencialmente, a ciência dos nomes secretos. [...] Cada coisa, cada ser tem, além de seu nome manifesto, um nome escondido ao qual não pode deixar de responder". É o nome que um analista inventa em uma análise e oferece à escola através do dispositivo do passe: "Ser mago significa conhecer e evocar esse arquinome. [...] O nome secreto é apenas a sigla de seu poder de vida e de morte sobre a criatura que o traz" (AGAMBEN, 2007, p. 25).

Em que tramas da linguagem foi tecido esse nome secreto, de que nos fala o autor e que precisa ser evocado ao final de uma análise? Não estaria o escritor referindo-se à "alíngua", matéria-prima da linguagem, feita das primeiras marcas, de voz e de olhar do Outro, e que, ao serem impressas à pele do filhote do homem, funda-lhe o inconsciente?

A "alíngua" é a aluvião da escrita, que se encontra depositada como letra morta nas entrelinhas do discurso; pronta para ser sonorizada, escutada e escrita como invenção. O autor segue dizendo que

> [...] o nome secreto não é tanto a chave da sujeição da coisa à palavra. [...] é, sobretudo, o monograma que sanciona sua libertação com relação à linguagem. [...] é, na realidade, o gesto com o qual a criatura é restituída ao inexpresso. A magia não é conhecimento dos nomes, mas gesto, desvio em relação ao nome. Por isso a criança fica tão contente quando inventa uma língua própria e secreta. Sua tristeza não provém tanto da ignorância dos nomes mágicos, mas do fato de não conseguir se desfazer do nome que lhe foi imposto. Logo que o consegue, logo que inventa um novo nome, ela ostentará entre as mãos o passaporte que a encaminha à felicidade (AGAMBEN, 2007, p. 25).

Talvez entenda melhor a ironia de Lacan em associar "o pensar ser feliz" ao final de uma análise, porque só se pode encontrar um *plus* de felicidade – que me permite pensar no entusiasmo que o analista adquire ao reinventar a psicanálise – quando nos reconhecemos faltosos do objeto que irá operar como causa do desejo do analista. Ao tocar o real como impossível, e escrevê-lo não-todo em cifras, damos a ele, sem retirar-lhe seu caráter de surpresa, um estatuto lógico, e não apenas mágico.

O psicanalista é aquele que, ao tocar o impossível, o "inexpresso", extrai sua felicidade de um chiste, que surpreende e o nomeia analista. Ele experimenta aí o mesmo júbilo que a criança encontra ao inventar um novo nome: "A magia é sem nome. Livre do nome, bem aventurada, a criança bate à porta da aldeia dos magos, onde só se fala por gestos" (AGAMBEN, 2007, p. 25).

Referências bibliográficas

AGAMBEN, Giorgio. *Profanações*. São Paulo: Boitempo, 2007.

FREUD, Sigmund. *Análise terminável e interminável*. Rio de Janeiro: Imago, 1980. (Obras completas, v. 23). Originalmente publicado em 1918.

LACAN, Jacques. *A lógica do fantasma*. Aula do dia 8 de março de 1967. Inédito.

_____. *O Seminário, livro 15, O ato analítico*. Versão da escola Freudiana de Recife. Aula do dia 7 de fevereiro de 1968.

_____. *Conferência aos estudantes*. Cidade: Yale University Press, 1975. Disponível em: www.ecole.lacaniene.net/pastoutlaca70.php.

_____. *O Seminário, livro 7, A Ética da Psicanálise*. Rio de Janeiro: Jorge Zahar, 1986.

_____. "Nota aos Italianos". In_____: *Outros Escritos*. Rio de Janeiro: Jorge Zahar, 2003.

ROSA, João Guimarães. *Grande Sertão*: Veredas. São Paulo: Nova Aguilar, 1994.

SOLER, Colette. "Experiência no Dispositivo do Passe" (Seminário proferido em Caracas nos dias 28, 29 e 30 de novembro de 1993). In: *A psicanálise na civilização*. Rio de Janeiro: Contra Capa, 1998.

Nomeações e nominações: Impasse ou Passe?[1]

Teresa Palazzo Nazar[2]

Resumo:
Trata-se de um texto que tem por objetivo refletir sobre a questão da formação do psicanalista percorrendo alguns dos textos fundamentais em Freud, Lacan e leitores, e deles extraindo o argumento para sustentar a questão fundamental do Passe: a invenção de um nome do analista.

Palavras-chave: Ensino. Transmissão. Escola de Psicanálise.

É sempre bom começar um texto dizendo o que o motivou. No caso, não posso deixar de mencionar o fato de que a ideia de escrever sobre esse assunto teve origem nas infindáveis discussões sobre a pertinência das nominações nas escolas lacanianas, tanto dos AME quanto dos AE. É claro que sempre podemos defender com afinco e pertinência as razões de uma posição, mas o que está em questão quando se escolhe um caminho em detrimento de outro?

Penso que os motivos são mais políticos do que propriamente éticos, segundo o que Lacan defende como ética para a psicanálise. Digo isso porque a experiência de 30 anos nesse campo tem mostrado que, embora se fale de

1 Trabalho apresentado no evento "As Formações do analista: dispositivos de verifcação" (Vitória-ES), em 19 e 20 de novembro de 2012.

2 Médica, psicanalista, membro fundador da ELP-RJ e Membro da École Lettre Lacanienne-Paris. teresapalazzonazar@gmail.com.

"ética do real", a comunidade psicanalítica tem embaraço em simbolizar o que daí possa advir. O que se vê, infelizmente e com muita frequência, são questões imaginárias gravitando em torno de pontos verdadeiramente fundamentais, que problematizaram decisões e direções de ensino e transmissão.

Tomando as palavras de Lacan, que afirma sempre a distância que há entre o trabalho e o saber e o fato de que a ignorância é uma paixão ligada ao estabelecimento do saber, pergunto-me se ainda se sustenta – no que se refere às questões ligadas aos finais de análise e, consequentemente, à experiência do Passe – o que Nicolau de Cusa nomeou de "ignorância douta" e que deveria estar na base diretiva da experiência de uma psicanálise.

Digo isso porque me parecem evidentes – frente ao silêncio de muitas escolas de psicanálise em relação aos finais de análises e, mais ainda, diante do automatismo reinante nos chamados "dispositivos" do Passe – os esforços de Lacan para manter aberta a fronteira entre verdade e saber; fronteira esta tão cara à sustentação e vigor do discurso psicanalítico e um tanto ofuscada pelo furor nomeante. Retomo o termo usado por Lacan quando de sua proposição à Escola Freudiana de Paris: "prudência".

Esse termo apresenta, de saída, aquilo que deve estar na origem do liame esperado entre os que fazem parte de toda e qualquer instituição. Mas, em se tratando de uma proposta que tem como finalidade reconhecer a passagem de psicanalisando a psicanalista, diria que a palavra "prudência" ganha um valor mais relevante ao advertir para a necessidade de se ultrapassar todo e qualquer "pré-conceito" para vir a testemunhar o nascimento de uma nova conceituação, advinda da própria experiência do que pode ser uma psicanálise levada a termo.

O grande avanço proposto por Lacan, que Freud não conceituou, mas vislumbrou com seu texto *Mais além do princípio do prazer*, é essa experiência na qual um sujeito se separa, com um dizer novo, do que foi sua posição de assujeitado ao amor do Outro. Se essa experiência é nomeada como "travessia da fantasia" é porque esse dizer é diferente de todos os ditos proferidos antes, e sem transferência a alguém, mas referida ao que a fantasia sustenta, isto é, o desejo.

Refiro-me, aqui, ao desejo nascido do que teria sido uma psicanálise, não mais desejo de saber quem em cada um deseja, mas o desejo de dizer o nome que inventou para o que não tinha como saber senão escorrendo, na ranhura do real, o verdadeiro do seu sintoma votado ao Outro. Por ter o sujeito percorrido todo o caminho que a transferência lhe ofereceu, pode, ao final, extrair dela o "grão de sal de sua enunciação" (LACAN, 1980, inédito). Mas o que se produz com esse dizer novo? "Diz-solução", responde Lacan. O dizer novo nomeia o ponto de real onde antes se sustentava a transferência; ele é a interpretação do que teria sido o *eu* no só-depois do *sujeito*. Nomeação real do desejo, o fim de uma análise é também momento de dispersão, de corte sem costura:

> É verdade que todo discurso conhece e encontra essa circunstância desconcertante em que o que estava ligado, num instante, se desnoda. O lugar é marcado e nomeável: é a verdade, corte real que subverte as superfícies onde opera. Mas a singularidade do discurso analítico subsiste: ali, e ali apenas, a verdade é fala, isto é, significante. A irrupção de R fica, pois, imediatamente enodada a S; o horror instantâneo nasce de uma nomeação real que, ao mesmo tempo, o suspende. Nesse momento, que é um momento de concluir, a abertura do anel decisivo se efetiva. No instante seguinte, o anel se fechou e o nó ainda se aguenta, como se nada estivesse acontecendo: a análise, como discurso, isto é, como laço, passou e refez o nó daquilo que, numa escansão, ela mesma havia liberado. Nada aconteceu senão que, nesse nada que separa um antes de um depois, ao sujeito aconteceu um real. (MILNER, 2006, p. 14).

Essas palavras de Jean-Claude Milner se encontram com as de Lacan, quando este diz que só há chance de haver psicanalista no advento do objeto *a*. Quer dizer, no retalho de real advindo do lugar em que antes havia semblante, semblante do sexual no qual todo *eu* se aguenta, marca-se o índice da castração.

A castração não é outra coisa que a dispersão provocada pela escrita dos pontos cardinais, em que cada sujeito supõe *ser*, enquanto reduzido ao *eu*. Onde ela se produz, não há como se fazer representar de um significante para outro. Nesse ponto, interpõe-se o muro de linguagem substituindo toda e qualquer parceria, volatizando os semblantes, posto que eles não "colam" mais, deixando o vazio da junção disjuntiva entre o campo do saber e o campo da verdade.

Ora, se a experiência tem mostrado, desde Freud, que é dessa impossibilidade de dizer a *verdade* sobre o sexo que a questão da psicanálise se sustenta, interrogando cada sujeito no ponto mais além do princípio do prazer, de onde vem a ideia de que nomear um psicanalista poderia ser tarefa atributiva a alguém senão àquele que sofreu, na própria experiência, a interpretação que o real lhe oferece no ponto mesmo de sua castração de sentido?

Claro, "há sentido no real", diz-nos Lacan, em seu *Seminário RSI* (1975), mas como fazê-lo vigorar em toda a sua virulência de modo que isso e, somente isso, possa dar uma direção de ensino e transmissão para uma escola de psicanálise?

Freud também enfrentou a "patologia das associações" (TARDITS, 2011, p. 19), quando da fundação da IPV (União Internacional Psicanalítica de Viena). Talvez por isso tenha tido a prudência de jamais nomear alguém como psicanalista. Essa posição ética de Freud não o livrou de ter de aceitar algumas propostas de seus pares para o estabelecimento de uma formação teórica e clínica que pudesse garantir a sobrevivência de sua invenção como uma práxis, mas se ele se viu forçado a ceder em alguns pontos, neste da nomeação manteve-se firme: é o psicanalisando quem dá lugar e, portanto, nomeia o psicanalista. É neste princípio que se sustenta a interrogação sobre o que é a práxis da psicanálise, renovada a cada vez que uma experiência se apresenta.

Mas Freud não resolveu o problema de como reconhecer o fim de uma análise, sobretudo no que se referia às análises daqueles que tomaram para si a tarefa de transmitir, em intenção e extensão, o que haviam apreendido de suas experiências. O *Rochedo da Castração* foi o mais longe que Freud arriscou dizer, deixando aos seus discípulos o trabalho de seguir na pesquisa e elaborar uma formação para os psicanalistas, formação esta que preservasse o que havia escrito no texto *A questão da análise leiga* (1926).

É esse o texto no qual o inventor da psicanálise dá as coordenadas de seu ensino e transmissão; também é nele que deixa aberta a via do mal-entendido quanto àqueles que poderiam ser reconhecidos como aptos a exercer a psicanálise, ao ponto de culminar com o desabafo, em 1927: "comprometi-me plenamente, pouco obtive e não posso fazer mais" (FREUD apud TARDITS, 2011, p. 65).

Guardadas as devidas proporções, a história se repete com Lacan, quando da dissolução de sua Escola, justamente no reconhecimento do fracasso em relação às nomeações de AE. Ele não falou de fracasso das experiências colocadas em curso, mas do fato de que "os psicanalistas não estavam à altura de sua proposta".

Tudo o que é instituído tende ao estático e a proposta da "experiência do Passe" é puro movimento! Como per-sistir na ex-sistência que dá lugar ao desejo, considerando o necessário da com-sistência institucional de nomeações?

Ao nomear alguém, no âmbito da instituição, a chancela de um ideal de Eu comum ao grupo se faz presente! É uma nomeação que difere da que se efetiva na transmissão do nome de família, quando o que se dá é efeito de uma função nomeante que transcende a pessoa do pai, já que tal função permite não só que "o pai nomeie, mas seja também nomeado em nome-de-nome-de-nome impronunciável e incognoscível" (WEILL, 1988, p. 58).

Alain-Didier Weill nos instrui sobre a antinomia que se apresenta entre metáfora paterna e instituição, bem como a necessidade de novas nomeações para que o próprio nome da instituição se mantenha. Até esse ponto, tudo se sustenta como justificável de haver nomeação para certos lugares institucionais, estabelecendo funções e reconhecendo, não apenas o trabalho individual de seus membros, mas, sobretudo, as diferenças nas enunciações que permitem o turbilhão discursivo no qual o novo possa comparecer.

Não vou falar de todos os "graus" de nomeação contidos no *gradus* que precisa vigorar para que se possa sustentar a ideia de uma Escola de psicanálise no sentido proposto por Lacan. Escolhi apresentar uma reflexão a propósito do Analista da Escola e, nesse sentido, para não ficar repetindo o que já se sabe, vou traçar uma analogia entre "a cena da origem" (*Bere'Shith*) – a função nomeante presente no Gênese II que inaugura o simbólico a partir de um furo real – e a função AE (Analista da Escola), que insiste, para além de um nome próprio, em fazer passar a psicanálise na borda de um dizer em que o passante recebe sua própria mensagem de forma invertida.

> *Bere'Shith/bará'elohim* – "criação a partir do nada". O *Talmud* proclama que o Universo não teria sido criado se não fosse pelo mundo espiritual, pela palavra divina, pela *Torá*, chamada *Reshid*, "princípio de tudo". No *Zohar* (1280-1286), o mais influente dos livros cabalistas, a palavra "elohim" (*Elohim*, Deus) seria objeto e não sujeito de *bará',* sendo *re'shith* (que, note-se, tem a ver com *ro'sh*, "cabeça") "a partida ou arranco primário pelo qual o Deus imerso em si é exteriorizado" (CAMPOS, 2000, p. 25).

Acentuo a observação pela qual ficamos sabendo que Deus é *objeto* antes de ser *sujeito*. Toda a *Torá* é um texto vivo, uma tessitura em torno do nome inefável – *eu sou aquele que sou*. A poesia do nome impronunciável, tetragrama não vocalizado no original *YHVH*, inscreve no real o simbólico; permite que o real seja tocado, no texto bíblico, pelo sopro divino da criação, colocando um nome impronunciável na origem do ato de dizer.

Na experiência do Passe, aquele que está na posição de poder transmitir uma palavra de passe não cessa de insistir em dizer o real do que foi sua passagem. O nome que se inscreve é impronunciável enquanto tal, e nenhum nome próprio seria capaz de encerrar a necessidade de seguir dizendo. Ao fazê-lo, aquele que se torna psicanalista reinventa, à sua maneira, a questão sobre o que é a psicanálise, mantendo como referente o real do que experimentou ao fim de sua análise.

O que se nomearia, então, nominando esse real?

Referências bibliográficas

CAMPOS, Haroldo de. *Bere'Shith*. São Paulo: Perspectiva, 2000.

LACAN, J. *Seminário A Topologia e o Tempo*, de 15 de janeiro de 1980 (inédito).

_____. *Seminário RSI*, de 1975 (inédito).

MILNER, Jean-Claude. *Os nomes indistintos*. Rio de Janeiro: Companhia de Freud, 2006.

TARDITS, Annie. *As formações do psicanalista*. Rio de Janeiro: Companhia de Freud, 2011.

WEILL, Alain-Didier. *Inconsciente freudiano e transmissão da psicanálise*. Rio de Janeiro: Zahar, 1988.

Dispositivos de verificação: As bases para uma escola[1]

Abílio Ribeiro Alves[2]

Resumo:
O texto parte de uma abordagem histórica sobre o movimento psicanalítico que se deu em torno do nome de Lacan, nos anos oitenta, no Rio de Janeiro. Apresenta a crítica feita pelo psicanalista francês ao modelo seguido pela IPA quanto à formação dos psicanalistas, contrapondo o mesmo às propostas e dispositivos sugeridos por Lacan para a sua escola. O autor problematiza alguns aspectos das experiências vividas nas últimas décadas e recoloca em questão o Passe na Escola.

Palavras-chave: Escola. Dispositivo. Passe.

Lacan morreu há trinta anos. Gostaria de lhes trazer um breve registro de memória. A reabertura política e a sua morte foram fatores determinantes para o retorno gradual de psicanalistas ao Rio de Janeiro, inclusive alguns argentinos que nesta cidade fixaram residência. Eles traziam na bagagem o frescor e a força de uma experiência próxima de Lacan. A vida cultural e acadêmica no Rio de Janeiro dos anos 80 foi sacudida por movimentos que se constituíam em torno de seu nome. Grupos de leitura, cursos e traduções

1 Trabalho apresentado no evento As formações do analista: dispositivos de verificação, em 19 e 20 de novembro de 2011.

2 Psicanalista membro da ELP-RJ. abílioralves@yahoo.com.br.

autorizadas ou não de seus seminários começavam a circular e a se multiplicar nas universidades e nas instituições psicanalíticas. Acredito que um movimento sem precedentes se iniciou naquele momento. Lacan já frequentava os cursos avançados das universidades, mestrados e doutorados, mas a partir de então chegava a um público maior. Os reacionários do campo PSI empregavam um termo dúbio e, muitas vezes, pejorativo para esse movimento, algo que soava como fanatismo: *Lacanismo*.

Hoje, observamos que o vigor do ensino de Lacan acarretou avanços teóricos indiscutíveis em diversos campos do saber. O manejo de sua trama teórica é muito bem realizado em teses universitárias e pelos psicanalistas em suas instituições. Todavia, o real foi a única contribuição que o psicanalista francês atribuiu a si. Ainda que fosse somente essa, a do *objeto pequeno a* seria absolutamente suficiente. Lacan pôs em questão uma clínica conduzida pelo excesso de sentido, propôs não a exclusão do imaginário, mas a inclusão do real, "daquilo que não cessa de não se inscrever". A proposta para sua escola deixava lugar para a experiência. A experiência é pessoal e só pode ser verificada *a posteriore*. Disso resulta que, durante a cura, tanto o analista quanto o analisando não podem testemunhar imediatamente ou diretamente sobre a experiência. Logo, não se trata da aplicação de uma didática prévia, no lugar da hierarquia, e o modelo preestabelecido pela IPA (Associação Psicanalítica Internacional), com suas análises e analistas didatas, Lacan investe em dispositivos que permitiriam recolher, verificar e teorizar, num *só depois*, aquilo que comparece a partir da implicação de cada um em sua própria experiência. Esses dispositivos levam em conta a transferência, ou melhor, a passagem de um *trabalho de transferência* para uma *transferência de trabalho*. Se a burocracia e, sobretudo, a hierarquia privilegiam as pessoas investidas de seu nível de importância na instituição, Lacan, por sua vez, apostava mais no funcionamento.

Entretanto, esse é o ônus a ser pago pelas escolas que se servem de sua proposta. Como não há analista garantido antecipamente, esses dispositivos devem permitir o testemunho dos psicanalistas sobre os seus pontos de passagem ou avanços a partir da experiência, ainda que não tenham concluído suas análises, como no caso possível de um AME. Caso tenha chegado ao final, como se tornou psicanalista? O que fez com suas formações do inconsciente no percurso de sua análise?

Será que conseguimos, quanto à questão das formações de um analista, resultados diferentes daqueles obtidos pela IPA? Não podemos nos proteger atacando o que consideramos ser o caráter fechado, totalizante, da formação preconizada por essa grande organização. Precisamos recolher os nossos resultados.

Neste ponto, proponho uma hipótese que pretendo discutir com vocês. Se tomo os trinta anos da morte de Lacan como referência ao movimento que se fez notar em torno de seu ensino, poderei sustentar que, assim como muitos colegas aqui presentes, faço parte de uma possível segunda geração de psicanalistas lacanianos que estão avançados ou mesmo que concluíram recentemente suas análises. Isso quer dizer que aqueles que, como eu, se analisaram com os primeiros a experimentarem os dispositivos propostos, hoje estão ocupados com as análises e supervisões de uma possível terceira geração de analistas em formação. Bem, e daí? Entendo que os efeitos e a teorização da experiência de formação em nossas escolas, no que tange ao transmissível do impossível de ensinar sobre a psicanálise, dependem ainda do que advirá da passagem que vai da primeira à terceira geração de analistas em formação permanente. Tomando a lógica de Lacan quanto às psicoses, seriam necessárias três gerações para aquilo que se transmitiu ou não viesse a produzir e apresentar seus efeitos. Como terminaram as análises até aqui? Será possível escutar uma diferença e não uma identificação ao ideal do analista como na IPA?

O que se passou com aqueles que estiveram tão próximos de Lacan (seus analisandos, supervisionandos e alunos)? Diante de seu declínio físico e de sua doença, nem todos manifestaram uma mesma tendência de reações. A fragilidade do *mestre* oferecia a ocasião para algumas atitudes possíveis. Muitos se valeram da situação para disseminar julgamentos e ataques pessoais a sua figura pública. Outros, que, por alguma razão, tiveram mais recursos, puderam reconhecer em seus percursos a marca deixada pela incidência do discurso de Lacan. É provável que sua impactante presença tenha acarretado grandes dificuldades de se passar das paixões, decorrentes do convívio com seu gênio, para o registro do lugar simbólico ocupado por ele na experiência daqueles que o seguiram. Foi o que ponderou a colega Ana Paula Gomes na ocasião da apresentação de meu trabalho na *Lacanoamericana 2011*.

Dentre vários depoimentos, destacaria um pequeno trecho do testemunho de Moustapha Safouan sobre Lacan [Quartier Lacan]:

> Uma paciente, vinda para curar um complexo de inferioridade, indignava-se porque eu a fazia deitar no divã – posição que a punha em inferioridade, dizia ela. Eu ia lhe dizer que era um protesto feminino, depois pensei que essa in-

> terpretação era inútil e fui falar com Lacan sobre meu embaraço. Ele logo me disse: "Mas por que você não lhe disse que ela estava justamente ali para falar dessa posição?". Foi uma surpresa para mim: eu me perguntava por que eu não o havia feito. Encontrei a resposta mais tarde: eu estava imbuído demais de minha posição – posição de superioridade – por isso eu não pudera dizer isso a ela. Eis um exemplo que nos surpreende, nos toca e nos deixa diferentes daquilo que éramos antes de falar com Lacan (2007, p. 82-83).

Safouan irá acrescentar, mais adiante, que não é o fato de se estar sentado numa poltrona que faz de alguém um analista. Vejam que ele havia empregado o termo embaraço: "estar embaraçado". Essa "gravidez" do inconsciente é fundamental. Nessa passagem percebemos como Lacan põe a ênfase no analista em sua posição. Isso era absolutamente novo, uma ruptura com as intervenções projetivas e até paranoicas dessa época. Assim, o psicanalista podia indagar-se sobre as suas razões, sobre o desejo que ali operava. Os dispositivos pensados por Lacan permitiriam que testemunhos como esse nos instruísse sobre o *tornar-se analista*.

Foucault (1980) diz que os dispositivos fazem objeção ao universal. Os dispositivos teriam, segundo ele, linhas de visibilidade, de enunciação, de subjetivação e, ainda, linhas de ruptura, fissura. Dessa maneira, um dispositivo nos permitiria apreender um novo – um novo não como moda, senão como *criatividade variável*. Isso não quer dizer *originalidade*. Foucault não acreditava na *originalidade de uma enunciação*, mas numa *regularidade das enunciações*. É certo que Freud nos antecedeu, e é ainda um fato o de que seu discurso foi atravessado por aqueles que o influenciaram. Assim, no que diz respeito ao nosso campo, que é o da experiência com o inconsciente e com a transferência, o que poderíamos recolher com nossos dispositivos de verificação?

Como vimos com Foucault, não se trataria de *originalidade*, mas de *regularidade das enunciações*, mesmo que considerando as singularidades e rupturas que nos dessem notícias sobre a questão de como alguém se torna psicanalista. Esses dispositivos recolheriam não uma enunciação propriamente original, mas a regularidade das enunciações possíveis ao campo de nossa experiência. Estamos de acordo com isso? O que significa dizer que cada psicanalista deve reinventar a psicanálise?

Em *A escola do sujeito* (2005), publicação sob a direção de Dumézil, encontramos, mais precisamente nos textos sobre os dispositivos, a ideia de "(re) invenção" associada à "(re)nomeação" como sendo o ato de um analista ao renomear a psicanálise freudiana de acordo com os significantes de seu desejo enunciados ali, fazendo-os passar ao público (p. 49). O que produz e interessa ao *dispositivo instituinte* não é a originalidade como critério ou ideal, mas uma *modificação da posição enunciativa* de um analista. Em seu seminário sobre o Ato analítico, Lacan propõe *uma nova relação do Sujeito com o saber* (idem, p.51). Eu saio dessa enrascada me valendo do que Lacan propõe como *O psicanalista se autoriza por/de si mesmo*. Contudo, ele acrescenta que não é sem alguns outros. Tratar-se-ia, pois, de um *autorizar-se*.

Se não há a originalidade das enunciações, como propõe Foucault, há a surpresa de cada um em seu atravessamento da experiência. Lacan, com Freud, nos aponta o ingovernável do real. Há restos, há um *não todo* a se poder dizer. Essa abertura acarretada por essa *função não toda* é fundamental para a emergência de algo novo, surpreendente: a experiência com o inconsciente. Precisamos recolher o que pôde ser transmitido disso que não funciona, o "imundo", o real. Disso depende um *autorizar-se*.

Como alguém se torna psicanalista? Essa é uma questão que está em causa nas pesquisas e no trabalho de uma escola. Ela está presente no movimento de cada um que faz escola; deve estar no cerne da transferência de trabalho. É preciso verificar o que se testemunha sobre isso.

Em janeiro de 1980, Lacan dissolve a sua escola (2003b). Esse ato, que atesta um fracasso, antecipa também sua perseverança. Como já mencionei, ele apostava mais no funcionamento, digo, não apenas nos dispositivos, mas, sobretudo, nas leis do inconsciente. É nisso em que se apóiam os fundamentos de uma escola. As fundações, as crises e as dissoluções fazem parte desse movimento que confirma a insistência daqueles causados pela invenção freudiana.

Se nos declaramos lacanianos é porque avançamos com Lacan sobre o real. Mas não nos esqueçamos do nó borromeano: real, simbólico e imaginário. Os movimentos de cada membro e das escolas se dão borromeanamente. Quanto à pergunta fundamental "como alguém se torna psicanalista?", ela nos leva a interrogar como a questão do passe está incluída nas bases ou dispositivos de uma escola. Que pedido é esse, o de uma formação? Por que endereçá-lo a uma escola? Há analistas fora dela? A autorização proposta por Lacan passa necessariamente por alguns outros, que um analista sustente suas razões perante outros. As bases de uma escola devem propiciar as vias desse *autorizar-se*.

Há cartéis trabalhando? Há produção? Há publicação? Como se dão as nomeações? Esses dispositivos convergem para o passe? Será que haverá novos pedidos de passe? Temos notícias de o quanto o dispositivo do passe gerou crises e rompimentos em muitas escolas que passaram por essa experiência. Entretanto, a verificação é necessária, dado que um psicanalista não está garantido de antemão. Mas estamos de acordo que esse dispositivo de verificação deva ser o do passe?

O dispositivo do passe foi criado por Lacan a partir de uma hipótese: a de que haveria um momento discernível da passagem de analisando à analista (DUMÉZIL, 2005, p. 57). O que se passou com esse sujeito? O que ele tem na cabeça ao ter se decidido a perseverar nesse ofício? A candidatura ao passe poderá confirmar ou não um termo final da transferência com o analista e uma passagem à transferência com o inconsciente, ou, se quiserem, de uma transferência neurótica e pudica no *privado* de uma análise pessoal para uma transferência que é causa de trabalho no *público* de uma escola. O dispositivo do passe desloca a cena transferencial para um novo espaço. Para muitos, Lacan teria desistido do passe porque isso não funcionou. Mas, passados trinta anos de sua morte, será que poderemos observar o que sua proposta pôde fazer avançar a psicanálise e seu resto real na experiência que é a transferência? O que é possível fazer com isso numa escola?

Passo, enfim, à pergunta que não me quer calar: o que deve ser nomeado a partir do dispositivo ou da experiência do passe? Não está em questão o final de análise do passante, mas o que se pôde transmitir sobre o que se passou não só no final, como também nas passagens de uma experiência que num certo momento chegou ao seu termo. O passe é para escola, se o considerarmos no sentido de um passar ao público. Não teria sentido pensá-lo como apenas interessando a um sujeito, o passante. Aliás, nada de sujeito, de que se trata é da passagem de analisando à analista, logo, de como é possível ocupar o lugar de objeto pivô (semblante de *a*) nessa função analista. O que se modificou no sujeito para que pudesse passar à condição de objeto numa experiência que é uma psicanálise?

Por que motivo o passante torna pública a sua experiência? Se não é por prestígio e poder, nem para atestar competência, então é por um avanço, fazer avançar a psicanálise para além de seu terreno mais incerto: o privado. Uma psicanálise pode se dar ou não. É num *só depois* que seus efeitos se farão ouvir. Trata-se, portanto, de avançar da *intensão* para *extensão*. A candidatura ao passe põe em jogo um desejo novo. O que é para este que demanda o dispositivo realizar um pontual relato sobre o que foi a sua experiência? O que o passante teria ainda a perder? Esse desejo novo nos remete ao desejo do analista, desejo de uma pura diferença, desprovido de ideais. O passante, que passa adiante a experiência que inclui a perda de sua história, poderá testemunhar, no público de uma escola, sobre um luto que ali tenha se dado – dar o que foi consentido perder pode indicar um luto em ato. Se amar é dar o que não se tem, estar no cerne da transferência enquanto causa é estar advertido de que "não há objeto que tenha maior preço que outro", propõe Lacan (1992, p. 381) no *Seminário 8*, sobre o analista e seu luto. Assim, aquele que demanda o dispositivo poderá transmitir ou não algo sobre o resto de uma análise levado ao ponto mais radical: o não ceder ao desejo do analista. Isto será para aqueles que desejem fazê-lo, não como dom de amor, senão como compromisso ético com esse novo desejo constituído no final de uma análise. Se a nomeação é para a escola, penso que o depoimento no passe tenha para o passante o lugar da ratificação da assinatura de uma letra como *escrita possível* do que se perde numa análise, que, no entanto, foi uma perda dada desde a aquisição do nome próprio.

Mas o dispositivo inclui os passadores e o júri – o sujeito se autoriza com ou por alguns outros. Ele está solitário, mas não só, há as escutas implicadas daqueles a quem se supõe estarem envolvidos e advertidos, na medida em que são indicados, no caso dos passadores, por seus analistas, que reconhecem suas condições quanto à dupla tarefa: escutar e testemunhar. Dessa escuta dependem os testemunhos dos passadores. Logo, não se trata de algo relativo a um único sujeito, mas a um único termo: o *Analista da Escola* – "analista da experiência da escola" (DUMÉZIL, 2005, p. 58). O que a pesquisa sobre um passe estará autorizada a nomear?

O que se nomeia não é a pessoa em si do passante. A nomeação de *AE* não corresponde a um título de prestígio ou gratificação pessoal. Nomeia-se aquilo que nos instrui sobre esse ponto final de uma análise: passagem de analisando a analista. Assim, a nomeação serve, sobretudo, à escola e, consequentemente, à comunidade analítica. Concluo com Lacan, na Proposição: "Só temos escolha entre enfrentar a verdade ou ridicularizar nosso saber" (2003a, p. 258).

Referências bibliográficas

A ESCOLA DO SUJEITO: ética, dispositivos instituintes, desejo de analista, nomeação: contribuição ao debate sobre a instituição psicanalítica. Direção: Claude Dumézil. Trad. Antônio Carlos V. Braga. Rio de Janeiro: Companhia de Freud, 2005.

DIDIER-WEILL, Alain; WEISS, Emil; GRAVAS, Florence [2001]. *Quartier Lacan*: testemunhos. Rio de Janeiro: Companhia de Freud, 2007.

FOUCAULT, Michel. *Arqueologia do saber*. Rio de Janeiro: Forense Universitária, 2000.

LACAN, Jacques. *O Seminário, Livro 8, A transferência*. Rio de Janeiro: Jorge Zahar, 1992.

_____. Proposição de 9 de outubro de 1967 sobre o psicanalista da Escola. In_____: *Outros Escritos*. Rio de Janeiro: Jorge Zahar, 2003a.

_____. Carta de dissolução. In_____: *Outros Escritos*. Rio de Janeiro: Jorge Zahar, 2003b.

FÓRUM: FINAL DE ANÁLISE E PASSE[1]

Ruth Ferreira Bastos[2]

Resumo:
O texto estabelece um paralelo entre os ensinamentos deixados a respeito do dispositivo de verificação do tornar-se analista, em diferentes tempos do ensino de Jacques Lacan. Pretende verificar como estamos lidando com o dispositivo do Passe nas nossas Escolas, quarenta e cinco anos depois da *Proposição sobre o psicanalista da Escola*. Por fim, propõe uma discussão em torno da "satisfação que marca o fim da análise" (1976) e sua relação com a presença do "entusiasmo" na transmissão da psicanálise.

Palavras-chave: Dispositivo do Passe. Tornar-se analista. Transmissão.

Instigada pelas experiências do passe em curso nas nossas Escolas, voltei esse ano aos textos de Lacan para estabelecer um paralelo entre os ensinamentos deixados a respeito do dispositivo de verificação do tornar-se analista.

Agora, pretendo identificar de que maneira a teorização feita nos seminários pouco antes de 1976 afetou as formulações de Lacan sobre o Passe. No *Prefácio à edição inglesa do Seminário 11* encontramos referências ao Passe com novos termos. Julgo interessante rever o caminho de tais desenvolvimentos,

1 Trabalho apresentado no evento "As Formações do Psicanalista", nos dias 23 e 24 de novembro de 2012, em Brasília.

2 Analista Membro da Escola Lacaniana de Psicanálise de Vitória.

assim como verificar como estamos lidando com o dispositivo do Passe nas nossas Escolas, quarenta e cinco anos depois da *Proposição*.

Sem conhecer Gonzaguinha, Lacan não cessava de "cantar a beleza de ser um eterno aprendiz" (GONZAGUINHA, 1982). Deixou aos lacanianos a herança de um trabalho que visava sempre a "reanimar" a teoria, nunca se conformando com uma "produção estagnada" (LACAN, 1976/2003, p. 276). Em seu retorno a Freud, Lacan serviu-se da teoria freudiana sem dela tornar-se prisioneiro, e em relação ao que ele mesmo inventou, pode sempre propor novos usos. Ele nos incitou a seguir em frente já que, em psicanálise, não se trata de transmitir o "saber do artesão àquele que se aprende com um outro e apenas repete o mesmo gesto aprendido" (LACAN, 1974, p.129). Assim, é importante lembrar, seus aforismos não devem ser distorcidos nem sacralizados e repetidos de forma religiosa.

No Discurso na EFP, em dezembro de 1967, dois meses depois da sua *Proposição,* ele já convoca os rivais: "[...] que me ultrapassem em meu discurso, até tornarem-no obsoleto. Saberei enfim que ele não foi inútil" (LACAN, 2003a, p. 276). Esperava críticas à sua prudência inicial quanto à nomeação dos didatas, questionamento que ele mesmo pôde propor seis anos mais tarde na *Nota Italiana*: "O grupo italiano, se quiser me dar ouvidos, se restringirá a nomear os que nele postularem sua entrada segundo o princípio do passe, correndo o risco de que não o haja" (LACAN, 1973/2003, p. 311).

Estamos de fato trabalhando na via do eterno recomeço proposto por Lacan, na elaboração dos conceitos e da teoria e na permanente revisão das formulações anteriores? Na Análise, esse caminho é bem visível: nas voltas da repetição a um mesmo ponto, algo se elabora, permitindo a ultrapassagem de sentido num bem-dizer. E na Escola?

Desde a *Proposição*, em 1967, Lacan considera que a psicanálise em intensão deve estar a serviço da extensão, preparando operadores para a transmissão da psicanálise: "[...] chamarei de psicanálise em extensão [...] tudo o que resume a função de nossa Escola como presentificadora da psicanálise no mundo, e psicanálise em intensão [...] como não fazendo mais do que preparar operadores para ela" (2003b, p. 251).

Na *Nota Italiana*, em 1973, Lacan reforça a ideia exposta na *Proposição*: o laço entre os analistas é sustentado pelo trabalho e pelas contribuições de cada um em torno dos pontos nodais da análise. Radicaliza esta posição ao afirmar que, se o sujeito estiver às voltas com o mesmo objeto pulsional que implicava sua posição privilegiada de gozo, não terá tempo de contribuir para o saber e, por isso, não deverá se autorizar ser analista.

> Existe o objeto a. [...] Suponho que se conheçam suas quatro substâncias episódicas, que se saiba para que ele serve, por se envolver da pulsão pela qual cada um se mira no coração e só chega lá com o tiro que erra o alvo. Isso serve de esteio às realizações as mais eficazes, bem como às realidades as mais cativantes. Se isso é fruto da análise, devolvam o referido sujeito a seus diletos estudos. [...] Que ele não se autorize ser analista, porque nunca terá tempo de contribuir para o saber (LACAN, 1973/2003, p. 314).

Autorizar-se a ocupar o lugar de analista ou "tomar o bastão" daquele que ocupou o lugar de sujeito suposto saber não se refere apenas à função ocupada na clínica. A autorização está intimamente ligada à possibilidade de inventar o saber e contribuir com as suas heresias para a transmissão da psicanálise.

Este é o ano que Lacan começa o Seminário 21, *Les non-dupes errent*. Veremos aí alguns saltos, ultrapassagens de sentido sobre a verdade e o saber, que exigirão de Lacan um reposicionamento sobre a passagem ao analista, a experiência do passe, o imaginário, a ética, entre outros.

A frase que abre o seminário fala do *recomeço* de mais um ano de *seminário*, do retorno a um tema interrompido há alguns anos, onde um significante novo se destaca e, segundo o princípio do chiste, a equivocação produzida na fala de um deverá ser autenticada por alguns outros. Fala também do *recomeço* na *experiência do passe* onde se aborda a crença de ter passado ao lugar do analista, permitindo, neste retorno, "a percepção de um certo relevo que se destaca" (LACAN, 1973, p.11). Concluo, no retorno a esta formulação de Lacan, que há no depoimento não o relato de um saber sabido, já produzido, mas alguma invenção de saber sobre o tornar-se analista, a ser recolhida pelo passante e pelos que compõem o dispositivo para autenticá-la.

Podemos comparar esta segunda volta proposta em cada recomeço à invenção de saber exigida frente aos traços de percepção, marcados no real do corpo, que ganham voz na análise e a possibilidade de ser *autenticado por um outro*, o analista. O saber do real, saber de lalangue, não é produzido na articulação significante, não é o saber sabido, nem algo a ser descoberto; escapa ao sentido e por isso chateia: é desarmônico. O saber do real implica invenção de saber, quando é preciso "se deixar levar, sem destino e sem rumo, ser dele a presa, la dupe [...] para poder ir além dos significantes herdados de outras gerações, além da realidade do fantasma" (LACAN, 1974, p. 15-14).

Os elementos que, nas voltas da repetição, encontram uma ultrapassagem de sentido, um rearranjo de letras, a consequente possibilidade de um outro uso e a ressonância no outro de um dizer, estão ligados ao que Lacan, mais tarde, considerará como a possibilidade de "aquisição de lalangue" (LACAN, 1976, p. 2). Este encaminhamento tem a maior relevância para a transmissão da psicanálise. Vemos aí a necessidade de teorizar o vivido na própria carne, lembrando que as palavras articuladas em análise, só depois de esvaziadas o bastante do seu sentido, numa passagem ao real, substituídas por letras, permitem ao que era próprio ter sua inscrição como comum, capaz de ressoar no outro e de se tornar comunicável, partilhável.

Podemos perceber, então, que o título AE cabe àquele que, por ter podido inventar um saber a respeito do seu lugar de objeto na fantasia do outro, num rearranjo de letras destacadas, pode se ocupar melhor da clínica e da transmissão da psicanálise. É provável que o seu dito possa extrapolar questões específicas de um indivíduo e possa tocar naquilo que é essencialmente humano, estrutural e pertinente a muitos outros.

Volto aos aforismos de Lacan para me permitir novos desenvolvimentos:

> O AE, ou analista da Escola, a quem se imputa estar entre os que podem dar testemunho dos problemas cruciais, nos pontos nodais em que se acham eles no tocante à análise, especialmente na medida em que eles próprios estão investidos nessa tarefa ou, pelo menos, sempre em vias de resolvê-los. Esse lugar implica que se queira ocupá-lo: só se pode estar nele por tê-lo demandado de fato, senão formalmente (LACAN, 1967/2003, p. 249).

> O chamado analista da Escola, AE, doravante, recruta-se ali ao se submeter à prova do passe, à qual, no entanto, nada o obriga, já que a Escola também delega a alguns, que ao passe não se oferecem, o título de analista membro da Escola, AME. O grupo italiano, se quiser me dar ouvidos, se restringirá a nomear os que nele postularem sua entrada segundo o princípio do passe, correndo o risco de que não o haja (LACAN, 1973/2003, p. 311).

> O Passe consiste em que, no ponto onde alguém se considera bastante preparado para ousar ser analista, ele possa dizer a alguém da sua própria ger-

> ação, um par – não seu mestre ou um pseudo-mestre – aquilo que deu a ele a coragem para receber pessoas em nome da análise (LACAN, 1975/1976, p. 15).

> Designei por Passe essa verificação da hystorização[3] da análise, abstendo-me de impor esse passe a todos, porque não há todos no caso, mas esparsos disparatados. Deixei-o à disposição daqueles que se arriscam a testemunhar da melhor maneira possível sobre a verdade mentirosa (LACAN, 1976/2003, p. 569).

Na conferência de Yale (EUA, 1975), Lacan faz uma definição clara do Passe para saber se, nos grupos constituídos ali, existe algo da mesma ordem daquilo que ele instituiu em sua Escola. Considera que este que teve a ousadia de tornar-se analista poderá dizer, a um par da sua geração, algo sobre o momento da passagem do bastão quando, "depois dele mesmo ter percorrido o caminho" de uma análise, toma para si o lugar do sujeito suposto saber para conduzir um outro no mesmo percurso: aquele que leva "ao *desser* do *sujeito suposto saber*" (LACAN, 2001, p. 96).

Em 1967, Lacan havia proposto para a EFP um funcionamento que rompia com o que a Internacional estabelecera como a didática na formação do analista. Não haveria nenhum *a priori* que garantisse essa passagem. Por essa razão, seria essencial que alguns pudessem dar o testemunho não apenas daquilo que propiciou a sua entrada em análise, mas, essencialmente, de como se deu o "fim da partida" e o surgimento do desejo do analista. Importante observar que não foi a primeira vez que Lacan usou o nome desta peça de Samuel Beckett. Em outra ocasião, foi para falar da *poubellication* e se referir à convivência entre analistas na Escola.

Que referências posso oferecer sobre isso?

> Todos conhecem os jogos de palavras que me permiti fazer em torno da *poubellication*. Eis, portanto, alguns de nós, reunidos na mesma lata de lixo, graças ao que é esse ofício. Poderíamos estar em companhia mais desagradável. Na verdade, como aqueles com quem me encontro reunido são apenas pessoas por cujo trabalho tenho o máximo apreço, eu não poderia estar mal.

---

3 Lacan propõe o neologismo "Hystoire", grafando Histoire com o "y" de Hystérie, para designar a história de uma histeria, ou seja, a história de uma posição de analisando.

> Quanto à lata de lixo, nestes tempos dominados pela genialidade de *Samuel Beckett*, temos certo conhecimento dela. Pessoalmente, por ter habitado em três sociedades psicanalíticas durante trinta anos, até hoje, em três períodos, de quinze, dez e cinco anos, entendo um pouco o que é coabitar com o lixo (doméstico) enviado, dirigido. (LACAN, 2008, p. 11, grifo nosso)

Samuel Beckett, em *Fim de Partida*, impõe aos atores que fazem o papel de pai e mãe um espaço/tempo limitado: da lixeira onde cada um mora (não veremos deles senão a cabeça) proferem réplicas raras e breves, rápida morte, desaparecimento. Toda noite, os atores permanecem na lixeira até o fim do espetáculo. Poderiam, com a morte de seu personagem, deixar a cena, mas o espaço radical impõe, noite após noite, esta presença/ausência. Eles estão na cena, mas os espectadores não podem vê-los. Eles estão no palco, mas silenciados, envoltos pelas palavras de Samuel Beckett. Uma atriz escreve um monólogo teatral e com isso encontra uma voz.

Desde a *Proposição* do Passe, em 1967, até as formulações propostas no *Prefácio à edição inglesa do Seminário 11,* em 1976, o que se repete sempre é a afirmação de que o AE é quem solicita a verificação de sua passagem: "Nada o obriga, alguns se oferecem a se submeter à prova do passe", "esse lugar implica que se queira ocupá-lo", "[...] ele não será imposto a todos, porque não há todos no caso, alguns se arriscam a testemunhar da melhor maneira possível sobre a verdade mentirosa".

Em 1976, com a elaboração do não-todo, Lacan parece esclarecer melhor a razão para que o testemunho do passe seja da ordem da possibilidade e escolha de alguns; não uma regra para todos. Não há o conjunto dos analistas nem a doutrina do tornar-se analista. Um a um poderá fazer a "hystória" de sua análise, para dizer que o vivido no discurso da histeria pode se tornar simples história, a ser contada a outros, e "da melhor maneira possível".

Lacan parece preocupado com os efeitos da idealização que dificultam, ou mesmo impedem, a experiência do Passe. Ainda hoje isso é bastante visível em nossas Escolas. Quantas vezes temos dificuldade de aceitar o caminho que um outro faz para introduzir a teoria, como se houvesse apenas uma via? É fácil repetir com Freud "tome cada caso como se fosse o primeiro" e com Lacan a ideia do "um a um", a verdade "não-toda", "verdade variável"; mas a teoria nem sempre funciona na prática. E fazemos do dispositivo do Passe algo que deveria ser almejado por todo analista. E esperamos do depoimento a doutrina sobre o tornar-se analista.

Estaríamos nós em vias de romper com impedimentos sobre o Passe vindos de modelos idealizados? As experiências em curso nas Escolas Lacanianas dizem que caminhamos na via da insistência. Uma proposta de funcionamento do dispositivo entre Escolas permitiu dar alguns passos no sentido de receber os depoimentos como histórias contadas "da melhor maneira possível". No entanto, quando nos damos conta dos 45 anos que nos separam da *Proposição*, ficamos com a impressão de que estamos apenas repetindo "o mesmo gesto aprendido".

Na *Proposição*, o término da análise e o analista coincidem: "O término da análise didática é, com efeito, a passagem de psicanalisando a psicanalista" (LACAN, 2003b, p. 257). E o dispositivo do Passe estaria a serviço da doutrina do tornar-se analista: "Nossa Escola pode empenhar-se a dissipar esta sombra espessa que encobre a junção em que o psicanalisante passa a psicanalista" (p. 258).

Na *Nota Italiana*, ao contrário, não há coincidência entre final de análise e o índice de produção do analista que seria referido a uma certa ligação com o saber e o entusiasmo:

> Só existe analista se esse desejo (de saber) lhe advier, que já por isso ele seja rebotalho da dita humanidade. [...] ele deve ter circunscrito a causa do seu horror, o dele próprio, destacado do de todos – horror de saber. A partir daí, ele sabe ser um rebotalho. Isto é o que o analista deve ao menos tê-lo feito sentir. Se ele não é levado ao *entusiasmo*, é bem possível que tenha havido análise, mas analista, nenhuma chance" (LACAN, 1973/2003, p. 313, grifo nosso).

Em 1976, no *Prefácio à edição inglesa do Seminário 11*, a palavra entusiasmo não está presente, mas Lacan chama a atenção para a "satisfação que marca o fim da análise": "A miragem da verdade, da qual só se pode esperar a mentira, não tem outro limite senão *a satisfação que marca o fim da análise*" (LACAN, 1976/2003, p. 568, grifo nosso).

Que satisfação é essa? Seria a satisfação que corresponde, no amor cortês, a cortejar a Dama? O fim de análise traria a convicção de que o objeto real é inacessível, que só resta contorná-lo? Como o trovador medieval, que se dirige à Dama para cortejá-la, alcançando, com isso, a *virtude* do *gay savoir*, o analista se torna o trovador da psicanálise e nela encontra a fonte da satisfação na transmissão da psicanálise?

O *gay savoir* é um modo de lidar com a linguagem proposto pelos trovadores medievais. Trovar era inventar e descobrir cantos através do jogo de palavras e sentidos diferentes do seu habitual, na queda do sentido dado. Isso faz com que o leitor que descobre o que quer dizer o canto não seja menos trovador que o outro que o inventa. Diz Lacan em Televisão: "O *gay savoir* consiste não em compreender, fisgar no sentido, mas de roçá-lo tão de perto quanto se possa, sem que ele sirva de cola para essa virtude, para isso gozar com o deciframento, o que implica que o *gay savoir*, no final, faça dele apenas a queda, o retorno ao pecado" (LACAN, 2003c, p. 525).

E acrescenta que a tristeza e o *gay savoir* são os afetos ligados ao saber inconsciente. A tristeza seria resultante do "não querer saber nada disso", *pecado* que pode chegar a uma recusa foraclusiva, na mania, tornado então "pecado mortal". O *gay savoir*, ao contrário, com o seu gosto pelo deciframento que não busca o sentido, torna-se uma virtude essencial para o fazer analítico. Indica a "valentia de deixar-se enganar [se faire dupe] por suas letras ou seus signos a fim de resistir ao sentido sempre fugidio, em vez de satisfazer-se com ele" (SOLER, 2011, p. 71).

Se tristeza e *gay savoir* são os afetos ligados ao saber inconsciente, pecado a ser suplantado pela virtude numa análise, o *gay savoir* parece ser a satisfação que marca o *fim da partida*. Como o entusiasmo, esta satisfação é colocada a serviço do fazer analítico, do bem dizer, e da possibilidade de referenciar-se ao inconsciente na estrutura.

Referências bibliográficas

BECKETT, Samuel. *Fim de Partida.* São Paulo: Cosac Naify, 2002.

GONZAGUINHA. O que é, o que é. In: *Caminhos do coração*. EMI/Odeon: gravada em 1982.

LACAN, Jacques. *Conférences et entretiens dans des universités nord-américaines.* Scilicet 6/7. Revue de l'École Freudienne de Paris. Paris: Éditions du Seuil, 1976.

_____. Discurso na EFP. In: *Outros Escritos.* Rio de Janeiro: Jorge Zahar, 1967/2003(a).

_____. Nota Italiana. In: *Outros Escritos.* Rio de Janeiro: Jorge Zahar, 1973/2003.

_____. *O seminário, livro 15, O Ato Psicanalítico*. Inédito (aula de 17/01/1968). Publicação interna da Escola de Estudos Psicanalíticos de Recife.

_____. *O Seminário, livro 21, Les non-dupes errent*. Inédito (aulas de 13/11/1973, 23/04/1974, 11/06/1974).

_____. *O Seminário, livro 24, L'insu que sait de l'une bevue s'aile a mourre*. Inédito (aula de 16/11/1976).

_____. *O Seminário, livro16, De um Outro ao outro*. Rio de Janeiro: Jorge Zahar, 2008.

_____. Prefácio à edição inglesa do Seminário 11. In: *Outros Escritos*. Rio de Janeiro: Jorge Zahar, 1976/2003.

_____. Proposição sobre o psicanalista da Escola. In: *Outros Escritos*. Rio de Janeiro: Jorge Zahar, 1967/2003(b).

_____. Televisão. In: *Outros Escritos*, Rio de Janeiro: Jorge Zahar, 2003(c).

SOLER, Colette. *Los afectos lacanianos*. Letra Viva: Buenos Aires, 2011.

O PASSE E A NOMEAÇÃO DE AE[1]

Vera Lúcia Saleme Colnago[2]

Resumo:
Este texto visa abordar questões relativas ao passe e à nomeação de Analista da Escola à luz dos textos de Lacan e da leitura da experiência da Escola de Psicanálise da qual sou membro. Mesmo Lacan nos indicando a importância da experiência do dispositivo do passe, são muitas as dificuldades de sua realização. Refletir sobre as razões dos impasses na efetivação de sua proposta pode nos instruir para avançarmos nas discussões sobre este tema. Inicio minhas elaborações discorrendo sobre um percurso analítico: do início ao fim. Depois, trago algumas considerações sobre o tornar-se analista. Por fim, teço reflexões sobre os emperramentos quanto às nomeações de AEs nas Escolas de Psicanálise.

Palavras-chave: Passe. Nomeação. Desejo do analista. Final de análise. Ato analítico.

Das idéias
Qualquer idéia que te agrade
Por isso mesmo... é tua.
O autor nada mais fez

1 Trabalho apresentado no evento "As formações do analista: dispositivos de verificação", em 19 e 20 de novembro de 2011.

2 Psicanalista Membro da Escola Lacaniana de Psicanálise de Vitória. verasaleme@hotmail.com.

que vestir a verdade
Que dentro em ti se achava inteiramente nua
(...)

Mario Quintana.

> O passe, ou seja, aquilo cuja existência ninguém me contesta, ainda que na véspera fosse desconhecida no batalhão a patente que acabo de conferir-lhe, o passe é o ponto em que, por se haver dado conta da psicanálise, o lugar que o psicanalista ocupará em seu percurso, alguém dá o passo de ocupá-lo. (LACAN, 2003a, p. 282).

> O AE, ou analista da Escola, a quem se imputa estar entre os que podem dar testemunho dos problemas cruciais, nos pontos nodais em que se acham eles no tocante à análise, especialmente na medida em que eles próprios estão investidos nessa tarefa ou, pelo menos, sempre em vias de resolvê-los. (LACAN, 2003b, p. 249).

Abordar o tema passe e nomeação de AE é uma tarefa difícil pela sua complexidade, mas também necessária pela importância que possui quando tratamos da formação do analista.

Freud inventou a psicanálise. Rompeu com o pensamento da época e introduziu um saber de outra dimensão no mundo, o saber inconsciente. É considerado por alguns teóricos da epistemologia do século passado como um dos três autores que fizeram cortes epistemológicos na sociedade ocidental. Copérnico, Darwin e Freud são responsáveis por descobertas e inventos que reviraram o pensamento humano.

Freud foi contemporâneo de seu tempo ao abrir um furo na razão moderna cartesiana do "Penso, logo existo". Ele inverte esse aforismo e diz: "Existo onde não penso". Apresenta ao mundo sua genialidade com a descoberta do inconsciente. Ele, como um artista, criou a psicanálise a partir da transgressão do estabelecido em seu tempo.

Freud formulou toda a teoria e a técnica da psicanálise com elaborações sobre o psiquismo humano e seu funcionamento. Construiu uma obra gigantesca sobre o homem, desde como sua mente se estrutura no privado de uma família até o modo como a civilização se estabelece. É impressionante como ele inicia sua pesquisa tomando o ser na vida cotidiana, nas tramas familiares e nas suas relações sociais e depois avança para o estudo das questões postas no mundo; é só lembrarmos alguns textos: *Totem e Tabu, O Futuro de uma Ilusão, Psicologia das Massas e Análise do Eu, O Mal Estar na Civilização* e *Moisés e o Monoteísmo.*

Freud teve a preocupação de difundir a psicanálise, ou seja, quis passar ao público sua invenção. Para que sua transmissão se mantivesse dentro dos preceitos por ele formulados, fundou a sociedade de psicanálise. Era formada inicialmente por médicos, e mais tarde por leigos. Freud ressaltou a importância de profissionais de outras áreas no estudo da psicanálise, pois quis demarcar a diferença entre o saber da psicanálise e o saber médico. Ele sabia que se tratava de outro saber, um novo saber, e o sustentou eticamente.

A psicanálise não foi por ele endereçada às universidades como graduação. E por quê? Porque a formação do analista diz respeito às formações do Inconsciente, e, por isso, a transmissão da psicanálise não acontece na academia, na universidade, e sim num divã. É somente por meio e através da análise pessoal que um sujeito poderá tornar-se analista. O analista é sempre o resultado de um percurso analítico que é contingencial[3].

O problema da graduação numa universidade é que todo aquele que nela se ingressa tem como garantia antecipada que receberá um certificado de profissão ao final. Como assegurar *a priori* essa formação, se seus efeitos são colhidos num só depois advindos de uma análise pessoal?

---

3 Segundo Flávio Mendes, que é membro da Escola Lacaniana de Psicanálise de Vitória, a lógica modal de Aristóteles tem a ver com os eventos e com os modos do ser. Essa lógica tem quatro modalidades: as essenciais e a não-essencial. As essenciais são os modos impossível, possível e necessário, e a não-essencial é o contingente. Essa diferença ocorre porque, aos três primeiros, essenciais, são atribuídos valores de verdadeiro e falso, no sentido de seu acontecimento: o impossível é sempre falso (pois nunca acontece), o possível pode ser verdadeiro ou falso (pois pode ou não vir a acontecer) e o necessário é sempre verdadeiro (pois sempre acontece). O contingente é um modo que não entra na categoria de valor, nem de essência, pois ele diz respeito ao acidental, ao ocasional, àquilo que só se sabe depois de ter ocorrido e só se mede o efeito *a posteriori*. O impossível nós sabemos que não vai acontecer ("eu sei que não acontecerá"); o possível nós duvidamos e/ou acreditamos que pode ou não acontecer ("eu sabia que isso podia acontecer, eu sabia!!"); o necessário nós sabemos que sempre acontecerá ("óbvio que aconteceu, e acontecerá de novo"); o contingente nós não fazemos ideia alguma nem do que é e nem do que será, apenas do que foi depois de ter acontecido. Existe um controle, uma expectativa, quanto aos três primeiros modos. Sobre o contingente não há controle algum, nem expectativa, ele emerge do nada; é como um tropeço, de fato, um acidente. (Aristóteles. Órganon: Categorias, Da Interpretação, Analíticos anteriores, Analíticos posteriores, Tópicos, Refutações sofísticas. Bauru, SP: EDIPRO, 2ª ed., 2010).

Vale lembrar, contudo, que o estudo teórico é importante, assim como a supervisão, mas o tornar-se analista é resultado de uma análise. E por quê? Ao buscar uma análise, um sujeito qualquer visa amenizar a sua dor de existir. O sintoma que lhe sustentava perde sua força e o real ressurge com virulência, provocando angústia. No início de um percurso analítico, o sujeito encontra-se identificado à posição de objeto, como ser. A tarefa analítica consiste em introduzir uma fenda no sujeito, barrando-o. Surge, então, um sujeito dividido que se interroga. É hora de ir para o divã, e aí uma longa jornada se inicia. São necessárias várias reviravoltas dialéticas, produzidas por intervenções sustentadas pela transferência, até que o sujeito possa tombar de vez de sua posição narcísica fálica. Essa trajetória é árdua, pois é difícil abrir mão da posição que alimenta o gozo masoquista. Por mais que o sujeito "saiba" que seu aprisionamento fantasmático o trava quanto ao deslizar de seu desejo, ele resiste à mudança. Como abandonar o gozo que o fixou na cena edípica? Pagar o preço de sustentar o desejo é renunciar à posição de ser amado. É deixar de responder à demanda do Outro, tecida na trama familiar. Isso não é tarefa fácil, e nem é para todos, assim suponho a partir das falas de Lacan sobre os limites de uma psicanálise, encontradas em vários de seus seminários.

Freud elaborou o final de análise como o encontro com o rochedo da castração. Jacques Lacan foi adiante e teorizou sobre o final de análise como a renúncia ao gozo através da travessia da fantasia. A teorização sobre o gozo é de Lacan, além da invenção do objeto a e do nó borromeano, que articula os registros real, simbólico e imaginário. Ele fez avançar a psicanálise na medida em que pôde, a partir de Freud, reinventá-la. Ou inventá-la? A rigor, a invenção da psicanálise foi feita por Freud. Podemos dizer que, se um sujeito consegue ao final de sua análise lançar-se na psicanálise, elaborando um novo saber sobre sua causa, é o testemunho de uma re-invenção? É a sustentação do objeto a, causa de desejo, que não cessa de não se inscrever. Sabemos que não existe "A psicanálise", na medida em que ela é dá ordem do singular, do um a um. Então podemos dizer que se trata de re-invenção a cada vez que um analisando passa a analista?

Caminha-se na análise por um longo período, fazendo um trabalho, que é a tarefa analítica, e que, no seu fim, pode-se ter como efeito o objeto a. Digo "pode-se" já que Lacan é textual ao dizer que poderá haver a destituição subjetiva, o atravessamento da fantasia, ao final da análise, mas, se não há o entusiasmo, não há o analista. Cito suas palavras: "A partir daí, ele sabe ser um rebotalho. Isso é o que o analista deve ao menos tê-lo feito sentir. Se ele não é levado ao entusiasmo, é bem possível que tenha havido análise, mas analista, nenhuma chance" (LACAN, 2003c, p. 313).

No Seminário VII, em sua aula sobre o brilho de Antígona, Lacan (1991, p. 298) nos fornece elementos para entender o entusiasmo: "A catarse é aqui apaziguamento, obtido a partir de uma certa música, da qual Aristóteles não espera o efeito ético, nem tampouco tal efeito prático, mas o efeito de entusiasmo". Continua ele: "Mas nem todo mundo fica nesses estados de entusiasmo, mesmo que todo mundo possa, nem que seja um pouco, ser capaz disso" (p. 298). Quando há a passagem de analisando a analista, o sujeito dá um passo em direção à psicanálise, fazendo-a seu guia. Ele toma para si o bastão do sujeito-suposto-saber, que agora o sustenta para outro. Sustenta na medida em que se faz semblant do objeto a. Neste contexto, não podemos pensar na psicanálise como um campo de saber que se faz novo? Saber não sabido posto que agora barrado, Ⱥ para esse sujeito?

A psicanálise é um campo de saber não todo desde sua fundação. Todavia, um sujeito no início de um percurso estabelece com um analista (passador da psicanálise) uma relação de suposição de saber, que é a transferência. Ao final, a sua posição se modifica quando tomba de sua posição fálica. Há passagem do sujeito suposto saber ao saber suposto sujeito. Essa modificação se dá tanto na sua vida cotidiana quanto na sua relação com a causa analítica. O objeto cai como gozo e adquire estatuto de objeto causa de desejo; da falta à causa.

O efeito da castração – produzida pelo Ato analítico ao final – não cessa de insistir. Por isso Lacan diz que, quando se chega a seu termo, prescinde-se do pai ao servir-se dele. O pai agora é engendrado pela força do ATO. Está nele não mais como sintoma, e sim como Sinthome. O analista nasce como uma imposição dessa operação. É um parto que ocorre à revelia do saber, tanto do analista quanto do analisando. Acontece. É claro que toda a gestação foi preparada para que a criança pudesse nascer. Da fecundação até o nascimento há um "preparo" feito pelo desejo do analista que se guia pelas coordenadas inconscientes. Cito a fala de um artista, Hilal Sami Hilal, que, talvez, mais uma vez nos ensine sobre o analista: "É uma loucura! A arte não me larga, por isso não consigo parar, não tem jeito!". Quando o desejo do analista é fecundado, nasce um objeto a, e a invenção de um novo significante fala deste nascimento. "O bilhete de saída foi dado na entrada", nos diz Lacan. O sujeito constrói a partir daí uma nova roupagem com os restos caídos da cena fantasmática. Falar em fecundação faz reportar-nos a *sêmen*, semente. Por isso a proposta do seminário, que é o lugar para "semear" os velhos e novos significantes na elaboração de saber que se faz escrita.

Lacan (2003b, p. 259) diz que "há uma sombra espessa que encobre a junção de que me ocupo aqui, aquela em que o psicanalisante passa à psicanalista, é ela que nossa Escola pode empenhar-se em dissipar". Qual a importância da experiência do passe numa Escola?

O analista nasce de uma experiência e diz respeito à transmissão do real. Lacan quis que esse real provocasse a Escola a avançar nos pontos cruciais da psicanálise. Até aí nenhum questionamento, segundo ele. A questão que me parece polêmica nas Escolas de psicanálise diz respeito à nomeação de AE. Há toda uma discussão se é nomeação, nominação ou titulação. Do que se trata afinal o AE? É necessária a nomeação? Será que o mais importante não seriam os efeitos de elaboração colhidos do dispositivo? São vários os questionamentos sobre a nomeação. Quero levantar mais um. Depois de ler vários textos de Lacan, assim como de diversos outros psicanalistas, inclusive de Escolas distintas, pensei: por que tanta polêmica em torno da nomeação do AE? Em muitas escolas, as nomeações foram determinantes para o fracasso da experiência, pois foram tomadas imaginariamente como hierarquia e poder, ou porque, por "prudência" em não se cristalizar nestas posições, provocaram impedimentos de escuta. Outros motivos que não cabem aqui situar também provocaram dificuldades em dar prosseguimento ao dispositivo.

Ao ler *A Proposição 9 de outubro*, na qual Lacan fala da nomeação de AE, a proposta parece clara e sem maiores questões. Mas no funcionamento não foi tão tranquila como parecia ser, na Escola Freudiana de Paris e em outras. Pergunto, então, o que a nomeação traz em si que provocou e ainda provoca tantas questões? Não por acaso me lembrei do texto *Psicologia de Grupo a Análise do Eu*, de Freud, para entender melhor o mecanismo da constituição dos grupos. Por que este artigo? Sabemos que uma instituição psicanalítica que se pretenda Escola é composta por um grupo de pessoas. Elas reúnem-se em torno de um objetivo comum, que é a formação. De acordo com Freud, o grupo mantém-se em torno de um ideal do eu, muitas vezes encarnado na figura de um líder. Além disso, ele também sustenta que o que estabelece o laço social nos grupos são as identificações imaginárias.

O autorizar-se a analista implica uma queda do sujeito-suposto-saber, portanto aponta para a inconsistência do Outro. Como sustentar o laço entre os analistas se não há mais crença no ideal do eu? Não será por isso que é tão difícil a nomeação de AE, na medida em que a diferença fura a homogeneização que constitui o grupo? Podemos pensar que, por isso, existiram tantas cisões na história das Escolas de Psicanálise, quando vivenciaram a experiência do passe? Sabemos que o laço imaginário é o que mantém um grupo. Será, então, que há um limite estrutural para a sobrevivência da instituição com a nomeação de AE? Sim, mas não é essa a visada de uma Escola de psicanálise? "É claro", responderiam os analistas que se deixam conduzir por uma ética. O que se visa, afinal, é o laço do trabalho regido pelo desejo. Todavia, será possível pensar o funcionamento de uma Escola sem a sustentação imaginária de uma instituição? Será que o laço dos psicanalistas subsiste dentro da instituição que faz a experiência do passe? Caso tenha ocorrido em algum lugar, o que sustentou o liame entre os analistas, estruturalmente?

Talvez a dificuldade em responder as questões levantadas nestas linhas seja decorrente da tentativa de teorizar sem ter a experiência como fundamento das elaborações. Ou, ainda, será possível teorizar sobre o passe e a nomeação de AE sem o real da prática? Talvez as respostas só possam ser encontradas num só-depois por quem tenha participado do dispositivo do passe. O que posso dizer da minha experiência na Escola a que pertenço é que, enquanto prevalecer a crença no Outro, não haverá passe/nomeação. O passe advém do tombamento do Outro como consistente que, pela irrupção virulenta do real, faz empuxo à nomeação: nome, de nome, de nome...

Para terminar, cito Mário Quintana (2004, p. 95): "A gente pensa uma coisa, acaba escrevendo outra e o leitor entende uma terceira coisa... e, enquanto se passa tudo isso, a coisa propriamente dita começa a desconfiar que não foi propriamente dita".

Referências bibliográficas

LACAN, Jacques. *O Seminário, livro 7, A ética da psicanálise.* Rio de Janeiro: Jorge Zahar, 1991.

_____. Discurso na Escola Freudiana de Paris. In_____: *Outros Escritos.* Rio de Janeiro: Jorge Zahar, 2003(a), p. 265-287.

_____. Proposição de 9 de outubro de 1967 sobre o psicanalista da Escola. In_____: *Outros Escritos.* Rio de Janeiro: Jorge Zahar, 2003(b), p. 248-264.

_____. Nota italiana. In_____: *Outros Escritos.* Rio de Janeiro: Jorge Zahar, 2003(c), p. 311-315.

QUINTANA. Mario. *A Porto Alegre de Mario Quintana.* Org. Liane Neves. Porto Alegre: Leonid Streliaev, 2004.

Obras consultadas

BRODSKY, Graciela. *Short story*: os princípios do ato analítico. Rio de Janeiro: Contra Capa, 2004.

FREUD, Sigmund. *Psicologia de Grupo e Análise do Ego.* Rio de Janeiro: Imago, 1976. (obras completas, v. 17). Originalmente publicado em 1921.

_____. O ato analítico. In: *Outros Escritos.* Rio de Janeiro: Jorge Zahar, 2003, p. 371-382.

_____. O aturdido. In: *Outros Escritos.* Rio de Janeiro: Jorge Zahar, 2003, p. 448-497.

_____. O engano do sujeito suposto saber. In: *Outros Escritos.* Rio de Janeiro: Jorge Zahar, 2003, p. 329-340.

_____. Radiofonia. In: *Outros Escritos.* Rio de Janeiro: Jorge Zahar, 2003, p. 400-447.

RABINOVICH, Diana. *O desejo do psicanalista.* Rio de Janeiro: Cia de Freud, 2000.

A HORA DO ENCONTRO É DESPEDIDA[1]

Maria Teresa Saraiva Melloni[2]

Resumo:
A partir da experiência com o estudo e a instauração do dispositivo do passe na sua escola, o presente trabalho problematiza os efeitos do dispositivo para uma escola e para o movimento psicanalítico. Retomando os pilares de uma escola lacaniana e a releitura de Lacan sobre a teoria de Freud, buscamos identificar as operações lógicas que sustentam a implantação desse dispositivo e suas consequências para formação do psicanalista hoje. Consideramos que Lacan instituiu o passe na sua escola, apostando que, para além do passante, do passador e, principalmente, do júri, haverá a produção de um saber novo, sobre o que ocorre no momento de concluir uma análise. Assim, procuramos estabelecer passagens – tempo do autorizar-se, tempo do luto e tempo do ato – buscando uma lógica que nos ensinasse sobre o que se passa na evolução de uma análise.

Palavras-chave: Passe. Formação de um psicanalista. Escola lacaniana.

1 Trabalho apresentado no evento "As formações do analista: dispositivos de verificação", em 20 de novembro de 2011, em Vitória-ES.
(Título inspirado na música *Encontros e despedidas* de Milton Nascimento e Fernando Brant, produzindo um equívoco do encontro com o real ao final de análise).

2 Psicanalista membro da Escola Lacaniana de Psicanálise – RJ, professora do IBMR-Laureate, mestre em Ciências da Saúde COC/Fiocruz. tmeloni@bol.com.br.

São só dois lados
Da mesma viagem
O trem que chega
É o mesmo trem da partida
Milton Nascimento/Fernando Brant.

Já lá se foram cerca de 20 anos quando um grupo de psicanalistas, não sem romper com laços importantes da sua formação, fundou a Escola Lacaniana de Psicanálise do Rio de Janeiro. Aproximadamente 10 anos depois, a Escola é atravessada pela primeira experiência do passe, uma experiência singular, que, embora tenha provocado algumas perdas, marcou de forma indelével todos que nela tomaram parte, mesmos os espectadores silenciosos. "Foi um horror" – disseram muitos! Um *tsunami*, diríamos hoje, mas não advindo da natureza, e sim do real do inconsciente – na fala e na linguagem – através do depoimento de Teresa Nazar.

Hoje, outros 10 anos depois, a Escola estabelece o seu dispositivo do passe, e não por mera coincidência se estabelece estatutariamente enquanto instituição.

Na *Proposição de 9 de outubro de 1967*, Lacan diz que um analista só se autoriza de si mesmo. Não que a Escola não possa garantir que um analista depende de sua formação, mas ele pode querer essa garantia e, para isso, há que tornar-se responsável pelo progresso da Escola (LACAN, 2003a).

O tempo do autorizar-se

Foi necessário um tempo para que um analista sentisse a necessidade de justificar-se diante dele mesmo – não sem os seus pares – quanto ao que se deu na sua análise. E a Escola, nesse tempo?

Se a lógica que sustenta a psicanálise, desde Freud, é a lógica discursiva, não se pode contar com uma evolução no funcionamento de uma escola lacaniana, nem com sua garantia. Na medida em que uma escola de psicanálise se funda sobre o real em jogo na formação do psicanalista, ela só pode garantir a relação que este mantém com a formação que ela testemunha. A razão de ser de uma psicanálise lacaniana, no seu retorno à experiência inaugural de Freud, repousa exatamente sobre o impossível da terapêutica, da reparação e do restabelecimento a um estado primário. Esse ponto é, a um só golpe, a origem e o limite de uma psicanálise.

Quando podemos supor que uma Escola esteja pronta para garantir ou testemunhar a experiência de uma formação?

Não se pode determinar quais os critérios e as condições que dirão de um tempo bom para uma Escola se ocupar dos seus dispositivos, seja o reconhecimento de um AME seja o acolhimento de um pedido de passe. Trata-se de operações lógicas, sempre presentes desde a instituição de uma escola lacaniana, que produzem consequências e, ao mesmo tempo, resultam dos efeitos da formação dos seus analistas. O passe já aí está desde o início, à espera de ser solicitado. É um momento lógico de concluir o tempo para compreender.

Da mesma forma que, para os lógicos, a assertiva do prisioneiro que consegue sair da prisão[3] é falha; o final de uma análise é comparado por Lacan a "uma sombra espessa", que o passe visa dissipar. É justamente por isso que Lacan, no seu discurso na Escola Freudiana de Paris, em 6 de dezembro de 1967, ao comentar a acolhida da sua proposição, diz que, embora tenha provocado algum discernimento, seu ato não foi precedido de qualquer intenção, portanto, ultrapassa o tempo de compreender. É por isso que ele propõe que nos interessemos pelo passe, já que, aí, o ato pode ser apreendido no momento em que se produz. O sucesso do ato psicanalítico só chega ao psicanalisante no que ele tem de fracasso.

Ainda na *Proposição*, Lacan se refere ao título "análise original", usado por Freud, ao falar da sua própria análise, para endossar a afirmação de que não teria feito uma autoanálise. A partir dessa observação, Lacan (2003ª, p. 258) conclui que "a verdadeira análise só pode ser a segunda", na medida em que é da repetição que se faz o ato. Certamente, não se trata aqui de uma questão cronológica, e sim de um tempo lógico, de um corte pelo qual o objeto, ao se fazer perda, resta como causa no sujeito. É pela escansão do tempo de compreender, como o efeito do instante da dúvida no sofisma dos três prisioneiros, que opera a destituição subjetiva e a queda do sujeito suposto saber.

Este ponto de descontinuidade no saber sobre o desejo do sujeito desdobra-se topologicamente no lugar do "des-ser" do psicanalista. Lacan situa aí o que resta da ingenuidade de que a fantasia garante o saber sobre o desejo,

---

3 Referência à metáfora dos três prisioneiros, descrita por Lacan em *O tempo lógico e a asserção da certeza antecipada,* 1998.

assim como de que há a garantia de que, ao final de uma análise, está à espera o desejo de ser psicanalista. Ao final de uma análise, no lugar dessa ingenuidade, o sujeito se depara com a impossibilidade de se situar na articulação representada entre um significante e outro, como também com a sua queda no real, ou um salto no vazio, já que não lhe é mais accessível o apoio do Outro da posição fantasmática. A questão do final de análise, portanto, está presente desde o início: orienta a direção do tratamento, é indissociável do seu fim e, por isso, reduz a questão do desejo a um limite para a suposição de saber e ao "des-ser" do analista.

A base da condução de uma análise – a associação livre – consiste, sem dúvida, em "deixar fazer", segundo o manejo de um deslizamento significante, de uma poesia, de um estilo de gozo, indispensáveis. O que resta ao psicanalisante é o fazer do sujeito, pela via da associação livre, de um significante a outro, mantendo a suposição de saber do lado do analista. No entanto, o analista, na medida em que haja experimentado a queda e a exclusão desse lugar, introduz a referência a um lugar terceiro, referência a um saber sem sujeito.

Entretanto, isso é insuficiente para caracterizar a posição de analista. É a distinção entre o que fez uma análise e o que se faz em ato na formação de um psicanalista que deverá restar no passe, como um testemunho trazido para a psicanálise, numa escola lacaniana. Foi no intuito de esclarecer isso que opera no momento de concluir, sem jamais ter passado pelo crivo de uma lógica, que não passa pela cabeça nem pelo pensamento dos passadores nem de nenhum júri, que Lacan propôs o dispositivo do passe.

O tempo de luto

> O desejo do psicanalista é o lugar de onde se está fora sem pensar nele, mas no qual encontrar-se é ter saído para valer, ou seja, não ter tomado esta saída a não ser como entrada (LACAN, 2003b, p. 270).

Na *Proposição de 9 de outubro de 1967*, ao trabalhar o seu axioma "o analista só se autoriza de si mesmo" (2003a, p. 251), Lacan enfatiza que, diferentemente das chamadas Sociedades, a sua Escola só garante que o analista dependa da sua formação. Refletindo sobre os efeitos de seu ato, entre seus pares, em dezembro seguinte, ele considera que, embora tivesse fundado a sua

Escola, "tão sozinho quanto sempre esteve" (p. 235), isso não significa que ele seja o único, senão com quem falaria? Enquanto ato, a fundação da Escola implica uma solidão, da qual é seu dever ético renunciar, na medida em que se descola do ato, já que dele não é o agente.

No Seminário *A transferência*, falando da posição do analista, Lacan (1992, p. 371) diz: "[...] o analista deve se ausentar de todo ideal do analista", acrescentando que, no campo do desejo, não há objeto que valha mais que outros (p. 281). Essa é a configuração do que Lacan chama de redução da função significante, na qual o analista, assim como fez Sócrates no *Banquete*[4], vai experimentar o risco de sustentar uma suposição, até o seu próprio desaparecimento. O luto que aí se configura está na raiz do desejo do analista.

Mas o que se passa que alguém que haja sofrido tal experiência resolva se oferecer como *semblant* de objeto, sabendo que daí não decore nenhum privilégio? O que faz com que aquele que já chegou ao ponto de identificar cada traço, cada pedaço até o esgotamento final deste objeto que um dia foi; o que o faz acompanhar um outro no caminho para o luto?

Sobre isso, assim como Lacan quando da fundação da Escola Freudiana de Paris, dando as boas-vindas aos seus analisandos, nós aqui nos interrogamos neste trabalho: por que Lacan privilegia os não analistas[5], particularmente, se a presença deles tivesse a propriedade de fazê-lo calar? (LACAN, 2003a). Se o fazemos calar, a nós cabe um dizer.

Ele contrapõe a surpresa e o frescor dos questionamentos dos não analistas a uma precariedade dos AE, identificados por uma produção estagnada e uma pregnância narcísica e competitiva, que revelaria a outra face da impotência.

Por conservar, nesse momento, a essência do "des-ser" que ainda não se deu, o passador, no dispositivo, poderá testemunhar a passagem daquilo que, para ele, terá a dimensão de um luto. O testemunho que eles colhem nenhum júri é capaz de colher e nem lhes permite julgar. Sendo assim, nada lhes garante ascendência, tampouco ao júri; ao contrário, a este cabe a elaboração de um trabalho de interesse aos psicanalistas, transformando uma psicanálise em intensão em psicanálise em extensão (LACAN, 2003a). Portanto, é entre os

---

4 Referência à resposta que Sócrates deu a Alcebíades no *Banquete* de Platão: "Tudo que você diz a mim é para ele".

5 Lacan está se referindo aos que não foram nomeados AE, mas que estão em análise e praticam a psicanálise.

não analistas, continua Lacan, que é possível fazer emergir o passe, fisgando o desejo do analista, antes que este sofra uma amnésia do ato que o fundou.

Como fazer bom uso da experiência de Lacan sem cair no anacronismo, sem roubar o frescor da experiência da nossa Escola?

Na medida em que o umbigo do sonho, a sua origem, é o que escapa à revelação; na medida em que a verdade só pode ser dita como não toda; o que resta aos psicanalistas senão lançarem-se à própria experiência? É justamente essa função de passador da experiência da psicanálise que tanto Freud quanto Lacan esperavam de um psicanalista. Se uma psicanálise se dá a partir de um corte, o tempo do ato psicanalítico é sempre contemporâneo, ou seja, o tempo presente e seu constante desvanecer, perdendo-se no passado.

O tempo do ato

Agambem associa o contemporâneo com o intempestivo, entendendo, dessa forma, a contemporaneidade como "uma singular relação com o próprio tempo, que adere a este e, ao mesmo tempo, dele toma distância" (2009, p. 59). Como uma revolução, este movimento busca a aproximação de um outro tempo, que está para além do tempo cronológico; não apenas do que está por vir, mas também do presente e de seu retorno incessante à origem, como numa insistência no fazer da arte.

O tempo de uma análise é um tempo de constante reedição do presente, a partir das marcas deixadas pela experiência. Na fantasia, o sujeito se vê às voltas com as forças da demanda, pegadas do desejo do Outro, fixadas no disco que ele, no privado da transferência, carrega sem saber, como prisioneiro da falta do Outro. Como no retrato de Dorian Gray, sucessivos deslocamentos se acumulam enquanto significações, cujas marcas vão desenhando e deformando o quadro que ele mantém no segredo da prisão[6]. Por um lado, o ser sem pensar; por outro, o pensamento sem o eu.

Assim, não há saída, a operação da alienação é uma escolha forçada que determina o ser: um ser sem eu (*je*), o sujeito fixado como *a*, na fantasia do Outro. No campo da linguagem, o mesmo significante que constituiu o sujeito cobra o seu preço, reenviando-o a outro significante, corte significante

---

6 Referência ao romance de Oscar Wilde, *O Retrato de Dorian Gray*.

que se repete ao final de cada sessão. Mas, se o sujeito em análise é levado a pensar, ele busca a operação verdade, que só se apresentará no dizer enquanto não-toda: pensamento sem o eu (*je*), que se marca como *-phi*, significado da castração, verdadeira significação, o significante, que indica para o sujeito que não há significante que possa lhe dar um ser que não seja sua falta a ser; situação de máxima verdade accessível à subjetivação e passo antecedente à destituição subjetiva, que, para se efetivar, deverá se apoiar no outro elemento situado no outro vértice, o objeto *a*, do qual o analista faz *semblant*. Pela via do desejo, marca-se a falta; pela via do gozo, a perda, portanto não há apelo ao significante nem ao Outro da fantasia, e o saber não é mais suposto. Em seu lugar, advirá o objeto *a* como causa da divisão subjetiva. Para demonstrar essas operações, Lacan utiliza-se do quadrângulo de Klein e denomina este ponto de chegada de "vértice do impasse", a partir do qual se torna necessário um segundo movimento que escreva o primeiro em um lugar terceiro.

Lacan compara essa passagem com uma passagem ao ato, como forma possível de responder à angústia que então advém. É a esse estado de emergência provocado pela suspensão do tempo para compreender que o dispositivo do passe, com estrutura de ato, vem estabelecer uma produção, uma escrita.

O objeto *a* se destaca da linhagem de objetos de recuperação de gozo, inscritos na cadeia significante enquanto - *phi* e cai enquanto letra, que o escreve como perdido. Daí advirá um psicanalista.

Um mais ainda

Esse trabalho surgiu a partir da insistência de nodular o que Lacan estabeleceu como dispositivo do passe. Ao finalizarmos, procuramos estabelecer subtítulos, organizá-lo em tempos – tempo do autorizar-se, tempo do luto e tempo do ato – buscando uma cronologia que nos ensinasse sobre o que se passa na evolução de uma análise.

Mas, ao contrário de Oscar Wilde, não pretendemos ceder à tentação, ao preço de esconder no sótão o quadro com a pintura do original[7]. Ao final de uma análise, não se conclui uma hipótese, nem se finaliza uma história; restam fragmentos. O dispositivo criado por Lacan não busca resgatar o que se passou

7 Idem nota 5.

numa análise, ao contrário, propõe uma escrita do que aí não se passou, que, submetido a uma operação lógica, poderá se escrever enquanto perda no que se faz em ato na formação de um psicanalista

Portanto o eixo que orientou este trabalho foi a compreensão da temporalidade lógica que conjuga o deslocamento do sujeito no eixo da alienação, através do desfiladeiro de significantes, com a repetição comandada pela verdade do lugar de objeto que ele ocupava na cena fantasmática em que foi constituído. Tomamos o conceito de temporalidade lógica para pensar o limite de um processo cronológico, ponto de impasse onde não há evolução possível, queda, portanto, da suposição de saber.

Sendo assim, compreendemos que, ao propor o dispositivo do passe como um esforço de transmissão do privado de uma análise, Lacan não esperava uma confissão, e sim uma invenção. O dispositivo do passe é uma tentativa que tanto o passante como o passador vão se propor a arriscar, para recolher o que resta do esquecimento daquilo que se perdeu numa análise, daquilo que não serve para nada, salvo para fazer comparecer no real o fracasso do recalque.

Há que esperar um tempo para o passe, um tempo bom, uma manhã de maio, uma temperatura amena para que se abram as janelas do sótão, deixando entrar a luz necessária para que se desvelem as marcas presentes de um passado do retrato.

Referências bibliográficas

Agambem, G. *O que é o contemporâneo? E outros ensaios*. Santa Catarina: Argos, 2009.

Lacan, J. Proposição de 9 de outubro de 1967. In_____: *Outros escritos*. Rio de Janeiro: Jorge Zahar, 2003(a).

_______. Discurso na Escola Freudiana de Paris. In_____: *Outros escritos*. Rio de Janeiro: Jorge Zahar, 2003(b).

_______. *O Seminário, livro 8, A transferência*. Rio de Janeiro: Zahar, 1992.

_______. *O Ato Psicanalítico*. Seminário 1967-1968. Publicação para circulação interna, Escola de estudos psicanalíticos.

_______. O tempo lógico e a asserção da certeza antecipada. In_____: *Escritos*. Rio de Janeiro: Jorge Zahar, 1998.

Platão. *O Banquete*. Rio de Janeiro: L&PM, 2010.

Metamorfose, mortemesafo![1]

Renata Conde Vescovi[2]

Resumo:
Este texto pretende refletir sobre a importância do dispositivo do passe como um lugar de transmissão do real que inaugura o analista e o que se inventa a partir de seus efeitos. Em uma analogia com o teatro de Bertolt Brecht, pretende pensar sobre a importância crucial dos passadores no dispositivo do passe em sua função de transmitir um impossível de um saber que convoca passante, passadores e cartel, do acolhimento à invenção.

Palavras-chave: Passe. Invenção. Passadores. Teatro. Brecht.

> Não é o desejo que preside o saber. É o horror.
> [...] O saber se inventa.
>
> Lacan, *Seminário 21.*

Inicio este texto com um anagrama proposto por Aderbal Freire-Filho, tomado emprestado de Leminski, ao apresentar para a versão brasileira o livro *Estudos sobre o Teatro*, de Bertolt Brecht. Também vou tomá-lo de empréstimo para pensar sobre a mensagem que se inventa e se escreve, à maneira de um anagrama, no dispositivo do passe quando um passante se oferece a contar

1 Trabalho apresentado no Encontro sobre As Formações do Analista, em Brasília, no dia 26 de novembro de 2012.

2 Psicanalista Membro da Escola Lacaniana de Psicanálise de Vitória.

o que foi o encontro com o impossível de um saber sobre sua passagem de analisando a analista.

A experiência analítica nos leva a incluir, paradoxalmente, o real da castração – a morte simbólica por excelência – na vida. Isto produz metamorfose na subjetividade quando retifica a posição do sujeito no discurso. Se antes eram os mandamentos do Outro que determinavam nossa ação psíquica, nos colocando em posição de objeto de suas vontades, aprendemos com a experiência de uma psicanálise a nos safar desta posição mortífera de gozo que o aprisionamento aos ideais do Outro nos impõe.

Como nos anagramas, o que se espera ao final de uma análise é poder lidar com os significantes herdados do Outro, dando a estes um novo sentido, extraindo, onde antes havia sofrimento psíquico, a surpresa e o gosto do chiste.

No momento de concluir a trajetória analítica, o analisando perde a identidade fantasmática, onde ele respondeu, durante anos a fio, em posição de objeto do Outro, e vê-se como resto; reduzido em si mesmo a "migalhas de um saber que tem sua emergência pelo gozo no corpo" (LACAN, 1971-1972/1997, p. 53).

Neste instante lógico, em que um dizer é impossível, o saber se revela como horror, evidenciando um paradoxo; pois como transmitir o encontro com este ponto, que é intransmissível? Para isso, Lacan inventou o dispositivo do passe, para que neste *setting* se escreva e no *só- depois* se escute e se leia aquilo que não se pode dizer.

Vale destacar que é do estatuto do *objeto a* o impossível em dizer. Por isso Lacan o cifrou com uma letra, à maneira de uma cifra matemática, para escrever o real que interessa à psicanálise; o real que se recolhe das marcas enigmáticas do gozo do Outro escritas em um corpo. Gozo solitário que interdita a identidade amorosa e produz a separação dos corpos. É deste gozo do real, que Lacan chamou de "impasse inverificável do sexo" (aula de 14/05/1974), que um analista pode inventar para si um nome e, ao escrevê-lo no muro da castração, autorizar-se de si mesmo e de alguns outros que o reconhecem nesta escrita.

Proponho-me a pensar o dispositivo como um lugar de testemunho e invenção. Sobre o que foi possível para o passante inventar a partir dos efeitos do real que podem ou não comparecer em seu relato.

O ato de passagem a analista é solitário por excelência. Portanto, uma necessidade lógica do lado do passante se impõe para que, num só ato, ele verifique e testemunhe no dispositivo o que ele suspeita ter sido seu encontro com o impossível em dizer. Trata-se de testemunhar e passar adiante o que se reduz a uma experiência solitária, que carrega um horror, porque não há um saber, *a priori*, sobre o encontro com o real. E para tal é preciso encontrar alguém – os passadores – que suporte escutar as filigranas do real e transmiti-las a outros – ao cartel de acolhimento – sem recuar diante do horror.

As contribuições do Seminário "Les non-dupes errent" ao Dispositivo do Passe.

A partir do Seminário 21, *Les non-dupes errent*, Lacan (1974) dá ao imaginário um novo estatuto. Insiste em escrever o que se encontra mais além do corpo especular. Para tal, nomeia este novo imaginário de "imaginário que desperta" (aula de 12/03/1974), porque comporta o gozo do real inscrito como marcas intraduzíveis no corpo, que nos desperta pela emergência da angústia. Com isso Lacan vai tecendo as primeiras escrituras do nó borromeano que sustentam a lógica do dispositivo do passe. Tanto o dispositivo do passe quanto a topologia de Lacan são aparatos lógicos para circunscreverem de maneira não-toda a emergência do real.

Também neste seminário Lacan anexa à frase da *Proposição de 9 de outubro de 1967*, "um analista se autoriza de si mesmo", que a proposição se autoriza também de alguns outros (aula do dia 14/05/1974). Sinaliza, assim, sobre a importância de alguns outros, os da paróquia, em testemunhar o saber fazer de um analista com a emergência do gozo do real. Estes restos de real só podem ser abordados a partir do que se imagina ter sido para o Outro, e que se encontravam no corpo como letra morta para ser sonorizada e escrita. É esse ponto de impasse, de intransmissível de uma psicanálise, que se recolhe em um dispositivo de passe: "É certo que aquilo que não se sabe se imagina, isto não quer dizer que o objeto pequeno *a* seja o imaginário. É fato que isso se imagina com o que se pode... com o que se chupa, com o que se caga, com o que se faz olhar" (LACAN, aula de 09/04/1974).

Neste seminário, Lacan tece o nó borromeano como seus "desenhos de escrita". Deixa em instância o simbólico que se presta à demonstração e tende, pelo encadeamento de sentido, a infinitizar uma análise. Apresenta, também, a mostração de um real imaginável no espaço que angustia e convoca a invenção. Lacan nos convida a passar das indagações e dos porquês que tendem a produzir múltiplos sentidos frente às marcas do real ao como fazer, como inventar frente ao impossível de tudo saber.

É uma mostração que tem como matéria-prima o enigmático do gozo no corpo, feito dos bocados do real, que não se partilha no amor e que só através do recurso a letras, à maneira das fórmulas matemáticas, pode ser partilhado em transmissão: "[...] lhes adianto esta nova ética do imaginário pela estrutura dos nós [...] porque me atribuíram de querer que o imaginário fosse este dodói, este cocô... e que o bom seria o simbólico" (LACAN, aula de 19/03/1974).

Para dar substância a esta loucura de um real que se imagina, lanço mão de uma estrofe vinda em sonho por um analisando: "Sonhei com a obra de Gaudi. Eram como fezes iluminadas que me apareciam em versos: Fezes de luz! Feitas de luz! Fezes re-luz, Feitos reluz! Fezes no chão, feitas no chão, feitas de luz! Brilho de chão, brilho de luz, chão de Gaudi!". É alguém que dá indícios da metamorfose que uma análise opera transformando o gozo sacrificial marcado no corpo pelo objeto anal em artifício de escrita.

A partir destas considerações, proponho-me a pensar o dispositivo do passe como um lugar de transmissão pelo passante deste real do gozo inscrito no corpo de onde se recolhe a escrita e seus efeitos, que tendem a incidir, sobretudo, nos passadores.

Metamorfose, mortemesafo! O teatro de Brecht e o lugar do passador no Dispositivo do Passe.

Quando me deparei com este anagrama, pensei que o percurso de uma análise permite a invenção de um saber que se escreve como um anagrama, tornando vivo o que se encontra como letra morta nos afetos represados no corpo. A interpretação analítica permite, pela homofonia significante, fazer vibrar *lalangue* e, assim, metamorfosear, por meio de letras, o enigmático do gozo que nos safa da morte.

Não é por acaso que Lacan, no *Seminário 21*, comenta que o "anagrama responde pela natureza do escrito mesmo quando não se tem a idéia de nada a provar", uma vez que o "escrito suporta o nada" e, ao contornar a borda do real, responde pela "data da invenção" (aula de 09/04/1974), marcando um acontecimento e uma autoria. Ao citar Galileu, Lacan lembra que suas descobertas científicas, tomadas como heresia pela Igreja Católica, foram escritas em anagramas para serem lidos por alguns outros, os da paróquia, passíveis de escutarem o enigma que se transmite na combinatória de letras.

Um anagrama consiste em uma palavra que se forma como resultado de transposição de letras, fonemas ou sílabas de outra palavra, o que traz uma nova significação. Esta nova mensagem se produz no ato da leitura das mesmas letras que vão se alterando na superfície textual, reconstruindo um novo sentido.

Podemos dizer que o anagrama são letras que se desenham no espaço, como o texto de Leminski. O autor decompõe palavras dando-lhes múltiplos sentidos. Sua poesia se lê no traçado gráfico que a escrita faz. A irreverência de seus poemas é fruto das aliterações, provocando sonoridade pelo arranjo das letras. É, sobretudo, fruto do esquema visual. O desenho no espaço de sua poesia, que se forma pela quebra de sentido de algumas palavras e do isolamento de outras em versos separados, é o que torna possível transmitir ao leitor a mensagem chistosa que escoa das entrelinhas de seu texto. Revela-se tal qual o chiste a passagem do *pás sens*[3] (passo de sentido/não sentido), quando se captura um gozo naquilo que se escuta (*jou sens/oui sens*).

Podemos recolher a concretude e o barroco presentes na estética de Leminski – concretude da letra no espaço e contradições, sutilezas e antíteses presentes no barroco – e tecer algumas aproximações com o que Lacan chamou de sua "escritura borromeana". "Sua" porque ele a inventou como uma resposta à inexistência da relação sexual. O nó borromeano é "um imaginário que se escreve em letras no espaço a partir daquilo que se desconhece". E mais: "Eu dei ao nó borromeano uma imagem escrita [...] para escrever estas verdades indomáveis que a experiência analítica precisa testemunhar" (aula de 19/03/1974).

Tocamos, assim, no inconsciente estruturado como linguagem, porém desabonado de um desejo de saber que mantém o sujeito dividido, produzindo um saber inconsciente que tende ao infinito. Este é o saber do discurso da histérica, que "não leva muito longe" (aula de 23/04/1974), porque ainda carrega o peso de verdades subjetivadas, cheias de lamentos e gemidos. O saber que interessa à psicanálise é o inventado. Esse que sucede ao horror e que se experimenta quando se toca a face real dos objetos pulsionais.

---

3 Pas-sens. Lacan brinca com a homofonia da palavra *pas-sens* (não e passo) e *joui* (gozo e /ou escuta). Por homofonia a tradução sugerida é: passo de sentido e escutar o gozo.

Para formular o inconsciente-invenção, Lacan se utiliza de Joyce. Como um desabonado do inconsciente, o escritor irlandês objetiva seu texto em letras ao quebrar o sentido comunicacional das palavras. Com isso, mantém seu leitor insone, frente a frente com letras que veiculam o enigma do real.

Quando Lacan vai a Yale, em 1975, ano de seu seminário sobre Joyce (o *Sinthome*), começa sua conferência em inglês, dizendo que não é fácil para ele falar e transmitir o discurso da psicanálise em um idioma que ele não domina. Ele diz que, paradoxalmente, aprendeu a ler em inglês com Joyce. Mas o que Lacan aprendeu com Joyce não é simplesmente ter certa familiaridade com a língua inglesa. Joyce o ensinou a ler a escrita do real e a transmiti-la em letras, escutando sua escrita mais além do que ela pode dizer. Lacan atesta de maneira bem humorada que a virulência do real ultrapassa o código e o idioma linguístico.

O teatro de Brecht e o enquadre do dispositivo do passe

Aderbal Freire-Filho, importante diretor de teatro, se utiliza do anagrama de Leminski para dizer que o teatro de Brecht transforma psíquica, social e politicamente, produzindo metamorfose no autor, no público e nos atores. Vou me permitir fazer uma analogia com o teatro de Bertolt Brecht e o dispositivo do passe inventado por Lacan. Sobretudo quero ressaltar a importância crucial do passador em se prestar a ser o desabonado do inconsciente para construir, com os seus significantes, anagramas que transmitam a virulência do real que comparece nessa experiência.

Inúmeras vezes, Lacan chamou a atenção para a dimensão ética do lugar dos passadores no dispositivo do passe. Chegou a afirmar que "o passador é o passe" (LACAN, 1967, p. 252). Para ser um passador não basta que ele tenha sido nomeado analista membro da escola (AME) da qual ele faz parte. É necessário que o passador esteja em um ponto de reviramento: com um pé no real onde o horror de saber se revela, mas ainda ancorando nos significantes que sustentam sua fantasia. É suportado por esta montagem – que é a tela da fantasia, mas que já anuncia sua desmontagem pulsional – que o passador, ao sofrer os efeitos de um real vindo nas entrelinhas do relato do passante, produzirá sonhos, lapsos e passagens ao ato que serviram de trama para veicular o não sabido de um saber. Por se deixar ser ultrapassado pelo real, seu inconsciente – mais desubjetivado – sofre menos chances de produzir recalque e denegação.

Mas o que o enquadre do dispositivo do passe – que tem o passador como suporte do passe – tem a ver com o teatro de Brecht? Este dramaturgo é considerado o criador do teatro da desconstrução e do distanciamento do ator em relação ao personagem para que os pontos enigmáticos do texto possam surgir e atravessar o ator. A encenação que o ator constrói com seus elementos significantes são essenciais para transmitir a virulência política e social presente em seus textos: "Só através da atitude dos atores, do cenário, da música, dos sons, sobretudo de seus silêncios, que seu pensamento se completa, só através destes elementos que seu texto causará o efeito desejado, caso contrário não causará o impacto devido" (BRECHT, 2005, p. 76, grifo nosso).

Suas peças são opostas à fórmula do teatro por ele definido como "teatro burguês", que procura envolver o espectador na trama para, no fim, conduzi-lo a uma catarse. Nesse sentido Brecht rompe com a estética aristotélica do teatro de que o ator deve estar ao máximo colado ao texto, com gestos ajustados à palavra, para que ele provoque no público a purgação das paixões. A grande metamorfose de seu teatro – um teatro que visa a transformar a cada apresentação o público – acontece quando o ator distancia-se do texto e, tomado de espanto, a partir do que ele desconhece nele mesmo, pode criar "um personagem novo a cada encenação" (FREIRE-FILHO, 2005, p. 77).

O teatro chamado "naturalista" – herdeiro da estética aristotélica – exige do ator que encontre em si mesmo toda a energia que dispõe para construir o personagem o mais próximo da emoção que se encontra no texto. Com isso,

> o autor se exaure, não consegue sentir-se por muito tempo como se na realidade fosse outro. Começa logo extenuado a copiar apenas certos aspectos superficiais de atitude e emoção. [...] esquece-se assim do seu lado intuitivo, da surpresa, que todo ator tem por ser portador de um inconsciente. Ora o inconsciente não é demasiado débil para poder ser controlado. Ele tem fraco poder de memória (BRECHT, 2005, p. 81, grifo nosso).

Brecht dá relevo à função do ator como este que cria e inventa, a cada apresentação, o personagem, que será o passador do texto do outro. O ator é também autor porque precisa dispor de seu saber inconsciente para inventar com seu traço o personagem ao mesmo tempo em que precisa transmitir não apenas a força do texto, mas o que ali resta de enigmático, posto que o inconsciente é tomado por Brecht na dimensão de um não saber: "Ele tem fraco poder de memória" (BRECHT, 2005, p. 81).

Aderbal Freire-Filho nos diz que Brecht propõe que

> [...] o palco pode tudo; não tem limites expressivos, precisa em primeiro lugar ser o palco do ator. [...] precisa confiar plenamente no ator para exploração de suas infinitas possibilidades. Precisa reconhecer Brecht, pois, como ele, o ator cria uma atitude nova que faz dele ator simultaneamente boneco e bonequeiro. Este é o salto mortal que o teatro deve a Brecht (FREIRE-FILHO, 2005, p. 17).

Assim como Brecht conta com a liberdade do ator para inventar o personagem, ao mesmo tempo em que fiel aos elementos significantes do texto, também suas peças contam com a liberdade inventiva de reconstruir textos (a partir de restos enigmáticos), modificar seus contextos e transmitir, fora do tempo cronológico, a mesma força de transformação política e social que o texto original tem. Neste sentido Brecht por vezes foi considerado levianamente plagiador de outros textos. Ao que Chico Buarque de Holanda, ao escrever a *Ópera do Malandro*, um maravilhoso "plágio" da *Ópera de Três Vinténs*, escreve: "Me disseram que esse Brecht rouba tudo dos outros e faz coisas maravilhosas. Então, ninguém quer saber de onde vem a riqueza das pessoas. Importa é o que as pessoas vão fazer com essa riqueza" (BUARQUE em DUDALSKI, 2012, p. 9). O que de fato interessa não são os porquês que nos lançam à busca da origem de um saber que não se sabe. Na vida nem tudo se explica. O que interessa é como fazer, o que é possível de ser inventado quando se sofre os efeitos do real. Seja através da literatura, do teatro ou dos impasses encontrados nos caminhos de nossa existência.

Esta estrofe de Chico também me permitiu pensar no dispositivo do passe como lugar singular de invenção em que cada personagem no dispositivo (passante, passador, cartel de acolhimento) tem a oportunidade de inventar, com os restos do real em jogo na experiência, uma teoria singular sobre o inconsciente que possa ser transmissível. É como se o passante não fosse dono do seu inconsciente. Ele tem a generosidade de transmitir o furo do inconsciente que permite ao dispositivo do passe inventar teoria a partir do furo no inconsciente.

O passante, ao contar a um ilustre desconhecido, revê e dá relevo ao que foi sua análise. Tem a chance de confirmar o que ele experimentou ter sido seu final de análise, uma vez que, na passagem de analisando a analista, lhe era logicamente impossível saber sobre este ponto onde a castração incidiu marcando uma borda e ao mesmo tempo rechaçando no real os restos do objeto a que só se tem acesso quando se imagina para inventar um saber.

O passador, este que em um só gesto é "boneco e bonequeiro" do real em jogo na experiência, empresta seu saber inconsciente para tecer sonhos, lapsos. Ele sofre passagens ao ato veiculando o traçado onde o anagrama do passante se desenha e o nomeia. Ele é o passador/intérprete dos significantes do texto do passante. E para transmitir ele não deve identificar-se, fixar-se aos significantes da história do passante, sob pena de interromper a força do real em jogo na experiência. Ao mesmo tempo, o passador, ao sofrer os efeitos do real, se deixa ensinar por este saber inconsciente que veicula o furo, tendo a oportunidade de precipitar seu final de análise e recolher dos restos pulsionais que sustentaram sua fantasia as cifras necessárias que lhe servirão de escrita de seu nome de analista.

É como se o passador, pela força do real em jogo, sofresse descolamento de seu fantasma. A emergência da falta de um significante no campo do Outro $S(\not{A})$ o descola de seu fantasma $S <> D$. O passador é lançado ao lugar de *objeto a* e, em posição de sujeito dividido, produz significantes que serão transmitidos ao cartel do júri. Estamos falando da emergência do discurso do analista.

$$\frac{a}{S_1} \underset{//}{\rightarrow} \frac{s}{S_2}$$

Alain Didier-Weill, ao nomear Lacan como passador do texto de Freud, nos conta que: "se houve efeito do passe no autor de um texto, isto não é enquanto identificável a um de seus personagens, mas enquanto um personagem passador que funciona enquanto presença escrevente" (DIDIER-WEILL, 1988, p. 107). Vemos nesta afirmativa de Didier Weill que o lugar do ator no teatro de Brecht – este cujo inconsciente não tem memória – encontra-se em condições de transmitir não a narrativa épica do texto, mas o que resta enigmático do texto a ser encenado.

Mas o que se escreve em uma experiência de passe? Didier-Weill (1988, p. 108) segue dizendo que "o passador é passador não do autor, mas do escritor da história". Quem é o escritor? "É o que se passa por trás do enunciado do percurso do passante/analisante". Uma autoria que se perde, "uma presença enunciadora própria", que também se escreve com os significantes do passador, ao mesmo tempo em que escapa nas entrelinhas do escrito. É como a escrita do nó borromeano: quando tentamos apreender seu desenho no espaço, ela se desnodula e se evanesce.

Termino com os versos de Leminski (1983, p. 24), nos quais cada anagrama esculpe a letra que deixa escoar um gozo revelado na sonoridade da letra, produzindo sabor de chiste. A abolição dos versos tradicionais e a busca pelos efeitos gráficos desubjetivam o poema e o transformam em objeto visual, de onde se escrevem anagramas:

Metarmofose
materesmofo
temaserfomo
termosfameo
tremesfooma
metrofasemo
mortemesafo
amorfotemes
emarometesf
eramosfetom
fetomormesa
mesamorfeto
efatormesom
maefortosem
saotemorfem
termosefoma
faseortomem
motormefase
matermofeso
metamorfose

Referências bibliográficas

BRECHT, B. *Estudos sobre teatro*. Apres. Aderbal Freire-Filho. Rio de Janeiro: Nova Fronteira, 2005.

DIDIER-WEILL, A. O passe e os três deslocamentos do sujeito. In: *Inconsciente Freudiano e Transmissão da Psicanálise*. Rio de Janeiro: Jorge Zahar, 1988.

DUDALSKI, Reginaldo F. S. De mendigos a malandros: a história se repete? Algumas notas sobre a produção da *Ópera de Três Vinténs*, de Brecht. In: *Revista Litteris*, ano 4, nº 10, setembro de 2012. < http://revistaliter.dominiotemporario.com>

FREIRE-FILHO, Aderbal. *Estudos sobre o teatro*. 2 ed. Rio de Janeiro: Nova Fronteira, 2005.

LACAN, Jacques. *O saber do Psicanalista*. Seminário 1971-1972. Lição de 3 de janeiro de 1972. Publicação para circulação interna. Centro de Estudos Freudianos de Recife, 1997.

______. Proposição de 9 de outubro de 1967. In: *Outros Escritos*. Rio de Janeiro: Jorge Zahar, 2003.

______. *Seminário XXI, Les non-dupes errent*. Aula do dia 14 de maio de 1974. Inédito. Tradução livre.

LEMINSKI, Paulo. *Caprichos e Relaxos*. Editora Brasiliense: São Paulo, 1983.

O QUE PODE SER UMA VIDA PSICANALISADA?[1]

Teresa Palazzo Nazar[2]

Resumo:
O texto versa sobre as questões referentes aos finais de análise e Passe. Nesse sentido, aborda o "incurável do real" e o que pode ser, para alguém que diz ter terminado sua análise, os efeitos desta experiência como vida psicanalisada, no privado e no público.

Palavras-chave: Final de análise. Testemunho. Passe.

Como tornar público aquilo que se experimentou no privado? Como passar à Escola o entusiasmo de uma descoberta que é vivida, primeiro, como surpresa e horror e, depois, como angústia?

Fazer da angústia o motor do entusiasmo em ocupar-se da causa psicanalítica não é banal, mas ético, e ainda, ao dizer isso, nada se explica. É preciso refletir com a experiência própria, mas também com a de outros...

Freud já havia dito que ao final de uma análise reencontra-se o prazer e a alegria do trabalho e do amor. Em *Análise terminável e interminável* (1937), ele nos oferece, com sua generosidade peculiar, leituras possíveis desses fins, mas

1 Trabalho apresentado no Fórum "O final de análise e o dispositivo do passe", III Encontro Interescolas, As Formações do Psicanalista, nos dias 23 e 24 de novembro de 2012, em Brasília/DF. Realização: Escola Lacaniana de Psicanálise de Brasília.

2 Psicanalista, membro da ELP-Rio de Janeiro. teresapalazzonazar@gmail.com.

o que sublinha é o encontro de tais sujeitos com sua realidade mortal, frente à qual todos são solitários e solidários na perda. Estar nessa posição limite, em que é possível tomar a psicanálise como causa de seu desejo ou abandonar ao esquecimento o que se revelou na dissolução do que era sustentado como religião do Outro, implica ter atravessado o desfiladeiro transferencial, expondo a inconsistência da demanda de amor a um Sujeito suposto Saber (SsS).

Como chegar a esse limite e como reconhecê-lo? Como não sucumbir à tentação narcísica de preservar a hóstia-tampão do corpo do Outro, resistir ao impulso de fuga diante do desamparo causado pela perda das ilusões de garantias amorosas? Como aceitar perder o amor do pai para assumir sozinho o risco do desejo?

Frente à iminência da morte, esse acontecimento, do qual não se pode ter a experiência do desamparo, evidencia a impossibilidade de responder à angústia com o apelo ao Nome-do-Pai. Chegado o momento de finalizar a análise, é o ódio, e não o amor, que ainda aprisiona o sujeito, dificultando a despedida como última experiência a ser vivida com aquele que testemunhou a elaboração de saber, da qual, finalmente, o sujeito pode ser o resultado.

O "incurável do real", como diz Lacan, é aquele que aceita a repetição que se deu ao fim do percurso; a repetição pontual do "não há relação sexual".

Aceitar a perda que o real impõe ao *fala-ser*, reconhecer a carência radical que faz do neurótico em relação ao saber inconsciente um analfabeto de sua verdade é a tarefa à qual se dedica a experiência de uma psicanálise. Ela não é um meio de conhecimento de si – seja lá o que isso possa querer dizer; tampouco tem como finalidade acabar com o sofrimento do analisando, mesmo que isso possa ocorrer.

Então, para que serve uma psicanálise?

É possível dizer que uma análise é a via pela qual se pode produzir, tal como na arte, uma nova subjetividade. E a subjetividade é capaz de criar uma singularidade distinta de todas as outras porque ela não é apenas criativa, mas inventiva.

Tal como na obra de arte, não é possível dar representação a tudo. Ideias e conclusões podem ser apresentadas em formas discursivas, materializando territórios subjetivos. No entanto, mesmo com esse recurso, nem tudo pode ser dito do que se experimentou. Claro, sempre se pode dizer que aquele que, verdadeiramente, inventou uma resposta para o que o aprisionava à voz encantada do Outro, elevou sua própria voz à condição de tomar a palavra no discurso, silenciando, de uma vez por todas, o eco que lhe vinha do outro lugar. Esse trabalho de desnaturalização e desterritorialização da subjetividade Lacan apresentou com o Passe, em sua proposição de 1973, pois, se a psicanálise é intransmissível, cada AE resultante de uma experiência deve reinventá-la.

Assim, o Passe é o lugar de produção de uma subjetividade transmutada, em que cada AE será, segundo o seminário de Lacan *Dissolução*, não um novo AE, mas um AE novo. Quer dizer, alguém virá modificar a classe dos AEs, a ela trazendo uma experiência diferente de todas as outras.

Usando as palavras de José Attal,

> [...] pode-se tomar a experiência do Passe de modo diagramático e não conclusivo, de pensar o dispositivo do passe como uma máquina concreta e o procedimento como uma máquina abstrata. Quer dizer, com o dispositivo e o procedimento, teríamos uma produção diagramática, um devir posto em marcha. Teríamos, então, o Passe como um lugar de agenciamento de produção mutante de subjetividade. (ATTAL, 2012, p. 85)

E por qual meio?

O testemunho é a via ativa pela qual aquilo que se experimentou pode ser apresentado a outros, sempre reinventado por aquele que testemunha e, por isso, impossível de ser padronizado. É a irrupção de um acontecimento que transforma o hábito, que desperta e introduz na rotina uma mutação na qual uma verdade se apresenta, não de forma direta, mas solicitando àquele que a escuta um trabalho de reflexão, uma experimentação dessa verdade, que *dialetiza* com a que sofreu em sua própria análise.

Dessa forma, quando falamos "testemunho" é preciso ter em conta que, no Passe, ele se dá em três vertentes: a do passante, a dos passadores, a de cada membro do júri. É uma experiência vivida em três tempos distintos: alguém que vem de acaba de terminar sua análise; alguém que está em vias de fazê-lo; alguém que terminou e que experimentou o procedimento/dispositivo.

Qual a importância de se levar em conta essa forma tripartida da experiência?

"Aquele que testemunha não ensina nada, ele transmite uma prova e permite aos outros se deixarem ensinar por essa prova" (ATTAL, 2012, p. 92): isso quer dizer que o objeto do testemunho – isto é, a experiência real – impõe àquele que testemunha uma resposta ética, a qual é o dizer em ato de sua falta a ser. Dizendo de outro modo, a afetação de cada participante do dispositivo, seja ela positiva ou não, "atesta" o recebimento de uma mensagem, mostrando que, no Passe em questão, algo se produziu, permitindo aos participantes (espectadores) não ficarem na indiferença, passando à condição de coro!

Vemos que a cena que se produz tem o enquadre de uma obra trágica: o sujeito dividido entre o espectador e o coro; o *objeto a* sendo o que resulta da mutação subjetiva em que o agente da ação trágica se aproxima daquele que se identifica à sua própria perda. Ele é o herói (anér), alguém que ultrapassou o métron, a medida comum. Alguém que mudou de território (LACAN, 1968a). Ao fazê-lo, torna-se um hypocrites, aquele que responde ao acontecimento, que é seu ato, com entusiasmo. Ele é um ator, quer dizer, um outro.

Trata-se de se ver transmutado, suas palavras são seus nomes e, porque sabe que a morte passa nas palavras, toma para si o risco de dizer o que pode inventar como resposta ao deciframento de seu próprio enigma.

Na aula de 21 de fevereiro de 1968, Lacan nos adverte que "o ato psicanalítico se inscreve em um efeito de linguagem" (1968b) e que este só pode encontrar seu sentido quando o psicanalista institui seu ato. Ato de fé, ele nos diz, no que acabou de descobrir sobre o que é do Sujeito-suposto-Saber na operação de sua psicanálise. Ao final de uma análise, não se é todo sujeito nem todo objeto, mas não se é sujeito sem esse objeto relegado ao seu lugar de causa de divisão subjetiva.

Há algo de profundamente humano que se estabelece entre este que terminou sua análise e aquele que, nessa caminhada, prestou-se a acompanhá-lo... É que ambos sabem da transitoriedade da vida, não por ouvir dizer, mas por terem experimentado, cada um em seu espaço e tempo, uma pequena morte. Cada um viveu a queda de seus ideais e tomou para si a responsabilidade de reescrever sua história a partir da instauração de seu ato. Ato que é um dizer novo dando sentido ao que se pode nomear, então, de "vida nova". Isso serve de alento para aqueles que incluem na vida a morte.

> As únicas criaturas neste universo que podem estabelecer objetivos, que podem criar e dar sentido, são os próprios seres humanos. Mas sem dúvida é ainda insuportável para muita gente imaginar que lhes compete a tarefa de decidir os rumos que a humanidade deve seguir e os planos e ações que têm sentido para os homens. Buscam, constantemente, alguém que as alivie desse peso, alguém que dite as regras pelas quais devem viver e formule os objetivos para que as suas vidas sejam dignas de serem vividas. O que esperam é um sen-

> tido predeterminado vindo de fora; o que é possível é um sentido criado por elas mesmas, em última análise, pelos homens em conjunto, que dê direção às suas vidas. (NORBERT, 1985, p. 92)

As palavras do filósofo ratificam o que a experiência de uma psicanálise mostra para aquele que se torna "prevenido de que não poderia se pensar como constituinte de toda ação sua" (LACAN, 1968b).

O ato em questão, que se escreve e inscreve o sujeito em outra margem diferente que a de seus ancestrais, é puro movimento de dizer; turbilhão de palavras que fazem passar a outros o que não pode mais silenciar-se, posto que transborda de entusiasmo.

É carta de (a)muro – (a)mour – para aqueles que respondem ao amor de transferência de suas análises com a devolução do Saber ao inconsciente.

O que é o Passe então? *Vita Nuova...*

Referências bibliográficas

ATTAL, J. *La passe à plus d'un titre*. Paris: Cahiers de L'Unebévue, 2012.

FREUD, S. *Análise terminável e interminável.* (Obras completas, v. 23). Rio de Janeiro: Imago, 1937/1970.

LACAN, J. *O ato psicanalítico* (1968a). Seminário inédito de 20/03/1968.

_____. *O Seminário, livro 26, As topologias do tempo* (1968b). Seminário inédito de 21/02/1968.

NORBERT, E. *A solidão dos moribundos*. Rio de Janeiro: Zahar, 1985.

Impresso nas oficinas da
SERMOGRAF - ARTES GRÁFICAS E EDITORA LTDA.
Rua São Sebastião, 199 - Petrópolis - RJ
Tel.: (24)2237-3769